KB143655

유럽 철도의 역사와 발전

유럽 철도의 역사와 발전

초판 1쇄 인쇄일_2009년 3월 2일
초판 1쇄 발행일_2009년 3월 10일

지은이_이용상 · 문대섭 · 이희성
펴낸이_최길주

펴낸곳_도서출판 BG북갤러리
등록일자_2003년 11월 5일(제318-2003-00130호)
주소_서울시 영등포구 여의도동 14-5 아크로폴리스 406호
전화_02)761-7005(代) | 팩스_02)761-7995
홈페이지_http://www.bookgallery.co.kr
E-mail_cgjpower@yahoo.co.kr

값 15,000원

ISBN 978-89-91177-74-1 94300

유럽 철도의 역사와 발전

이용상 · 문대섭 · 이희성 공저

BG 북갤러리

머리말

이 책의 대부분은 필자가 영국 옥스퍼드 대학 교통연구실에서 2006년 1년간 머무르면서 정리한 내용이다.

영국에 있으면서 자연스럽게 영국 철도를 접하게 되었고 세계 최초로 개통된 영국 철도의 발전과정에 관심을 가지고, 특히 1990년대 들어 민영화를 단행한 영국 철도의 민영화 이후의 모습에도 관심이 갔다.

이에 1년간의 연구 테마로 '영국 철도의 역사와 발전'이라는 주제로 잡고 초기의 영국 철도의 발전모습과 최근에는 영국 철도정책을 중심으로 연구를 시작하였다.

초기의 영국 철도의 모습에 대해서는 Jack Simmons의 'The Victorian Railway'를 그리고 영국 철도의 발전과정은 Gourvish의 'British Rail,1974 – 97'를 많이 참고하였다.

가장 먼저 영국 철도의 민영화에 대한 성과를 정리하였다. 영국 철도가 일본에 이어 민영화를 단행했는데 그 성과가 어떻게 나타나고 있으며, 특히 2000년 Hatfield사고 이후 영국 철도가 어떻게 변화했는가에 대해 관심을 가지고 연구에 착수하였다. 또한 민영화 중에서 쟁점으로 부각된 철도 안전이 민영화 전후에 어떠한 변화가 있었는지를 함께 알아보았다. 연구가 어느 정도 정리되자 민영화를 처음으로 시작한 일본과는 어떠한 차이가 있는지를 알아보는 비교연구에까지 이르게 되었다.

두 번째로는 영국의 철도정책에 관심을 가지게 되어 최근의 영국의 철도 발전전략과 화물정책에 대해 정리를 시작하였다. 영국은 환경문제에 대해 특히 민감하기 때문에 교통정책에서도 이를 도입하여 환경 친화적인 철도 화물을 육성하는 전략을 채택하고 있다.

세 번째로는 영국에서 민영화 이후 도입된 철도운영에 있어 경쟁체제의 도입은 유럽의 전체적인 현상이라는 것에 착안하여 유럽 철도의 경쟁시장 의 현황과 과제를 정리하게 되었다.

네 번째로는 유럽의 철도에 대한 개략적인 연구와 특히 고속철도로 대표 되는 유럽 철도의 발전을 정리하게 되었다. 아울러 고속철도의 경우는 기 술개발이 중심이기 때문에 기술개발 부문을 함께 정리하였다.

마지막 부분으로는 영국과 유럽의 철도의 발전과정을 보면서 우리에게 있어 어떠한 시사점을 주는지 그리고 향후 우리나라 철도가 발전하기 위해서는 어떤 정책을 가지고 가야 하는지를 정리하게 되었다.

이 책이 나오기까지는 이와 같은 연구과정이 있었으며 많은 기관과 사람들의 도움이 있었다. 먼저 본 연구가 가능하도록 철도기술연구원과 영국대사관에서 지원을 해 주었다. 두 번째로는 필자가 영국 옥스퍼드대학에 있으면서 많은 자료와 지도를 해 준 존 프레스톤 교수와 데이비드 바니스터 교수에 감사한다. 두 교수는 필자가 연구하는 내용에 대해 많은 조언을 아끼지 않았다. 특히 프레스톤 교수는 필자의 연구가 가능하도록 초청과 함께 영국 내의 철도연구자 모임인 RRUK(Rail Research UK)에 참여하도록 주선하여 주어 필자가 1년간 많은 자료와 인터뷰가 가능하도록 해 주었다. 바니스터 교수는 고속철도 연구 분야에서 필자에게 많은 조언과 격려를 아끼지 않았다. 세 번째로는 지금까지 필자가 철도연구를 하는데 많은 분들이 도움을 주었다. 철도기술연구원의 역대원장님과 동학들, 그리고 철도학회, 교통학회 등의 많은 같은 길을 가는 연구자들이 있었기에 미약하나마 필자가 연구를 계속할 수 있었다. 네 번째로는 1년 동안의 연구생활에서 부족한 필자에게 격려와 사랑을 보내준 가족들에게 감사한다. 아내와 딸 서윤이와 아들 윤석이는 이제 필자보다 철도를 더 좋아하게 되었고 영국과 유럽의 여행 중에서 많은 철도 사진을 찍어 주었다. 마지막으로 한국에 돌아와서 이 책을 정리하기로 결정하면서 전체적인 구도와 집필, 자료 수집을 같이 해 준 서울산업대학교의 이희성 교수님과 철도기술연구원의 문대섭 박사님께 감사한다. 같은 길을 가는 동학으로서 애정 어린 충고와 조언에 힘입어 이 책을 출간하게 되었고 공동으로 출간하는 것까지 허락해 주었다. 또한 흔쾌히 이 책의 출판을 허락해 주신 <북갤러리>의 최길주 사장님께도 이 지면을 빌어 감사의 인사를 전한다.

이 책을 통하여 우리나라 철도 연구가 더욱 활성화되고, 특히 외국과의 비교 연구를 통해 우리 철도의 정체성과 발전방향을 찾아가는 데 조금이나마 도움이 된다면 필자들의 더 할 나위없는 기쁨이 될 것이다.

2009년 2월
저자를 대표하여 이용상 씀

목차

제2장 영국 철도의 역사와 발전

제4장 철도 발전을 위한 제언

제1장
유럽 철도의 역사와 발전

제1절 유럽 철도의 역사

철도는 광산의 석탄운반을 위한 필요에 의해서 출발하였다. 초기에는 탄광의 석탄을 수레바퀴를 통해 레일 위로 운반하였고, 많은 물량의 경우엔 마차로 석탄을 실어 날랐다. 그러나 말의 사용은 사료 값의 인상, 말의 부족 등으로 인해 점차 자취를 감추게 되고, 그 대체 동력으로서 증기기관이 발명되었다.

최초의 증기기관차는 1804년 2월 25일 영국의 남부 웨일즈 광산에서 10톤의 광석을 운반하였다. 이 최초의 증기기관차는 리차드 트레비딕(Richard Trevithick)이 발명한 것이었다. 그 후 1814년 스티븐슨이 증기기관차를 제작하였고, 1825년 9월 스톡튼 – 다링톤 간 40km 구간에서 증기기관차에 의한 세계 최초의 공용철도가 탄생하였다. 당시 이 기차는 석탄 화물만을 수송하였다. 기관차는 스티븐슨이 제작한 '로코모숀호'를 사용, 90톤의 화물을 견인하여 시속 16km로 주행하였다. 당시 궤간은 표준궤인 1,435mm였다.

1829년에는 기관차 경주대회에서 스티븐슨 부자가 제작한 '로케트호'가 약 30명의 승객을 태우고 시속 22.5km로 주행하여 우승하였다. 1830년 5월에 영국 맨체스터에서 리버풀 간 50km 노선에서 철도가 개통되어 약 1시간

50분에 운행되었다. 표정속도는 약 27km였다. 그 후 지하철은 1863년 런던에서 최초로 개통되었다.

철도의 개통으로 유럽의 산업혁명은 더욱 탄력을 받아 발전을 하였고, 철도개통으로 도시가 발전하였다. 아울러 여행 기회도 증가하여 문화가 널리 전파되는 계기가 되었다. 영국의 경우는 산업혁명이 1760년~1830년대로, 당시 철도는 산업혁명을 견인하였다고 할 수 있다. 특히, 철도역의 발전은 눈부신 것이었다. 철도역은 당시의 문화를 그대로 전수하는 역할을 하였는데, 역은 건축물로서 훌륭한 예술작품이었다. 19세기 튜터 양식으로 지어진 영국의 워터루역이 그렇고, 역시 런던의 세인트 팬크라스역과 함께 지어진 미들랜드 그랜드 호텔은 빅토리안 고딕 양식으로 지금도 그 위용을 자랑하고 있다.

초기 영국의 철도정책은 정부가 관여하지 않는 자유방임주의였다. 따라서 기업은 각자의 필요에 따라 발전하였고, 기업 간에 서로 연계노선을 가질 필요가 없었다. 당시 지방의 자본가들이 철도 건설에 열심이었는데, 그 결과 스톡튼-다링톤 구간 등이 완공되었다. 철도의 건설로 인해 대중들이 철도를 이용하게 되었고, 이를 통해 많은 사업 기회가 창출되었으며, 철도역에는 수세식 화장실이 등장하여 건강에도 도움을 주었다. 또한 영국의 경우 긴 국토 구조로 여행시간이 많이 소요되었는데, 철도의 개통으로 잉글랜드와 스코틀랜드 지방이 가까워졌다. 그러나 당시 철도는 범죄 등에 이용되거나 소음 등의 문제도 함께 안고 있었다.

한편 프랑스의 철도는 1832년에 시작하여 영국에 비해 출발은 그리 늦은 편은 아니었지만, 철도 발전 속도는 영국에 비해 늦었다. 그 이유는 첫째 영국에 비해 공업화가 늦었고, 나폴레옹전쟁으로 인한 복구가 늦어졌기 때문이다. 이 때문에 철도에 투자하는 자본이 상대적으로 적었다. 프랑스의 경우 산업혁명은 1830년~1860년으로, 영국에 비해 약 30년이 뒤졌다. 두 번째로는 프랑스의 강력한 중앙집권 정부는 철도 건설에 관여하여 건설속도 또한 느렸다. 당시 철도 건설에 대해 영국 정부는 자유방임적인 입장을, 벨기에는 중앙정부가 간섭하는 원칙을 가지고 있었는데, 프랑스는 벨기에 쪽에 가까운 선택을 하였다. 이에 정부와 민간기업 간에 마찰이 생기는 결과를 가져오고 말았다. 세 번째로는, 프랑스는 내륙운하가 발전하여, 운하관련 업자들이 철도 건설에 반대하였다. 그 결과 초기 프랑스는 영국으로부터 비싼 가격에 철도차량을 수입해야 했다.

프랑스 파리의 지하철은 1900년에 1호선이 개통되어 2000년 7월에 100주년 행사를 할 정도로 잘 발달되어 왔다. 특히 파리를 비롯한 인구 50만 이상이 되는 도시들은 도시철도가 잘 발달되어 시민의 발로서 그 기능을 다하고 있다.

제2차세계대전 이후 전 세계 국가들이 자동차 중심의 교통체계를 구축하던 시절에, 프랑스는 1960년대에 들어서면서 국영철도회사인 SNCF를 통해 열차의 고속화기술개발을 추진하였고, 기존 철도의 고속화와 개량사업에 주력하였다. 그 후 1981년 개발된 새로운 고속철도 노선과 차량을 기존선과 연결시키면서 그 효율을 극대화시켰다.

독일의 경우는, 산업혁명 시기는 1848년~1870년으로, 미국과 거의 같은 기간이었다. 독일 철도는 1835년 12월 7일 뉘른베르크 – 퓌르스 구간에서 최초로 개통되었다. 1845년까지 약 2,000km의 철도망이 생겼고, 1855년에는 약 8,000km까지 늘어났다. 독일은 1871년 25개 주로 된 제국으로 출발하면서 철도는 각 주를 중심으로 발전하였다. 1879년에는 세계 최초로 전기기관차가 베를린에서 제작되었다.

1883년에는 오리엔탈 익스프레스가 개통되었고, 1924년에는 독일제국철도주식회사가 설립되었다. 경제 위기로 1937년 이 회사는 제국철도로 이관되었고, 1937년부터는 전쟁을 수행하는 데 큰 역할을 담당하였다. 제국철도시대에 각 주에서 운행된 증기기관차 대신 표준형인 증기관차가 개발되었다.

1933년에 고속디젤철도가 운행을 개시하였고, 1973년에 전기기관차의 최고속도는 252.9km를 기록하였다. 1976년 증기기관차가 운행을 종료한 후 1991년을 기점으로 고속철도시대를 맞이하고 있다. 초창기 지방 중심이었던 철도는 지금은 전국적인 네트워크를 형성하고 있어 독일 내 어느 곳에서든지 일반 국민들이 손쉽게 철도를 이용할 수 있게 되었다.

제2절 유럽 철도의 기술개발 현황

1. 개요

철도의 발생지이자 융성기를 구가하고 있는 유럽에서도 한때 철도산업은
사양산업이 되어간다고 생각할 만큼 한계에 도달하였다. 그러한 때에 서양
으로부터 철도를 배웠던 일본이 1964년 10월 1일 도쿄 – 오사카 사이의
515.4km를 시속 200km/h로 주행하면서 철도의 고속화기술 분야에서 획기
적인 진보를 시작하자, 유럽에서도 도로와 항공의 한계를 돌파할 교통수단
으로서의 철도를 재인식하고 경쟁적으로 철도 기술개발 경쟁에 참여하였
다. 이에 유럽에서는 프랑스의 TGV 계열 및 독일의 ICE 계열의 고속열차
시스템 기술개발과 이를 바탕으로 유럽 대륙의 기존 철도 및 고속철도망을
더욱 확충하려는 계획을 추진하고 있으며, 범 유럽 고속철도망(Trans-Euro-
pean Network) 구축을 통하여 유럽통합을 가속화하고 있다. 특히, 유럽의 경
우는 상하 분리에 따라 열차운행부분도 장거리수송, 지역간 수송, 화물수송
등의 사업부문으로 분할되거나 개별 운행회사로 재편되었으며, 또한 제작
사도 유럽 철도시장의 통합에 따라 통폐합되었다. 유럽의 차량시스템 기술

개발의 경우, 예전의 철도 운영기관과 자국의 차량제작사의 공동개발체계에서, 현재는 철도 운영기관이 기획하고 유럽 차량제작사들이 공개경쟁 입찰 후에 제작하여 공급하는 형태로 변화된 상태이다. 이러한 변화된 개발체계에서 철도 전반의 핵심기술을 선도해 나가는 유럽의 고속철도 차량에 대한 기술적 동향에 관심이 고조되는 것은 자연스러운 일이라 할 수 있으며, 철도 전반의 미래상, 나아가 세계 교통체계 중심의 미래상을 점쳐보는 의미 있는 일이 될 것이다.

2. 프랑스의 고속철도

(1) 프랑스 고속철도의 개요

프랑스 철도 운영자인 SNCF는 일찍부터 간선철도망에서 상업운행열차의 최고속도를 지속적으로 향상시켜 왔으나, 더 이상 기존선 선로 조건 하에서는 속도향상에 한계가 있어 새로운 고속선 건설을 시작하였다. 특히, 파리 – 리용 – 지중해 기존선 구간은 프랑스 인구의 40%가 밀집된 핵심 노선(1970년 당시 열차운행속도 : 시속 160km/h)으로, 70년대 초에 이미 선로 용량이 한계에 도달하여 늘어나는 수송수요에 대처하기 위해서는 복복선화가 필요하였다.

그러나 엄청난 공사비 때문에 사업추진에 어려움이 있었다. 따라서 SNCF는 파리와 리용, 남동프랑스를 연결하는 고속신선 건설비가 기존선 개량비에 비해 크게 차이가 나지 않고, 고속신선으로 많은 여객들이 전이해 간다면 일반열차나 화물열차는 기존선에서 운용이 가능해 파리 – 리용 간 고속신선을 건설하기로 하였다. 일본의 신칸센이 기존선과는 별도로 건설된 것과는 달리 프랑스 고속신선은 기존철도망과 직결운행이 가능하도록 건설되었다. 이렇게 하여 TGV 열차는, 고속신선과 전철화된 기존선 구간은 어디든지 운행하는 것이 가능하게 되었다. 이에 따라 1981년 파리 - 리용 사이의 약 410km 구간을 시속 270km/h로 주행하는 TGV-PSE(남동선) 개통과 함께 프랑스의 고속열차 상업운행시대가 개막되었다.

현재 운행 중인 TGV 계열의 차량은 TGV-PSE(남동선), TGV-A(대서양선), TGV-R(북유럽선), TGV-Duplex(이층열차), TGV-Med.(지중해선), TGV-Est(동선)와 TGV를 기반으로 한 국제열차인 Eurostar, Thalys 등이 운행 중이다. 이와 같이 다양한 TGV 계열의 고속열차가 고속신선이나 기존선의 다양한 노선 조건 하에서 6,000km 이상 상업운행하면서 TGV 시스템의 안전성과 신뢰성을 과시하고 있다.

프랑스는 자국의 독특한 고속철도 기술로 TGV 열차를 개발한 이후에도 지속적으로 최신 첨단기술을 접목시켜 TGV 열차를 개량, 발전시켰다. TGV 수출 현황을 살펴보면 파리 - 런던 - 브뤼셀의 Eurostar 노선, 파리 - 브뤼셀 - 암스테르담 - 쾰른의 Thalys 노선, 스페인의 '아베(AVE)', 한국의 '케이티엑스(KTX)' 등이 있다. 세계 철도시장규모는 2000년 기준 US$ 700억이며, 그 중에서 인프라를 제외한 규모는 US$ 250억 정도로 유럽이 세계 철도시장의 약 40%를 차지한다. 고속철도차량은 전체 세계 시장규모의 6%(US$ 15억)이며, 이중에서 프랑스 Alstom(40%), Bombardier(14%), 일본 (14%), Adtranz(11%), Siemens(7%)의 순으로 시장 지배력을 가지고 있다. 특히, TGV 열차 제작사인 Alstom은 유럽 내의 철도관련업체 사이의 치열한 경쟁으로 인해서 경쟁력을 잃게 되어 프랑스 정부로부터 대규모의 지원을 받고 회생하여 Alstom 단독으로 AGV 열차 개발에 성공하였다. 프랑스는 유럽 고속철도시장을 선점한 TGV 열차를 자국 내의 고속철도망 확충뿐만 아니라 TGV를 통한 유럽 철도망체계 구축에도 적극적이다. 이는 무엇보다도 프랑스 고속철도가 유럽의 주요 도시 간 이동에 타 교통수단에 비해서 경쟁력을 가지면서도 경제적 타당성이 있기 때문이다.

(2) 프랑스 고속철도차량의 주요 특징 및 기술개발 동향

프랑스의 고속철도 차량개발은 SNCF와 Alstom이 공동으로 수행하였으며, SNCF에서는 TGV의 개념을 기획하고 설계하였다. Alstom에서는 TGV 차량의 차체, 대차, 전장품, 부품 및 서브시스템 분야의 기술개발과 제작을 담당하는 등 긴밀한 협조 하에서 기술개발을 수행하였다. 프랑스 TGV 고속열차의 주요 특징은 동력집중식 차량으로, 관절형 대차를 적용하고 있다. 이 관절형 대차는 객차와 객차 사이에 위치하여 두 객차를 견고하게 연결시켜 탈선시에 대형사고를 방지하는 체계로 설계된 대차이다. 동력집중식은 분산식에 비해서 동력장치의 집중으로 객실 내 쾌적성 측면에서는 유리

<표 1-1>프랑스의 고속철도 차량 현황

구분	차량편성	속도(km/h)	상업운행	비고
TGV-PSE	2P+8T	270	1981	동력집중식
TGV-A	2P+10T	300	1989	"
TGV-R	2P+8T	300	1993	"
TGV-Duplex	2P+2MT+16T	300	1996	"
Eurostar	2P+2MT+16T	300	1994	"
Thalys	2P+8T	300	1996	"
TGV-Est	2P+8T	320	2007	"
AGV	3M+2T	360	-	동력분산식

주 : P(동력차), T(객차), MT(동력객차), M(동력차)

하지만, 단점은 동력분산식에 비해서 가감속 성능이 불리하다는 것이다. 또한 차폭이 좁아서 수송용량이 적으며, 관절형 대차로 인하여 유연한 편성 구성이 불가능하다는 점이다. TGV 계열의 모든 열차는 동력집중식을 채택하고 있으나, 최근에는 360km/h급 분산형 고속열차인 AGV를 Alstom 단독으로 개발하여 성공적으로 시험운행을 하기도 하였다. 특히, 프랑스 고속철도시스템 26년의 운영 경험을 바탕으로 SNCF는 TGV 기술개발뿐만 아니라 고속철도기술의 해외진출을 위한 자회사를 설립하였는데, 엔지니어링 해외 자문 업무는 SYSTRA가, 운영 및 유지보수기술의 해외 자문 업무는 SNCF-International이 각각 담당하고 있다. 또한 2007년 6월 10일 개통한 TGV-EST의 경우, 2006년 8월 30일에 SNCF의 100% 자회사인 INEXIA를 설립하여 TGV-EST(동선)의 신기술 설계 및 엔지니어링을 담당케 하는 등 철도 전문기술을 더욱 발전시키고 있다.

(3) TGV 개발 역사

1981년 개통된 프랑스의 고속철도 차량은 개발 단계를 기준으로 세대를 구분해 볼 수 있다. 제1세대 차량은 TGV-PSE(남동선)로 현재 TGV의 기본이 되었으며, 직류전동기로 최고속도는 시속 270km로 운행되었다. 제2세대 차량은 TGV-A(대서양선), TGV-R(북유럽선) 그리고 Euro-star(유도 전동기)로 동기전동기를 사용하고 있으며, 최고속도는 시속 300km로 운행되고 있다. 제3세대 차량은 TGV-Duplex(이층열차)로 전체 시스템의 특성은 2세대 차량과 같으나, 객차를 2층으로 제작하여 수송효율을 45% 증가시켰다. 1990년 5월 18일 TGV-A 선로에서 시험 속도로 시속 515.3km를 주파한데 이어서, 2007년 4월 3일 TGV-Est 선로에서 세계 최고속도 574.8

파리 동역에 정차중인 TGV 및 ICE 열차

파리 동역의 320km/h급 TGV 열차   IRIS 320 검측차

<표 1- 2> 프랑스 고속철도 현황

선명	구간	연장 (km)	속도(km/h)		착공 일자	개통 일자
			최고	표정		
남동선 (TGV-PSE)	Paris~St.Florentin St.Florentin~Lyon Lyon~Valence	118 299 121	270	213	'76. 3.	'83. 9. '81. 9. '94.
대서양선 (TGV-A)	Paris~Le Mans ~Tours	181 101	300	220 236	'85. 2.	'89. 9. '90. 9.
북유럽선 (TGV-N)	Paris~Lille ~Brussels ~Calais	333	300		'89.	'93. 5. '93. 9. '94. 11.
순환선 (파리 우회)	동남선, 대서양선을 북유럽선에 연결	104	300		'88	'93
지중해선 (THV-Med)	Paris~Monpellier~ Marseille	750	300		'94	'01. 6
동선 (TGV-Est)	Paris~Strasburg	500	320		'02	'07. 6

km/h로 시험주행하면서 TGV 차량의 기술적 안전성을 세계에 과시하였다. 2008년 2월 5일 Alstom 프랑스 라로셸 공장에서 최고속도 360km/h로 주행할 수 있는 동력분산식 고속차량인 AGV 차량을 개발함으로써 지속적인 기술개발 노력을 통해 고속철도기술을 여전히 주도하고 있다.

또한 2007년 6월 10일 TGV – Est(동선)의 상업운행을 개시하면서 TGV – R 차량을 개조하여 열차운행속도를 320km/h로 상향시켰다. TGV – Est에서 영업운행 속도가 300km/h에서 320km/h로 증속됨에 따라 SNCF에서는 기존의 검측차인 Melusine을 대체하는 IRIS 320을 개발하여 시설 인프라의 안전성을 검증하고 있다.

사진은 파리 동역에 정차해 있는 TGV와 ICE 열차를 보여주고 있는데, TGV열차는 파리 동역에서 스트라스부르그까지, ICE 열차는 프랑크푸르트 역에서 파리 동역까지 운행하고 있다. 이는 유럽의 상호운용성을 고려한 열차 운영체계를 상징적으로 보여주고 있다.

(4) 차세대 고속철도 AGV(Automotrice a Grande Vitesse)

AGV 열차의 주요 혁신은 기존 TGV 열차의 동력집중식에서 동력분산식을 채택한 것이다. 이러한 동력분산식의 채택은 열차를 모듈화하여 노선별 수송수요에 탄력적으로 대응할 수 있다. 관절대차를 채택한 TGV 특성상 객차 하부에 주행용 전동기를 장착하는데 어려움이 있었지만, 최근 전동기의 소형화에 성공하여 동력분산형 AGV 고속열차의 개발이 가능하게 되었다. 그러나 동력분산식을 고속열차에 적용한 것은 새로운 것이 아니다. 이미 일본의 신칸센 열차는 초기부터 지금까지 분산식을 채택하고 있으며, 이탈리아의 팬돌리노(Pendolino), 독일의 ICE 3 등에도 채택되었다. 그러나

TGV 열차와 같은 관절형 대차에 축중 17톤을 초과하지 않으면서 동력을 분산시킨 방법이 혁신적이라고 말할 수 있다. 이와 같이 동력을 분산시킨 AGV는 기존 TGV와 같은 전용 동력차가 필요 없어 동일한 열차 길이에서 기존 TGV보다 좌석수가 9% 증가되었으며, 에너지 소모율도 15%나 감소되었다. 동력분산형인 AGV 고속열차의 주요 시스템별 특성은 다음과 같다.

- 추진시스템 : 동력분산식에 적합하도록 기존 견인전동기보다 용량이 적은 600kw 비동기견인전동기를 사용하며, IGBT(Insulated Gate Bipolar Transistor) 전력반도체를 사용하여 최고운행속도는 시속 360km이다.
- 승차감의 향상 : 알스톰(Alstom)사는 TGV가 시속 300km로 주행할 때 발생되는 궤도 부담력을 기존과 동일한 수준으로 유

시험운행 중인 AGV 고속열차

지하기 위하여 능동형 현가시스템을 채택하였다. 이 시스템을 대차에 장착하면 시속 350km로 주행시의 승차감 수준이 장착 전의 시속 300km로 주행했을 때의 승차감과 동일하다.

- **제동력 향상** : 속도향상에 따른 제동거리를 동일하게 유지하기 위해서, 기존의 마찰제동과 전기제동에 추가로 와전류제동을 채택하였다. 이 제동장치는 기존 TGV에 설치하여 시속360km로 시험주행을 실시하였으며, 부하 등에 의한 선로 이상 없음이 입증되었다. 이 장치는 첫 번째와 마지막 대차에만 장착된다.

- **동력 관절대차** : 동력분산식이므로 객차 하부의 관절대차에 장착된 견인전동기에 의해 발생되는 진동이 객실 내부로 전달되는 것을 감소시키기 위해서 견인전동기와 차체 사이에 방진블럭(Silent Block)을 채택하였다. 또한 관절대차에 부착된 견인전동기의 냉각을 위해 견인전동기 강제 냉각시스템을 적용하였다. 이는 공기냉각 방식만으로는 냉각용량이 부족하기 때문이다.

- **차체** : 차체는 알루미늄을 사용하였으며, 기존 TGV와 비교하면 2톤 정도의 무게를 경감시켰다. 또한 전두부의 충격에너지는 TGV-Duplex와 동일한 수준의 충돌에너지를 흡수하도록 하였다.

3. 독일의 고속철도

(1) 독일 고속철도의 개요

독일은 1991년 5월 만하임 - 슈투트가르트의 구간에서 ICE1 고속열차의 상업운전을 개시하였다. 제2차세계대전 이전까지 독일 철도는 세계 최고의 기술 수준을 자랑하고 있었다. 특히, 함부르크 - 베를린 간을 최고속도 160km/h에 주파하였던 'Fliegender Hamburger'는 대표적인 특급열차였다. 그럼에도 '철도기술의 꽃'이라고 할 수 있는 고속철도의 상업운행이 일본 신칸센의 1964년, 프랑스 TGV의 1981년에 비해 독일에서 늦어진 이유는 무엇일까? 이는 독일의 정책이 고속신선 건설보다는 기존선의 개량에 중심을 두었기 때문이다. 협궤인 기존선의 한계를 절감하고 일찍 전용선을 달리는 고속철도 사업에 뛰어든 일본이나, 파리 - 리용 간의 만성적인 여객수요 초과로 신선 건설을 결정한 프랑스와 대비되는 점이다. 즉, 독일 철도는 기존선 개량을 통해 수송수요를 충분히 해소하는 것이 가능하였으며, 일본의 경우 도쿄 - 오사카, 프랑스의 경우 파리 - 리용과 같은 대도시축인 이른바 '메갈로폴리스'가 형성되어 있어 이 구간에 전용선을 쉽게 결정할 수 있었음에 비해서, 독일은 여러 지방에 고르게 도시가 발달되어 있었다는 점에서 전용선 건설은 늦어질 수밖에 없었다.

독일의 ICE는 열차운용의 측면에서 기존 열차와 명확히 구분하여 운용하는 TGV나 신칸센과는 다르게 일반열차와의 구분이 명확하지 않다. 물론 TGV나 신칸센의 경우 고속열차가 일부 기존선에서 운행되지만, 일반열차가 고속선에서 운행되지는 않는다. 반면 독일의 경우 고속신선도 ICE 전용이 아니다. IC/EC(Euro City)도 고속신선에 투입되어 운행되며, 심지어는 야간의

<표 1-3> 독일 고속철도의 개요

구간	연장	최고속도	착공 일자	개통 일자
Hannover-Wurzburg	327km	280km/h	1973	1991. 5.
Mannheim-Stuttgart	100km	280km/h	1973	1991. 5.

경우 고속신선에서 화물열차가 운행되기도 한다. ICE 역시 고속신선은 4개 구간에 불과하지만, 기존선을 이용하여 운행하는 노선망이 20여 개 가량 존재한다.

TGV나 신칸센의 경우 고속철도가 기존 철도와는 구분되는 전혀 새로운 타입의 서비스이지만, ICE는 IC/EC라는 기존의 간선철도망의 연장선상에 있는 조금 더 빠른 열차일 뿐이다.

1980년대 초반 하노버 – 뷔르쯔부르그 구간과 만하임 – 슈투트가르트 구간의 여객과 화물 겸용 신선 공사가 진행되고 있을 무렵, 프랑스의 TGV가 개통되었다. 이에 자극을 받은 독일 정부는 이 구간을 고속운행이 가능한 여객 위주의 신선으로 계획을 수정하였으며, 이 구간에 투입될 고속차량의 개발에도 본격적으로 착수하였다. 1985년 6월 21일, 독일 철도 150주년에 맞추어 고속열차의 시제차를 선보였는데, 이것이 바로 ICE – V이다. 전후부에 동력차가, 가운데에 T-car가 3량 위치한 총 5량 편성의 열차로 이후 등장한 ICE1의 모체가 되었다. 같은 해 11월 시험운행에서 300km/h를 달성하였으며, 1988년 12월에는 Fluda – Wuerzburg 구간 고속선로를 406.9km/h에 달려 세계기록을 수립하였다(이 기록은 이후 TGV에 의해 깨진다). 드디어 1991년 하노버 – 뷔르쯔부르그와 만하임 – 슈투트가르트 두 고속신선 구간의 개통과 함께 ICE가 본격적인 상업운행을 시작하였다. 1993년에는 ICE 노선이 최초로 베를린까지 연장되었다. 1996년 9월 29일 ICE2가 베를린 – 함부르크 구간의 상업운행을 개시하였다. 1998년 9월, 세 번째 신선인 베를린-하노버 구간이 개통되었다. 2000년 네 번째 고속선 구간인 쾰른-마인쯔 구간은 독일 최초의 여객 전용의 고속선으로 건설비를 절감하기 위하여 구배를 40‰로 정하였으며, 기존의 ICE 열차의 가감속 성능을 개선하기 위해서 동력분산식으로 개발한 ICE3를 투입하여 2000년부터 상업운행 중이다. ICE는 일부 전용선을 제외하면 기본적으로 기존 간선철도망과의 연장선에서 통합하여 고속의 서비스를 제공하는 방식이다. 현재 독일내의 주요 도시를 연결하는 모든 구간에 ICE 열차 및 ICE 틸팅열차를 투입 운행하고 있으며, 고속열차 운행속도는 280km/h~300km/h이다.

(2) 독일 고속철도 차량의 주요 특징 및 기술개발 동향

독일의 고속철도 차량개발은 DB에서는 기본사양과 설계를, Siemens와 Adtranz에서 제작을 담당하는 등 운영자와 제작사 간의 긴밀한 협조 하에서 기술개발을 수행하고 있다. ICE 개발계획은 1972년부터 10년간의 연구개발, 2년간의 차량제작과 선로건설을 거쳐 1985년부터 시험열차인 ICE-V의 주행시험을 통해 ICE 열차의 기술개발이 완성되었다. ICE1은 최고속도 250km/h로 운행하나 열차 지연에 따른 회복운행이 필요할 때에는 280km/h까지 가능하며, TGV와는 다르게 관절형 대차가 아닌 일반대차이다. 또한 10량 및 12량 고정편성으로, 수요가 적은 구간의 경우에 편성의 유연성이 떨어진다. ICE2는 ICE1의 단점을 보완하여 동력차 1량에 객차 7량으로 편성하고 중련운행이 가능하도록 하였다. ICE3 차량은 ICE1이나 ICE2와는 다르게 구배가 큰 구간을 운행할 목적으로 가감속 성능이 우수하고 축중이 가벼운 동력분산식으로 개발된 차량이다.

또한 독일은 기본적으로 고속신선 건설보다는 기존의 간선철도망에서의 속도향상을 위하여 선형개량보다는 틸팅차량을 운용하는 것이 경제성 측면에서 유리하다고 판단하였다. 이에 ICE 차량에 차체 틸팅(Body tilting)과 조향차축(Steering axle)을 포함시킨 ICE-T 틸팅차량을 개발하여 기존의 간선철도망에 투입하여 열차운행시간을 단축하고 있다. 또한 전철화되지 않은 구간에는 디젤틸팅 차량인 ICE-VT를 투입하여 속도향상을 통해 열차운행시간을 단축하고 있다

1991년 독일 연방정부는 고속철도 운영을 위하여 2,020km의 기존선 개량과 신선 건설에 320억 마르크를 투자하였고, 1997년까지 170억 마르크를 추가 투자하였으며, 마지막으로 380억 마르크를 통일 독일의 동부지역에 철도 현대화를 위하여 투자하였다. 또한 독일은 유럽공동체 TEN 계획의 일환으로 프랑스와 마찬가지로 ICE 기술을 경쟁적으로 수출하고 있다. 독일의 고속철도 차량의 현황은 아래와 같다.

<표 1-4> 독일의 고속철도 차량 현황

구분	차량편성	최고속도(km/h)	상업운행	비고
ICE1	EL+12T 또는 EL+14T	280	1991년	
ICE2	EL+7T	280	1997년	
ICE3	4M+4T	330	2000년	동력분산식 다중열차시스템
ICE-T	동력분산식(5~7량)	230	1998년	동력분산식 틸팅형
ICT-VT	동력분산식(4량)	200	1999년	동력분산식 디젤 틸팅형

주 : EL(동력차), T(객차), M(동력차)

(3) ICE 개발 역사

1971년부터 시작된 ICE 개발계획은 15년의 장기계획 하에 10년간의 연구개발, 2년간의 차량제작과 선로건설을 거쳐 1985년부터 시험열차인 ICE-V의 주행시험을 통해 고속신선과 ICE 열차의 기술적 개념이 완성되었다.

ICE 차량의 1세대인 ICE1은 동력집중식 차량이며, 차량편성 양쪽에 동력차, 중간에는 객차를 10~12량 편성하는 형식으로, 최고 운행속도는 280km/h이다. 2세대인 ICE2는 편성차량의 길이를 짧게 하기 위해 동력차 1대를 차량편성 한쪽 끝에, 반대편에 운전실이 있는 객차 안을 연결하는 형식이다. 이때 필요하다면 2개의 편성차량을 중련시켜 운행이 가능하다. 특히, 중련운행 중인 2개의 편성열차를 분기선에서 2개의 열차로 나누어 각각 다른 방향으로 운행하는 유연편성운행(Flexible operation)을 하고 있으며, 이러한 경우에 약 20% 정도의 에너지절약이 가능하다.

1998년 6월 3일 독일 철도 역사상 최악의 ICE1 차량 열차 탈선사고가 발생했다. ICE1이 Eschde 근교에서 주행도중 탈선하여 교각에 부딪히는 사고로 101명이 사망하였다. 원래 ICE1 편성차량의 모든 차륜이 프랑스의 TGV나 일본의 신칸센 차량처럼 일체형 차륜이었으나, 승차감을 향상시키기 위해 차륜을 외륜과 내륜으로 나누고 그 사이에 고무링을 삽입한 탄성차륜을 객차 중 약 2/3 정도의 차량에 사용하였다. 그러나 1998년에 이 탄성차륜 중 하나의 외륜이 파손되면서 비극적인 사고가 발생하게 되었다. 이로 인해 1998년까지 모든 차량에 원래의 일체형 차륜을 사용하게 됨으로써 차륜과 레일 사이의 진동에 따른 승차감 문제를 해결해 보려는 독일 철도 기술자들의 노력은 수포로 돌아갔으나, 독일 철도 전문가들의 철도분야 신기술 적용에 대한 끊임없는 시도와 노력은 높게 평가받아야 한다.

ICE 계열의 제3세대 차량인 ICE3는 최고 운행속도를 330km/h로 높이고 40‰의 급구배에서도 운행이 가능하도록 제작되었다. 이를 위해 지금까지의 동력집중식에서 동력분산식 차량으로 전환하였다. ICE3와 똑같은 구조를 가지면서 차량에 틸팅시스템을 도입하여 곡선이 많은 기존선 전철화 구간에서의 속도향상을 시도한 것이 ICE-T 차량이며, 전철화되지 않은 구간의 속도향상을 위해서 ICE-VT 디젤차량을 적용하고 있다. 이들 차량들은 선형개량에 투자비가 너무 많이 소요되어 차량의 개량을 통한 속도향상을 얻고자 한 개념을 적용한 예이다. 동력분산형 고속열차의 종류로는 일본이 360km/h급 'FASTECH 360' 동력분산식 차량을 개발하여 시험 중이며, 프랑스도 360km/h급 차세대 'AGV' 차량을 개발하였다. 독일도 최고속도 350km/h급 'VELARO' 동력분산식 차량을 개발 중에 있다.

4. 이탈리아의 고속철도

(1) 이탈리아 고속철도의 개요

이탈리아는 국토의 대부분이 산악지형으로 인해서 곡선구간이 많기 때문에, 고속신선 건설보다는 기존선 개량을 통한 열차 운행속도를 향상시키는 방향으로 정책을 실행하였다. 그러나 현재의 기존선 고속화와는 별도로 새로운 고속신선을 건설하여 현재 도로에 치중되어 있는 수송 분담률을 철도로 전이시키려 하고 있다. 즉, 고속철도망은 중장거리 수송수요를 담당하고 지역간 및 지역 내 수송은 기존선을 활용하여 수송력을 향상시키려는 것이다. 이에 1991년 이탈리아 정부는 밀라노 – 나폴리, 토리노 – 밀라노 – 베니스, 밀라노 – 제노아 등과 같은 지역에 고속철도 서비스를 제공하기 위한 건설 사업을 진행 중이며, 2006년에 896km의 토리노 – 밀라노 – 베니스 구간이 완공되었다. 이탈리아가 1994년부터 진행시킨 이탈리아의 고속철도 건설계획은, 증가하는 교통수요에 대응이 가능하고 범 유럽 고속철도망 구축의 일환인 동서와 남북의 두 축이 비스듬하게 기울어진 T자형으로, 고속차량과 신선 및 기존선의 시설 인프라와 완벽하게 조화를 이루면서 건설되고 있다.

이탈리아의 고속철도 차량시스템의 최대 운행속도는 300km/h이며, 최대 곡선반경은 6,000m, 최대 구배는 21‰이다. 공급전력방식은 교류 25KV, 50HZ이며, 통신은 사령과 기관사 간 직접 교신방식을 택하였다. 신호는 차상신호를 받은 ATC 시스템을 사용한다. 주요 고속철도 구간별 길이를 살펴보면, 우선 동서축의 토리노 - 밀라노 구간이 127km(터널 3.3km), 밀라노 - 베로나 구간이 117km, 베로나 - 베니스 구간이 102km이다. 남북축의 경우, 밀라노 - 볼로냐 구간이 199km(터널 3.6km), 피렌체 - 로마 구간이 239km (터널 77km)이다.

(2) 이탈리아 고속철도 차량의 주요 특징 및 기술개발 동향

이탈리아의 펜돌리노 틸팅시스템은 1967년에 처음으로 연구되기 시작했으며 1970년대에 1세대 펜돌리노인 ETR 401이 개발되었다. 1988년에는 2세대인 ETR 450과 VT 610, 1995년/1996년에는 각각 3세대인 ETR 460/470 등이 개발되었다. 피아트의 틸팅차량은 유럽에서 가장 인정받는 능동 틸팅제어 차량으로, 이탈리아뿐 아니라 독일(IC-NEITECH), 핀란드(S220), 포르투갈(CP), 스페인(RENFE IC 2000) 등에서도 구입하여 운영되는 등 다양한 운영 경험을 가지고 있는 것이 최대의 장점이다.

<표 1-5> 이탈리아의 고속철도 차량 현황

구분	차량편성	최고속도(km/h)	상업운행	비고
ETR 450	8M+1T,10M+1T	250	1988	강제 틸팅
ETR 460	6M+3T	270	1995	강제 틸팅
ETR 500	2P+8T,2P+11T	300	1999	틸팅 없음

현재 이탈리아의 ETR 460 차량은 현재 가장 빠른 틸팅 차량으로 1995년부터 상업운전이 시작되었으며, 신뢰성을 인정받아 많은 다른 나라에서도 사용되고 있는 대표적인 틸팅 차량이다. 마지막으로 ETR 500은 고속신선에서 1999년부터 밀라노 – 로마 – 나폴리를 300km/h로 운행 중이며, 앞뒤에 동력차가 연결된 전후동력형(Push – pull) 차량으로 틸팅기능은 없다.

5. 스페인의 고속철도

스페인은 프랑스 TGV의 성공에 따라 철도 현대화를 위한 첫 번째 계획으로 거점도시인 마드리드 – 세비야 간의 선로 용량 한계 문제를 해결하고 프랑스 고속철도 노선과의 연결과 유럽 노선으로의 단계적 확대를 고려하면서 추진되었다. 또한 시기적으로는 1992년 세계박람회 개최에 맞추어 진행되었다. 이에 따라 우선 마드리드 – 세비야 사이의 구간(471km)에서 스페인 고속열차 AVE(Alta Velocidad Espanola)가 상업운행을 개시하였다. 특히, 스페인 고속철도 AVE는 기본적으로 프랑스의 TGV-A를 기본 모델로 하여 스페인의 운용조건에 적합하도록 개량한 것이다. 이때 차량은 프랑스 기술을, 시설 인프라 기술은 독일 기술을 적용하였다. 또한 스페인은 AVE와 틸팅 차량 Talgo 20을 포함한 고속철도 차량을 여객과 화물수송을 위하여 유기적으로 운영하는 방식을 채택하고 있다.

스페인의 AVE는 유럽의 고속철도망과 연결한다고 하는 장기적인 구상 하에서 스페인 고유의 철도궤간인 1,668mm의 광궤가 아닌 1,435mm의 표준궤를 채택하여 유럽의 단일화 기조에 따라 표준화를 추진하였다. 스페인 정부는 471km의 마드리드 – 세비야 간 스페인 고속철도의 성공적인 운영의 결과로 마드리드-바르셀로나 구간을 연결하는 고속신선을 건설하고 있는데 거리는 796km이다.

이 사업에 3가지 형태의 고속철도 차량(ICE 350E, Talgo350, I-250)이 투입되는데, 이중에서 2가지는 350km/h급 차량이다. ICE 350E 차량(4M4T)은 ICE3를 개조한 차량으로, 이 차량은 최고속도 350km/h를 위하여 10% 출력 증가와 스페인의 요구에 따른 실내디자인을 채택하였다. Talgo 350은 2000년 시제차가 개발되어 2001년 2월 24일 마드리드-세비야 AVE 노선에서의 시운전에서 359km/h를 기록하였는데, Talgo의 수동 틸팅기능과 독립차륜이 적용된 알루미늄 차체를 가지고 있다. 마지막으로 I-250 차량은 1999년 마드리드-발렌시아 노선에서 영업운행을 개시한 광궤용 Alaris 열차와 유사한데, 틸팅장치를 채용하지 않고 곡선반경이 큰 구간에서 고속으로 운행된다.

스페인 고속철도에서 흥미로운 것은, 스페인 동부의 바르셀로나-발렌시아 간의 220km 선로는 기존의 광궤(1,688mm)를 적용한 선로를 이용하는데, 차량은 신선 구간인 마드리드-세비야 간에서 운행하고 있는 AVE 차량과 동일하나, 대차만 광궤인 차량을 운행한다는 점이다. 또한 고속선과 기존선 구간에 고속열차의 기존선 직결운행을 위하여 Talgo를 개발하였으며, 지멘스와 합작으로 이종궤간에서 운행이 가능하도록 특수하게 제작되었다. 고속선 구간에서는 220km/h, 기존선 구간에서는 160km/h 이상의 속도로 운행이 가능하다. 현재 Talgo는 여러 가지 종류가 series로 개발되고 있는데, 이중 200km/h 이상의 속도 운행이 가능한 차량만이 고속선에서 운행이 가능하다. 스페인의 고속철도 철도는, RENFE에서 고속철도 개발을 주도하고 사업의 수행은 민간에서 수행하고 있으며, 다양한 철도 공급업체로부터 지속적으로 최고의 기술을 받아들여 철도에 적용하고 있다.

제3절 고속철도의 발전과 영향력

1. 서론

우리나라의 고속철도는 2004년 4월 개통 이후 4년 이상이 경과하였다. 1964년 10월 세계 최초로 고속철도를 개통한 일본을 비롯하여 프랑스, 독일 등은 이미 고속철도가 간선교통의 중심을 차지하고 있고, 자국의 수송량 면에서도 높은 비중을 차지하고 있다.

빠른 속도 등의 경쟁력을 가진 고속철도의 수송량이 급격하게 증가하고 있는데 프랑스는 인(사람) 기준으로 1996년에 비해 2006년에 75%, 독일은 1996년에 비해 2006년에 154.1%의 증가치를 보이고 있다. 철도 수송에서 고속철도 비중도 높아 2006년 인 · km 기준으로 일본은 30.9%, 프랑스는 57.2%, 독일은 27.3%를 차지하고 있다. 2006년 일본의 경우 1일 825,000명을 수송하고 있으며, 프랑스는 268,000명을 수송하였다.

고속철도 네트워크는 2006년 현재 유럽이 12,488km, 아시아는 2,798km를 운영하고 있는데 2010년에 유럽은 41,350km, 아시아는 5,139.3km로 증가될 전망이다. 특히 아시아는 대만이 2007년 1월 개통된 타이베이와 가오슝 간

345km를 비롯하여, 중국은 상해 - 북경 간 1,330km의 건설이 추진되고 있다.

고속철도가 발전한 요인은 빠른 속도와 안전, 높은 사회경제적 효과에 기인하고 있다. 고속철도의 비중이 높은 일본의 경우 개통 이래 현재까지 약 62억 명을 수송하고 있는데, 사망사고는 한 건도 없었다. 신칸센 1개 열차의 정시도착 오차는 10초 이내이며, 항공기와도 경쟁이 될 정도의 속도와 수송능력을 보유하고 있다. 실제로 500~700km 구간에서 항공기와 고속철도의 경쟁이 치열하지만, 고속철도의 분담률이 67%로 우위를 보이고 있다.

이러한 고속철도 발전으로 전체적인 철도 수송량도 큰 폭으로 증가하고 있다. 프랑스와 독일의 철도 수송량은 최근 6년간 약 20% 정도 증가하여 같은 기간의 자동차수송량 증가율인 6%를 크게 웃돌고 있다.

고속철도의 또 다른 특징으로는 높은 수요유발효과로, 일본의 신칸센 개통 전후를 비교해 보면 당초 예상수요보다 약 6~23%의 높은 실적치를 보이고 있다. 프랑스의 경우도 약 26%의 유발수요가 발생하였다.

이 결과 고속철도는 매우 높은 수익성을 기록하고 있는데, 일본은 개통 후 3년째에 단년도 흑자를 기록하였고, 프랑스도 개통 후 12년 만에 투자비를 모두 회수할 수 있었다. 한편, 우리나라의 경우도 개통 3년 만에 수송인원이 1억 명을 돌파하였고, 대구와 부산에서의 항공 수요의 감소와 서울 - 천안 구간에서의 통근 · 통학수요의 급증 등 고속철도의 영향력이 점차 높아지고 있다.

이러한 고속철도의 급속한 발전으로 유럽을 비롯하여, 아시아 등에서 고속철도의 건설이 더욱 가속화될 것으로 예상되는데, 향후 호남고속철도 등 본격적인 고속철도 운영을 앞두고 있는 우리에게 각국의 사례는 여러 가지 시사점을 줄 것으로 기대된다. 따라서 여기서 각국의 고속철도 발전요인 특히, 최근 고속철도의 사회경제적 효과와 교통시장에서의 영향력을 분석하고, 최근에 논의되고 있는 지속 가능형 교통체계에 있어서 고속철도의 위상을 함께 평가하고자 한다.

2. 관련된 연구

Vickerman(1997)은 고속철도가 유럽교통정책에서 중요한 위치를 차지하고 있다고 언급하면서, 고속철도 네트워크의 효과가 발생하고 있지만 아직도 통합되지 않은 네트워크 체제의 문제와 일부 지역에서는 고속철도가 아직 충분하게 발전되지 않고 있다고 주장하였다. 그는 대도시 중심으로 고속철도 네트워크가 형성되어야 하고, 고속철도는 간선구간(300∼500km) 1일 약 4만 명 정도가 이용해야만 고속철도로서 충분하게 기능을 할 수 있다고 주장하였다.[1]

Banister와 Berechman(2000)은 1990년 이래 유럽의 교통투자 정책의 중심은 유럽횡단도로와 고속철도 네트워크라고 주장하면서, 이는 사회적, 경제적 통합을 위한 주요한 수단이라고 역설하고 있다. 또한 일본의 신칸센은 신속한 이동을 가능하게 하여 대도시 중심의 고용집중 효과를 가져왔다고 주장하고 있다.[2]

한편, Sands(1993)는 신칸센과 TGV, ICE를 중심으로 한 고속철도 역의 발전을 분석하면서 고속철도 네트워크 주변의 인구와 고용증대효과를 증명해 보였다.[3]

---

1) Vickerman, 1997, pp21-38
2) Banister & Berchman, 2000, p.19, p.285
3) Sands, 1993, pp19-20

Ishikawa(1985)는 신칸센을 통해 지역발전이 가능해졌는데, 그 원인은 고속철도의 개통보다는 지역의 발전 잠재력이 우선한다고 지역발전 사례를 통해 설명하였다.[4]

Givoni(2006)는 고속철도가 기존 철도를 가장 훌륭하게 대체하는 수단이라고 평가하고, 다른 교통수단보다 높은 수송능력과 빠른 속도 등의 효과를 가지고 있지만 대도시 경제개발효과에 대한 직접적인 영향력을 측정하는 것은 쉽지 않다고 설명하였다.[5]

여기서는 특히 고속철도의 사회경제적 효과를 검증해 보고, 최근 개통된 한국의 고속철도와 일본의 규슈 신칸센 사례를 포함하여 한국, 일본, 중국 등 동아시아 국가들은 높은 인구밀도를 가지고 있어 성공적으로 고속철도를 운행할 수 있으며, 고속철도가 가진 외부효과, 환경친화성으로 인한 지속 가능형 교통체계에서 중심적인 역할을 담당할 수 있다는 것을 구체적으로 설명해 보고자 한다.

아울러 대표적인 고속철도 연구자인 Vickerman이 주장한 고속철도의 수요 측면에서 성공조건을 검증해 보고, 이를 바탕으로 새로운 고속철도의 정의도 함께 제시해 보고자 한다.

---

4) Ishikawa, 1985
5) Givoni, 2006, pp593-611

3. 고속철도의 현황과 계획

(1) 철도의 역사와 고속철도의 출현

로마시대에는 도로를 통하여 문물이 세계로 퍼져나갔듯이 19세기에는 철도가 사회를 크게 변화시켰다. 철도를 통해 거리 개념이 바뀌었고, 여행이 보편화되었으며, 문화가 전파되었다. 철도역은 근대화의 상징이었고, 철도를 통해 표준시간 개념이 생겨나 삶의 양식을 철저하게 변화시켰다.

그러나 20세기 자동차의 등장으로 철도는 침체의 길을 걸었다. 자동차는 편리했고, 다양한 디자인으로 개인적인 기호에 부응하였으며, 가격 면에서 경쟁력을 가지면서 교통의 중심으로 자리를 잡기 시작하였다. 이 시기에는 에너지 가격이 높지 않았고, 신속하게 경제성장을 이룩해야 하는 상황에서 자동차는 아주 적합한 교통수단이었다. 도로를 중심으로 한 투자는 고용과 경제성장에 큰 영향을 미쳤고, 이러한 현상은 곧 세계 각국에서 나타났다.

자동차 위주의 교통체계는 1980년 이후 심한 교통정체, 환경오염 그리고 높은 에너지가격으로 한계에 직면하고 있다. 교통정책도 이제 공급위주에서 수요억제위주로 바뀌었고, 혼잡요금 도입, 주행세 부과 등 새로운 프로그램을 도입하기 시작하였다. 1990년대 유럽의 교통정책은 환경친화적인 교통(Environmentally Sustainable Transport : EST)체계 구축과 고속철도 네트워크의 건설이 가장 우선적인 추진과제가 되고 있다.[6]

이제 철도는 새로운 환경변화의 중심으로 부각되고 있다. 19세기의 철도가 사회를 철저하게 변화시킨 것처럼 21세기 철도는 새로운 변화의 중심이

---

6) David Banister and Joseph Berechman(2000), 'Transport Investment and Economic Development', UCL Press, p.19

되고 있는 것이다. 단연 변화의 주역은 그간의 침체된 철도를 다시 부활시킨 고속철도이다.

1970년 일본의 신칸센정비촉진법에 의하면, 고속철도는 200km/h의 운행속도를 가진 철도로 정의되고 있으며, EU(96/48)에서는 신선에서 250 km/h, 기존선에서 200km/h의 속도로 운영되는 철도로 규정하고 있다.[7] 여기서는 유럽 기준에 따라 고속철도를 정의하고자 한다. 고속철도는 일본, 프랑스에서 인구밀도가 높은 지역을 중심으로 발전하기 시작하였는데 기존선의 용량포화 문제를 해결하고, 고속의 대량수송이 가능해 교통혁명을 선도하였다.

고속철도가 탄생한 첫 번째 이유는 기존선의 수송용량 한계로 새로운 투자가 필요했기 때문인데, 일본의 도카이도 신칸센과 프랑스의 동남선, 한국, 대만, 중국 등이 이러한 예라고 하겠다. 두 번째는 기존선 일부분의 속도향상이다. 신선을 건설할 경우에는 많은 비용이 소요되기 때문에 기존선을 일부 활용하는 것인데, 독일의 ICE가 여기에 해당한다고 하겠다. 세 번째는 소외된 지역과 빠르게 연결시키는 목적으로 만들어졌는데, 일본의 오사카와 후쿠오카를 연결하는 산요신칸센과 스페인의 AVE(마드리드~세비아)를 들 수 있다.

일본에서 처음 시작된 고속철도는 1964년에 도쿄 - 오사카 간 515km 구간에서 운행되었는데 2007년 그 연장이 2,387.5km까지 확장되었다. 1981년 프랑스는 파리 - 리용 구간을 운행하기 시작하였고, 현재는 기존선을 포함하여 6,487km에서 고속철도를 운행하고 있다. 독일은 1991년 고속철도 운영을 시작했는데, 현재는 기존선을 포함하여 2,205km에서 고속철도를 운행하

---

7) 유럽위원회, 1996

고 있다. 그밖에 이탈리아는 994km, 스페인은 1,136km, 영국 내에서는 113km 구간에서 고속철도가 운행 중이다(2007년 말 기준). 고속철도 차량은 일본의 신칸센 노조미 500계가 최고속도 300km/h로 운영되고 있으며, 프랑스 TGV대서양선도 최고속도 300km/h, 독일도 최고속도 300km/h의 ICE가 운영되고 있다.

2006년에 세계적으로 고속철도 네트워크는 15,286km에 이르고 있는데, 일본과 독일, 프랑스의 고속철도 네트워크가 11,079.5km로 약 72%를 차지하고 있다.

우리나라는 2004년에 서울과 부산 구간에 고속철도가 개통되었고, 대만의 경우는 2007년 1월 타이베이와 가오슝 간 345km 구간이 개통되었으며, 중국은 베이징과 상하이 간에 건설이 추진되고 있다.

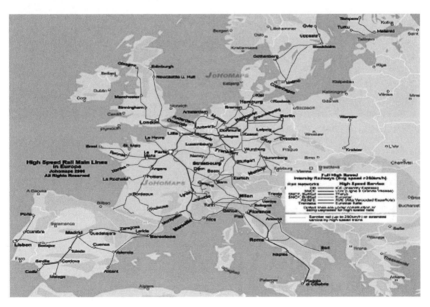

〈그림 1-1〉 유럽 고속철도 네트워크
  자료 : http://www.johomaps.com/eu/europehighspeed.html

<표 1-6> 최고속도 250km/h 이상의 고속철도 운영노선(2007)

국가	거리	국가	거리
일본	2,387.5km	이탈리아	562km
프랑스	1,893km	한국	224km
독일	1,300km	벨기에	120km
스페인	1,552km	영국	113km

주) 영국은 2007년에 유로스타 2단계를 포함한 거리이다.
자료 : UIC 통계자료(www.uic.asso.fr/railisa)

각국의 고속철도. 위는 프랑스 TGV, 아래 왼쪽은 독일 ICE, 오른쪽은 일본 신칸센

현재 최고속도 250km/h 이상으로 운영되는 고속철도 네트워크 규모는 일본이 2,387.5km, 프랑스는 1,893km, 독일은 1,300km, 한국은 224km로 아직 초기단계라고 하겠다.

이와 같이 세계 각국에서 급속하게 네트워크가 확장되고 있는 고속철도는 여러 가지 면에서 로마제국의 도로와 비슷한 특징을 가지고 있다. 두 인프라의 공통점은 국내뿐만 아니라 국가 간의 간선교통 인프라 구축이라는 특징과 사회경제적으로 높은 영향력을 발휘한다는 것에 있다.

Berechman(2003)은 로마시대의 도로는 군사적인 목적뿐만 아니라 국제무역, 경제교류 활성화, 문화교류 확대 등에 큰 영향을 미쳤다고 분석하고 있다.[8]

기원전 312년부터 시작하여 유럽 전역에 건설된 약 85,000km의 도로는 당시로서는 첨단의 새로운 기술로 건설되었고 군사, 정치, 문화, 경제 사회, 기술 등 사회 전반에 큰 영향을 미쳤다. 시간적으로는 약 2,000년의 차이가 있는 고속철도의 경우도 사람과 물자의 신속한 이동으로 경제 교류 활성화 등 시간을 초월하여 거의 동일한 현상을 보이고 있다. 또한 기술적인 측면에서도 두 교통인프라는 신속한 이동을 목적으로 직선으로 설계되었고, 유지보수 비용을 최소화하는 기술을 적용하였고, 노선 폭도 6미터 이상으로 설계된 공통점을 가지고 있다.

<표 1-7> 로마제국의 도로와 고속철도의 비교

구분	로마시대 도로	고속철도
최초 건설	560km(BC 312) 이탈리아, 스페인, 영국, 프랑스	553km(1964) 일본, 프랑스, 독일, 이탈리아, 영국
전체 거리	85,000km(372링크) (AD 200)	15,286km(2006)[1]
영향력	군사, 정치, 문화, 경제, 기술 면에서 큰 영향력, 특히 무역에 큰 공헌	정치, 문화, 경제, 기술 면에서 큰 영향력
특징	직선, 폭은 20~23피트(약 6미터), 훌륭한 배수시설로 유지보수비용 최소화	직선, 슬래브 궤도 등으로 유지보수비용을 최소화, 단선의 폭(1.435mm), 복선으로 유지하고 여유 공간을 합하면 6미터 이상(TGV의 차량 폭은 2.9미터)

자료 : UIC 통계자료(www.uic.asso.fr/railisa)와 http://www.unrv.com/culture/roman-roads.php
주[1] 200km 이상의 선로를 포함하되(200km 이상 구간은 약 10,000km) 일부구간은 160km~250km로 운영되고 있다.

---

8) Berechman, 2003

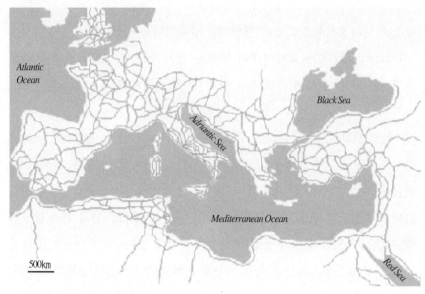

〈그림 1-2〉 로마제국의 도로, AD 200년경

(2) 고속철도의 현황

주요 국가의 철도 현황을 보면, 2007년을 기준으로 영업거리는 EU 25개
국의 경우 215,439km, 독일 34,228km, 프랑스 29,286km, 일본 20,052km(사철
제외)이고, 여객수송량은 EU 전체가 725억 명, 일본은 86.8억 명, 독일 18.4
억 명, 프랑스는 10.4억 명을 수송하였다. 여객수송밀도(인 · km/영업km ·
일)는 일본이 30,919인 · km로 가장 높으며, EU 4,883인 · km, 프랑스 7,633
인 · km, 독일은 5,979인 · km를 기록하고 있다. 우리나라 철도는 영업거리
3,392km, 여객수송량 9.5억 명, 여객수송밀도 25,038인 · km로 비교적 높은
편에 속하고 있다.

이와 같은 현상은 각국의 인구밀도와 깊은 관련이 있는데 우리나라의 인
구밀도는 세계에서 2번째로 높은 467명/㎢으로, 일본 338명/㎢, 독일 230명/

km², 프랑스 108명/km², EU 평균 119명/km² 에 비해 1.3배~4배에 이르고 있다. 이러한 우리나라의 높은 인구밀도는 철도 발전의 큰 잠재력으로 작용할 것으로 예상된다.

<표 1-8> 각국의 철도 현황 비교(1)(2007년 기준, 고속철도 포함)

구분	영업거리(km)	수송인원(억 명)	영업인 · km (억 인 · km)	수송밀도 (인 · km/영업 km · 일)
EU	215,439	725	3,840	4,883
일본	20,052	86.8	2,263	30,919
프랑스	29,286	10.4	816	7,633
독일	34,228	18.4	747	5,979
한국	3,392	9.5	310	25,038

주) 일본은 사철 제외
자료 : Japan Railway Construction, Transport and Technology Agency(2005), 'The Planning Subsidies for Railway Improvement in Europe and US'와 한국철도공사 자료(2006)

각국의 사례에서도 알 수 있듯이 인구가 조밀한 나라에서 철도는 매우 발달하는 특징을 보이고 있는데, 여객수송 분담률은 일본이 가장 높은 26.8%를 차지하고 있다. 우리나라의 경우는 국토 면적 백만 km² 당 영업거리가 3.4km로 독일의 1/3, 일본, 프랑스의 1/2 수준에 머무르고 있다. 따라서 향후

<표 1-9> 각국의 철도 현황 비교(2)(2005년 기준)

구분	국토 면적 백만km² 당 영업거리(km)	인구 1만 명당 영업거리(km)	여객수송에 있어 철도 분담률(%)(인 · km)
EU	5.2	4.3	6.3
일본	5.3	1.6	26.8
프랑스	5.3	4.8	9.5
독일	9.6	4.2	7.8
한국	3.4	0.7	8.2

주) 한국은 지하철 제외
자료 : Japan Railway Construction, Transport and Technology Agency(2005), 'The Planning Subsidies for Railway Improvement in Europe and US', 건설교통부(2006)

우리나라의 철도 영업거리 확장에 따라 높은 인구밀도를 바탕으로 여객수송 분담률은 크게 증가될 것으로 예상된다.

유럽의 경우 2006년 현재 15,286km의 고속철도망은 2010년에는 41,350km로 확장될 전망이다. 이러한 변화로 현재 유럽의 철도 분담률이 인·km 기준으로 13.9%, 항공 20.1%, 자동차 66.4%인데, 2010년에는 철도가 23.3%, 비행기가 16.5%, 자동차가 60.2%로 철도 분담률이 높아질 것으로 예상되고 있다. 아시아의 경우는 2006년 현재 2,798km에서 2010년에 총 5,139.3km 구간에서 고속철도가 운영될 예정이다.

<표 1-10> 고속철도망 확충 계획

구분	2006년(A)	2010년(B)	B/A
유럽(km)	12,488	41,350	3.31
아시아(km)	2,798	5,139.3	1.84
합계	15,286	46,105.7	

자료 : UIC(www.uic.asso.fr/railisa)

4. 고속철도의 발전과 영향력

(1) 고속철도의 성공요인

고속철도의 수송량은 2006년을 기준으로 일본이 301,403천 명으로 가장 많고, 그 다음은 프랑스, 독일 순이다. 프랑스와 독일의 경우 1996년에 비해 2006년에는 각각 75%, 175%씩이나 증가하였다.

이는 프랑스의 경우 2001년 TGV 지중해선이 개통하였고, 독일의 경우

2004년에 ICE 함부르크 – 베를린 구간이 개통하는 등 고속철도 네트워크가 증가하였기 때문이다. 한편, 일본의 경우 1996년 이후 안정적인 추세를 보이고 있는데, 이는 그동안 네트워크의 확장이 그간 없었기 때문이고, 항공기와의 치열한 경쟁과 함께, 고속철도의 수송량이 평균 탑승률 90%를 기록할 정도로 이미 높은 수준에 도달해 있기 때문이다.

<표 1-11> 주요 국가의 고속철도 여객수송량 추이(천 명)

구분	1996년	2000년	2004년	2006년
일본(천 명)	280,964(100)	280,607(99.9)	290,045(103.2)	301,403(107.2)
프랑스(천 명)	55,915(100)	79,685(142.5)	90,889(162.5)	97,861(175)
독일(천 명)	27,363(100)	41,610(152)	63,704(232.8)	69,533(254.1)
이탈리아(천 명)	3,348(100)	15,510(463.3)	20,712(618.6)	23,236(694)
스페인(천 명)	3,415(100)	6,415(187.8)	7,560(221.4)	18,231(533.8)

자료 : UIC 통계자료(www.uic.asso.fr/railisa)

한편, 인·km 기준으로 보면 2006년에 프랑스는 451억 인·km, 독일은 216억 인·km, 이탈리아는 89억 인·km를 수송하였는데, 1996년에 비해 프랑스는 2.0배, 독일은 2.4배, 이탈리아는 6.8배나 증가한 수치이다. 이 자료에 기초해 보면 세계 고속철도 수송량의 약 45% 정도를 일본의 신칸센이

<표 1-12> 주요 국가의 고속철도 여객수송량 추이(억 인·km 기준)

구분	1996년	2000년	2004년	2006년
일본	729	711	747	779
프랑스	248	348	414	451
독일	89	139	196	216
이탈리아	13	51	79	89
스페인	11	22	27	85
한국	-	-	56	99

자료 : UIC 통계자료(www.uic.asso.fr/railisa)

차지하고 있는 것을 알 수 있는데, 일본은 인구밀도가 높고 도쿄와 나고야, 오사카 등 거점 도시 간을 운행하여 많은 인구가 고속철도를 이용하고 있기 때문이다.

1일 평균 수송인원도 2006년 기준으로 일본이 825,000명으로 가장 많고, 프랑스가 268,000명, 독일이 190,000명이다.

<표 1-13> 신칸센 수송량 추이

구분	1일 수송량(명)	증가율
1964년	60,539	1
1972년	300,971	5.0
1982년	342,001	5.7
1992년	550,200	9.1
2000년	516,093	8.5
2004년	762,671	12.6

자료 : 일본 국토교통성 자료(www.mlit.go.jp)

신칸센 500계 최고속도 300km/h

한편, 2004년 고속철도가 개통된 우리나라는 개통 1년 후에 1일 수송인원 88,000명을 기록하고, 2년 만에 99,500명을 기록하였다.

일본의 도쿄 – 오사카 간을 운행하는 도카이도 신칸센의 수송량 추이를 살펴보면 1964년 개통 당시 1일 60,539명을 수송했는데, 1972년에는 300,971명을 수송하였다. 1972년에 신오사카에서 후쿠오카까지의 산요신칸센이 개통되어 총 1,198km 구간에 신칸센이 운행되었고, 그 후 수요가 급증하여 1982년에는 342,001명, 1992년에는 550,200명, 2004년에는 762,671명을 수송하여 개통 초기보다 12.6배나 증가하였다. 이와 같이 비약적으로 수송량이 증가한 것은 고속철도 네트워크의 확장과 함께 고속철도가 갖는 높은 시간가치, 사회경제 효과, 수요유발 효과 등에 기인한 결과라고 할 수 있다.

이처럼 각국 사례에서도 고속철도는 높은 유발 수요를 가지고 있으며, 단순한 시간과 비용의 예측모델로는 계량화가 쉽지 않은 특징을 가지고 있다.

한편, 1일 km당 수송인원은 일본이 345.4명으로 가장 많고, 프랑스 141.6명, 독일 146.2명인데 우리의 경우에는 217명이 이용하였다. 우리나라의 경우 개통 1년 만에 많은 인원을 수송했는데, 다른 나라의 고속철도 승객의 증가추이를 고려할 때 계속적인 수요증가가 예상된다.

평균 탑승거리를 비교해 보면 프랑스가 456km, 이탈리아가 381km, 독일

<표 1-14> 각국의 고속철도 수송량 비교(2006년 기준)

구분	영업거리(km)	1일 수송인원(명)	1일 km당 수송인원
일본	2,388	825,000	345.4명
프랑스	1,893	268,000	141.6명
독일	1,300	190,000	146.2명
한국	410	89,000	217.0명

자료 : UIC 통계자료(www.uic.asso.fr/railisa)와 한국철도공사 자료

308km, 일본이 258km로, 프랑스가 여객탑승거리가 가장 길다. 프랑스의 경우 이처럼 탑승거리가 긴 이유는 주요 거점도시를 연결하고 중간 역을 두지 않았기 때문이다. 또한 거점 도시의 시내까지 고속철도가 연결되고, 연계교통망이 잘 정비되어 장거리 승객이 이용하기에 편리한 운영체계를 가지고 있다.

평균 탑승거리는 정차역간 거리와 밀접한 관련이 있는데, 일본의 역간 거리가 도카이도 신칸센의 경우 평균 33.4km인데 비해 프랑스는 213.5km에 달하고 있다. 일본은 고속철도의 종류별로 정차역을 달리하여 다양한 고속철도를 운영하고 있다.

앞의 분석을 통해 보면 일본은 다른 나라에 비해 많은 인원을 수송하고 있는데, 주요한 요인은 높은 인구밀도와 함께 많은 운행횟수, 합리적인 운행계획에 기인하고 있다. 일본이 1일 400개의 고속열차를 운행하고 있는

<표 1-15> 고속철도와 항공의 운임 비교

구분	고속철도	항공
일본(도쿄-오사카)	100	100
프랑스(파리-리옹)	100	130
한국(서울-부산)	100	130

주) 2등급 기준
자료 : TGV 시간표와 운임표, 신칸센 시간표와 운임표, KTX 시간표와 운임표

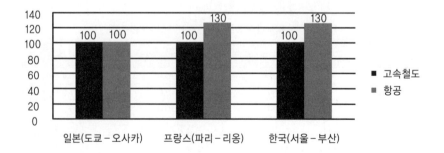

것에 반해 프랑스는 1일 294개 열차를 운행하고 있는데, 1개 열차의 최대 수송인원도 일본의 신칸센은 1,320명인데, TGV는 386명 혹은 772명, ICE는 759명에 불과하다.

프랑스와 한국 등의 사례에서도 보듯이 고속철도의 운임이 항공기에 비해 저렴한 것도 고속철도가 경쟁력을 갖는 주요 요인이 되고 있다..

한편, 건설비를 비교해 보면 우리나라의 서울 – 부산 구간은 km당 42백만 유로, 대만은 48백만 유로, 일본은 비교적 최근인 도후쿠(東北) 신칸센이 35백만 유로, 조에츠(上越) 신칸센이 41백만 유로가 소요되었다. 프랑스의 대서양선은 터널 5%, 교량 1%로, 대부분 노선이 평지이고 구조물이 거의 없어 km당 10백만 유로가 소요되었다.

이처럼 비용 면에서 나라별 차이가 많은데, 일본 조에츠 신칸센은 높은 지가와 함께 교량이 60%, 터널이 39%를 차지하고 있다. 프랑스는 비용절감을 위해 구조물을 만들기보다는 구배를 이용하였는데, 프랑스의 대서양선은 25‰로 독일 12.5‰, 일본 15‰보다 높다. 또한 축 중량이 가벼운 관절대

<표 1-16> 각국의 고속철도 공기 및 비용 비교

구분	구간	거리(km)	공기(년)	공사비(백만 유로/km) (2005년 기준)
도후쿠 신칸센 (1982년)	도쿄 – 모리오카	465.5	19.7	35
조에츠 신칸센 (1982년)	오미야 – 니가타	269.5	11	41
TGV 대서양선 (1992년)	파리 – 르망/뚜르	291	5	10
ICE(2002년)	프랑크푸르트 – 쾰른	180	4	32
대만 고속철도 (2007년)	타이베이 – 카오슝	345	6	48
한국 고속철도	서울 – 부산	412(전구간)	13(1단계)	42

자료 : 日本 国土交通省 鉄道局(2002), '數字でみる 鉄道', p.22, 한국철도공사(2006), Commission for Integrated Transport(2004)

차를 개발하여 궤도의 부담을 줄였다. 독일의 경우 비용이 높은 것은 산이 많아 구조물이 많고, 철도 운영에 있어 여객뿐만 아니라 화물도 동시에 수송할 수 있게 하고, 기존선에서도 고속철도를 운영하는 등 열차를 전부 수용하는 시스템으로 설계되어 많은 비용이 소요되었다.

<표 1-17> 각국의 고속철도 제원 비교

구분	일본 도카이도선	프랑스 동남선	독일	경부고속철도
구간	도쿄-오사카	파리-리옹	하노바-슈투트가르트	서울-부산
개통 연도	1964년	1981년	1991년	2004년
최소곡선반경	2,500m	4,000m	5,100m	7,000m
최급구배	15‰	35‰	12.5‰	25‰
레일 중량	60kg/m	60kg/m	60kg/m	60kg/m
터널 단면적	60.4㎡	71㎡(대서양선)	82.0㎡	107㎡

자료 : 佐藤芳彦(1998), '世界の高速鉄道', p.308와 한국철도시설공단 자료

이러한 사실은 다음의 <표 1-17>에서 확실하게 알 수 있는데, 각국은 지리적인 여건과 함께 고속철도운행 조건 등에 따라 제원이 다르다. 우리나라는 최소곡선반경이 7,000m로 직선에 가까운 노선이며, 일본의 도카이도 신칸센은 거의 해안선을 따라서 운행하도록 하여 최소곡선반경이 2,500m로 설계되어 있다. 프랑스는 앞에서 언급한 대로 최급구배 35‰로 지형조건을 그대로 이용한 특징을 보이고 있다.

마지막으로 건설비 100만 유로 당 수송인원을 보면 일본은 9.1명, 프랑스는 3.8명, 독일은 2.5명에 비해 한국은 5.1명을 수송하고 있다.

이러한 결과를 통해 보면 고속철도의 성공적인 조건은 높은 수송인원과 낮은 건설비라고 할 수 있는데, 일본의 경우는 많은 수송인원을 유인할 수 있는 운영계획을, 프랑스의 경우는 낮은 비용을 장점으로 가지고 있다고 할 수 있다. 우리나라도 높은 수요를 바탕으로 하여 효율성이 높은 고속철

<表 1-18> 건설비용 당 수요 비교

구분	수송인원(km당 1일)/건설비용(km당)
일본	9.1
프랑스	3.8
독일	2.5
한국	5.1

주 : 비용과 수송수요는 프랑스는 TGV 대서양선, 일본은 도후쿠 신칸센, 독일은 ICE. 2002년 참조

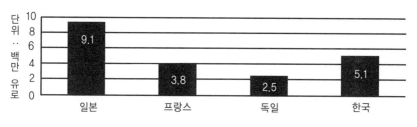

■ 수송인원(km당 1일) / 건설비용(km당)

도를 운영하고 있다고 하겠다.

(2) 고속철도의 영향력

1) 사회경제적인 영향력

일본은 신칸센의 개통으로 사회경제적으로 큰 변화를 겪고 있다. 예를 들면 도쿄와 오사카 사이의 운행시간은, 신칸센 개통 당시 운행시간인 6시간 30분에서 현재는 4시간이 단축된 2시간 30분에 운행되고 있다. 그 결과 시간과 공간지도(time-space map)는 1/3로 감소되었는데, 이러한 변화는 고속철도가 가지고 있는 빠른 속도에 기인하고 있다.

우리나라도 고속철도 개통 이후 고속철도 선호 조사결과를 보면 여행시간의 단축이 고속철도를 선호하는 가장 높은 이유가 되고 있는데, 2005년 7

<표 1-19> 고속철도 선호 이유

(단위 : %)

구분	2004년 11월	2005년 1월	2005년 7월
여행시간의 단축	79.0	80.8	81.3
항공요금보다 낮은 요금	3.0	2.8	4.8
역으로부터의 편리한 연계	7.8	6.3	7.1
기타	10.2	10.1	6.8
합계	100	100	100

주) 고속철도 이용객 547명에 대한 설문조사 결과임
자료 : 한국철도공사

월 조사에서는 81.3%에 이르고 있다.

한편, 일본은 새로운 고속철도 노선계획에 따르면 네트워크 연장 747km, 건설비용이 약 300억 유로로, 이러한 비용은 약 5년 이내에 편익으로 환수할 수 있고, 같은 기간에 약 67억 유로의 세금을 확보할 수 있다고 전망하고 있다.[9] 이처럼 일본은 고속철도가 가진 지역개발, 환경, 안전 등 사회경제적 편익 등을 적극적으로 계산하고 있다.

또한 2004년 개통한 규슈 신칸센(신야츠시로 – 니시가고시마 127km)의 경

<표 1-20> 규슈 신칸센의 경제효과(Diffusion Index : %)

구분	개통 전(%)	개통 후(%) : 2005년 3월
음식업	33	58
식음료업	13	28
호텔업	16	47
운수업	10	29
여행업	0	43
기타	33	50
합계	13	41

주) D.I = P - N/T · 100, T : 조사기업 수, P : 개통 이후 흑자로 전환한 기업 수, N : 개통 이후 적자로 전환한 기업 수
자료 : 일본은행 2005. 5. 10(http://www3.boj.or.jp/kagoshima/)

---

9) Hiraishi, 2002

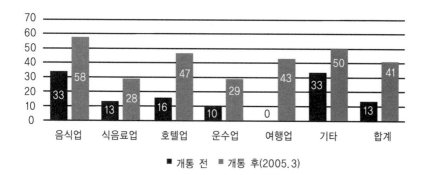

■ 개통 전 ■ 개통 후(2005.3)

우에는 기업들에 대한 설문조사 결과 D.I(Diffusion Index)가 개통 전에 비해 개통 후에 매우 긍정적인 효과가 나타나고 있다. 예를 들면 음식업의 경우에는 33%에서 58%로, 여행업의 경우에는 43%의 증가를 보이고 있다.

우리나라의 고속철도 효과는 고속철도의 이용목적을 보면 분명해진다. 특히 사회 경제적 목적을 보면 첫 번째로 친지 방문, 애경사 참여, 그리고 회의 참가 등이 주를 이루고 있고, 서울 거주자와 지방 거주자의 비율이 거의 비슷한 수준으로 나타나고 있어 고속철도를 통해 지역간의 교류가 활성화되고 있다.

<표 1-21> 고속철도 이용의 사회경제적 목적(KTX)

구분	인원 수	비율(%)	서울 거주자(%)	지방 거주자(%)
친지 방문	686명	38.5	49	51
애경사 참여	548명	30.7	38	62
회의 및 전시회 참가	287명	16.1	58	42
연극 / 오페라 관람	119명	6.7	66	34
병원	85명	4.8	69	31
스포츠 관람	59명	3.3	44	56
합계	1,784명	100	863	921

자료 : 한국철도공사(2006)

우리나라의 고속철도(KTX)

두 번째로는 다른 나라와는 달리 한국의 고속철도는 통근, 통학용으로 많이 이용되고 있다는 특징을 보이고 있다. 특히 서울 – 천안 구간의 경우는 96km에 불과한데, 탑승객의 37.4%가 통근, 통학 목적으로 이를 이용하고 있어 다른 나라와는 차별되는 이용특성을 보이고 있다고 하겠다.

<표 1-22> 통근, 통학 이용비율(KTX)(2004. 4.~2005. 1.)

(단위 : 백만 명)

구분	서울로부터의 거리	승객 수(A)	통근, 통학승객 수(B)	비율(B/A)(%)
전체	412km	22.34	0.59	2.4
서울~천안	96km	0.64	0.26	37.4
서울~대전	159.8km	2.18	0.11	4.7
일본 신칸센				5.5(2004)

자료 : 한국철도공사(2006)

2) 수송 분담률의 변화

고속철도의 개통으로 수송수단간의 분담률이 크게 변화하고 있는데, 그 중에서도 가장 큰 변화는 항공 수요의 감소이다. 첫 번째는 일본의 경우, 도쿄와 나고야 구간의 경우 신칸센 개통 이후 3년만에 항공기의 수요는 거의 없어졌다.

<표 1-23> 신칸센 개통 이후의 고속철도와 항공 수요의 비교(도쿄-나고야)

(단위 : 천 인)

구분	수송수단	1963	1964	1965	1966	1967
도쿄~나고야	고속철도	5,078(96%)	6,116(97%)	6,955(99%)	7,261(99.7%)	8,323(99.9%)
	항공기	218(4%)	291(3%)	94(1%)	22(0.3%)	11(0.1%)
(342km)	합계	5,296(100%)	6,407(100%)	7,049(100%)	7,283(100%)	8,334(100%)

자료 : 일본 국토교통성

1992년에 개통된 일본의 야마가타 신칸센의 경우는 항공과 고속철도의 여행시간이 거의 비슷한 2시간 40분으로 경쟁이 치열할 것으로 예상되었다. 그러나 개통 후인 1995년 분담률의 변화를 보면 전체 수송량이 15% 증가하였는데 항공의 분담률은 10%로 감소하였고, 고속철도는 89%까지 분담률이 상승하였다.

한편, 우리나라의 경우는 2005년 7월 현재 고속철도의 이전 수요를 보면 기존 철도의 새마을호에서 약 45%, 항공에서 23%, 버스에서 약 10%, 자동

<표 1-24> 야마가타 신칸센 개통 이후의 수송 분담률의 변화(도쿄-야마가타)

(단위 : 천 인)

구분	고속철도	항공	버스
1990년(개통 전)	874(67%)	396(31%)	30(2%)
1995년(개통 후)	3,147(89%)	340(10%)	41(1%)

자료 : 일본 국토교통성

<표 1-25> KTX 개통 후의 수요 이전 비율

구분	2004.11	2005.1	2005.7
철도(새마을호)	44.1	45.1	45.3
항공	24.9	20.8	23.4
버스	7.9	9.7	10.3
승용차	13.4	12.0	8.9

자료 : 한국철도공사(2006)

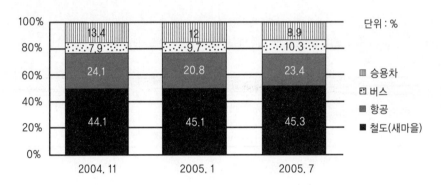

<표 1-26> 고속철도 개통 이후의 항공 수요의 변화

(단위 : 인)

구분	2003. 4~2004. 3 1일 수요(A)	2004. 4~2005. 3 1일 수요	2005. 4~2005. 7 1일 수요(C)	비고(C/A)
김포~대구	3,829	816	475	12.4%
김포~김해	14,144	8,973	8,068	57%
김포~제주	16,556	16,831	19,421	117.3%

자료 : 한국공항공사 내부자료

차에서 9% 정도가 이전한 것으로 나타나고 있다

구체적인 항공 수요의 감소를 보면 김포 – 대구의 경우 개통 전과 비교해 볼 때 이용수요는 개통 2년째인 2005년 4월~7월에 약 88%가 감소하였고, 김포 – 김해는 43%가 감소하였다. 한편, 같은 기간 동안 김포 – 제주는 고철도로 개통 전에 비해 약 17%나 증가한 것과 비교하면 더 크게 감소한 것이라고 할 수 있다.

이러한 현상은 철도의 경우 여행시간이 3시간 이내, 여행거리 700km 이내에서는 항공과 도로에 비해 경쟁력을 갖고 있다는 교통경제학의 내용을 증명해 주고 있는 결과이다. 두 번째는 각국은 고속철도의 운행으로 말미암아 전반적으로 철도 수요가 증가하였다. 예를 들면 프랑스는 고속철도가 1981년에 개통되었는데 개통 이전인 1980년과 개통 후인 1990년을 비교해

<표 1-27> 고속철도 개통 전후의 철도 수요 비교

(단위 : 백만 명)

구분	프랑스	구분	독일
1841	6.4	1888	340
1890	430	1900	856
1910	492	1910	1,541
1920	500	1920	2,979
1930	790	1930	1,900
1940	347	1938	2,409
1950	545	1950	1,472(West Germany)
1960	570	1960	1,399
1970	607(89)	1970	1,024
1980	686(100)	1980	1,107(106)
1990	834(122)	1990	1,043(100)
~	–	1994	1,109(106)
2000	861	2000	1,713(164)

주) 프랑스는 1981년, 독일은 1991년에 고속철도 개통
자료 : Brain R. Michell(1975), European Historical Statistics1870-1970, London Macmillan, www.worldbank.org

<표 1-28> 고속철도 개통 전후의 경부 · 호남선의 1일 수요 비교

(단위 : 천 명)

구분	2003	2004	2005	2006	2007
고속철도		72.2	88.3	99.5	106.1
일반열차	174.3	145.2	131.3	124.8	124.8
합계	174.3	217.3	219.4	224.3	231.0

자료 : 한국철도공사

볼 때 철도 수요가 22% 증가하였다. 독일도 고속철도 개통으로 철도 수요
가 많이 증가하였다.

우리나라는 고속철도의 개통으로 경부선과 호남선 구간의 전체 1일 철도
수요가 개통 전의 174.3천 명에서 231천 명으로 32.5%나 증가하였다.

<표 1-29> 각국 철도 중 고속철도의 비중

구분	1995년	1999년	2006년	1999년 분담률	2006년 분담률
일본(억 인 · km)	2,490(708)	2,408(700)	2,412(779)	29.0%	30.9%
프랑스(억 인 · km)	556(214)	666(322)	788(451)	48.3%	57.2%
독일(억 인 · km)	605(87)	728(116)	790(216)	15.9%	27.3%

주) ( ) 안은 고속철도 수송량
자료 : 일본 국토교통성 자료와 UIC 통계 참고

이러한 변화와 함께 각국 철도 중 고속철도의 비중은 프랑스가 가장 높아
2006년 기준으로 57.2%를 차지하고 있으며, 일본이 30.9%, 독일이 27.3%를
차지하고 있다. 프랑스를 비롯한 각국의 고속철도 분담률이 증가하고 있다.
프랑스의 경우 1999년에는 고속철도 분담률이 여객수송량 666억 인 · km
중 322억 인 · km로 48.3%였으나, 2004년도에는 722억 인 · km 중 414억
인 · km로 57.3% 상승하였다. 독일은 1999년에 15.9%에서 2004년에 28.2%
로 상승하였다.

<표 1-30> 자동차와 철도 수송의 증감률 비교(여객)

구분	자동차 여객수송량			철도 여객수송량		
	1995년(A)	2003년(B)	B/A	1995년(A)	2003년(B)	B/A
프랑스(억 인 · km)	6,970	7,386	1.06	553	662	1.19
독일(억 인 · km)	7,488	8,541	1.14	605	728	1.20

자료 : IRF(2002), 'World Road Statistics', ERF(2006), 'European Road Statistics', UIC 통계 자료(www.uic.asso.
fr/railisa)와 일본 국토교통성 자료 참고

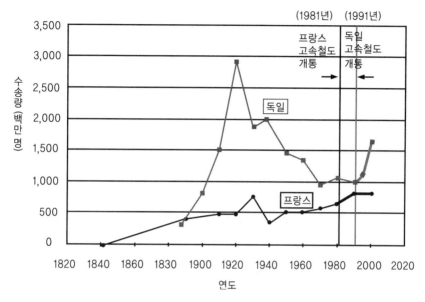

<그림 1-3> 고속철도 개통 전후의 철도교통량 변화

<표 1-31> 도카이도 신칸센의 수요예측과 실적치 비교

(단위 : 억 인 · km)

구분	실적	예측치		
		1957년	1962년	1963년
1964년	39(46.4)	128	84	84(100)
1965년	107(64.9)	133	204	165(100)
1966년	145(78.8)	142	223	184(100)
1967년	179(89.1)	151	236	201(100)
1968년	210(96.3)	156	251	218(100)
1969년	228(95.8)	163	266	238(100)
1970년	279(107.7)	169	263	259(100)
1971년	265(106.0)	175	276	250(100)
1972년	297(113.8)	181	288	261(100)
1973년	341(124.9)	187	302	273(100)
1974년	352(123.1)	193	316	286(100)

자료 : 角本良平(1995), '新幹線の軌跡と展望', p.17

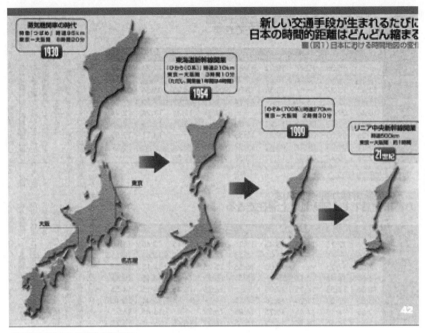

신칸센의 개통으로 좁아진 일본 국토

　한편, 최근 여객수송의 경우 자동차수송은 프랑스와 독일의 경우 1995년
과 2003년을 비교해 볼 때 수송량은 각각 6%, 14% 증가하였으나, 철도는
1995년부터 2003년의 8년 동안 프랑스와 독일에서 각각 19%, 20%씩 증가
하여 자동차수송보다 높은 수송 증가율을 보이고 있다. 이와 같은 철도 수
송 증가는 고속철도의 수요 증가에 많은 영향을 받았다

　일본은 1964년 신칸센 개통 이전에 개통 후의 수송량에 대한 수요예측을
3번에 걸쳐서 실시하였는데, 그 예측치와 실적치를 비교하면 개통 연도인
1964년부터 초기 5년 이후에 약 6%~23%의 유발효과가 발생하였다. 프랑
스도 유발효과가 약 27%로 고속철도는 수요창출 효과가 높다고 하겠다.

3) 외부효과

영국 자료를 통해서도 확인되듯이 환경면에서는 철도는 인·km당 이산화
탄소 배출량이 승용차의 64% 수준에 불과하며 항공기의 약 1/5 수준이다.

외부비용의 경우에도 자동차는 1,000인·km당 76유로에 비해 철도는

<표 1-32> 수송수단간의 이산화탄소 배출량 비교

구분	이산화탄소 배출량(g)/인·km
철도	73
승용차	114
버스	77
항공기	330

자료 : SRA(2003), 'Everyone's railway', p.40

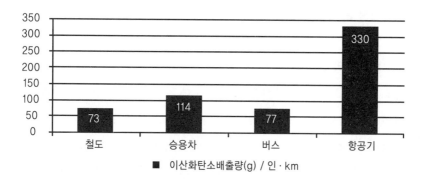

■ 이산화탄소배출량(g) / 인·km

<표 1-33> 외부비용의 비교

(단위 : 유로)

여객(천 인·km)		화물(천 톤·km)	
자동차	76.0	트럭	87.8
버스	37.7	철도	17.9
철도	22.9	항공	271.3
항공	52.5	해운	22.5

자료 : INFRAS,IWW(2004), 'External costs of Transport'

22.9유로에 불과하다. 화물도 1,000톤 · km당 외부비용이 트럭 87.8유로에 비해 철도는 17.9유로의 매우 낮은 수준이다.

이러한 자료를 토대로 하여 <표 1-33>의 자료를 가지고 프랑스와 독일이 철도를 이용하여 절감한 외부비용은 프랑스는 4.9억 유로, 독일은 5.6억 유로로 각각 계산되었다. 이러한 수치는 향후 철도를 이용할 경우 더욱 증대할 것이고, 선진국에서는 고속철도 건설의 편익산정에 이러한 수치를 적극적으로 반영하고 있다.

5. 시사점 및 결론

(1) 시사점

1) 고속철도의 영향력

첫째, 고속철도의 사회경제적 영향력이 매우 크다는 것이다. 일본과 우리나라의 사례에서 보듯이 수도권과 지역간의 교류증대 등 새로운 사회적인 변화가 보이고 있다. 두 번째는 고속철도의 높은 수요유발 효과와 인구밀도가 높은 지역에 매우 유리한 교통수단이라는 것이다. 일본도 1964년 개통 이후 5년 만에 수요가 인 · km 기준으로 6배 이상 증가하였다는 점과 높은 수요유발 등도 참고가 될 만한 사례이다. 또한 프랑스나 독일도 최근 5년 사이에 고속철도 수요가 50%~70%나 증가하였다. Vickerman(1997)은 주요 간선에서 1일 수요가 4만 이상일 때 고속철도가 성공할 수 있다고 주장하고 있는데, 동아시아의 일본과 한국 그리고 중국은 이러한 주장에 부합하는 수요를 가지고 있다. 특히 우리나라처럼 수송밀도가 높은 나라에서의 고속철도의 영향력은 더욱 클 것이라는 전망이다. 이와 같은 고속철도 수송량의 증가를 통해 철도교통이 고속철도 중심으로 재편된다는 것을 의미한다.

당초 우리나라는 개통시 1일 수송인원이 14만 명, 2010년에 28.4만 명, 2020년에는 34.8만 명으로 증가될 것으로 예상했으나, 첫해에 1일 8.9만 명을 기록하였다. 향후 고속철도의 수요는 외국사례를 통해 볼 때 비약적으로 증가될 전망이다. 이를 뒷받침하고 있는 것이 다음과 같은 자료이다. 일본은 개통 당시 높은 인구밀도를 배경으로 수요가 크게 증가하였고, 중국도 같은 예측자료를 내놓고 있다. 중국의 경우 개통시에는 1일 8.6만 명, 개통 후 5년째의 수요는 20.4만 명으로, 개통 후 15년째에는 30.3만 명을 예상하고 있으며, 이는 일본 도카이도 신칸센이 개통 당시인 1일 6만 명보다는 많은 수요이다. 특히 중국의 경우에는 북경 – 상해 구간의 연변 인구가 km당 24.6만 명이 거주하고 있어, 1964년 일본의 도쿄 – 오사카의 도카이도 신칸센의 km당 8.8만 명이었던 것에 비해 3배나 많은 이용가능 인구가 거주하고 있다.

이와 같은 수요전망을 뒷받침해주는 것이 각국의 경제력과 인구 관련 자료이다. 이는 우리나라가 일본과 유사하게 고속철도 주변지역의 경제력이

<표 1-34> 중국, 일본, 한국의 고속철도 수요전망

항목비교	도카이도 신칸센	한국 고속철도	중국 고속철도
연변 km당 인구밀도	88천 인/km(1964년)	80천 인/km(2004)	246천 인/km
개통 당시 교통량	60천 인/일(1964년)	89천 인/일(2004)	86천 인/일
개통 후 5년 교통량	121천 인/일(1969년)	284천 인/일(2010)	204천 인/일
개통 후 15년 교통량	218천 인/일(1979년)	348천 인/일(2020)	303천 인/일

주) 연변 km당 인구는 서울과 천안, 대전, 대구, 부산축의 인구 3,300만 명을 412km로 나눈 숫자임
자료 : www.iijnet.or.jp/IHCC/newasian-chinarail01.html, 한국철도기술연구원(2002), '경부고속철도연계교통체계 구축 – 요약보고서', p.19

구분	주변 경제력	역간 거리 비교	주변 인구밀도	수요 변화	
일본 (도카이도 신칸센)	도쿄, 오사카, 나고야 3대 도시권, 70% 이상 경제력	34.5km	88천 인/km ('64)	60천 인/일 ('64)	360천 인/일 ('04)
프랑스(동남선)	파리와 리옹의 경제권 전체의 40% 정도	142km	22천 인/km ('04)	35천 인/일 ('81)	58천 인/일 ('04)
한국 (경부고속철도)	수도권, 대전권, 부산권 70% 이상	48.4km	80천 인/km ('04)	89천 인/일 ('04)	-

국가 전체에서 차지하는 비중이 70%를 상회하고 있으며, 인구밀도가 매우 높고, 역간 거리가 짧아 고속철도의 수요 신장률 추이도 프랑스보다는 일본 쪽에 가까운 증가율을 보일 것으로 예상된다.

세 번째로는 고속철도를 통하여 높은 외부비용을 줄일 수 있다는 것이다. 우리나라의 경우 인·km 기준으로 2003년에 여객수송량이 283억 인·km 에서 2005년에는 310억 인·km로 증가하여 외부비용이 1.4억 유로나 감소하였다.

2) 고속철도 투자의 중요성 – 영국과 일본의 사례

고속철도에 따른 철도 발전이 극명하게 비교되는 나라가 일본과 영국이다. 일본은 1964년 고속철도 개통 이래 2007년 현재 2,387.5km를 운영하고

<표 1-36> 영국과 일본의 고속철도 비교

구분	영국	일본
고속철도 도입	1993년 시속 300km/h	1964년 시속 200km/h
고속철도망	113km(2007년 말)	2,387.5km(2007년)

자료 : Department for Transport(1995), 'Transport Statistics Great Britain', Department for Transport(2005), 'Transport Statistics Great Britain', 国土交通省(2005), '鉄道統計年報'

<표 1-37> 영국과 일본의 철도 투자 비교

구분	영국(A)(백만 달러)	일본(B)(백만 달러)	B/A(당시 달러로 환산)
1960년	5,250	886	0.2
1970년	1,500	3,574	2.4
1980년	2,501	7,086	2.8
1990년	1,771	4,628	2.6
2000년	7,284	5,362	0.7

주) PPP 지수로 환산한 수치임
자료 : Department for Transport(1995), 'Transport Statistics GreatBritain', Department for
Transport(2005), 'Transport Statistics Great Britain', 国土交通省(2005), '鉄道統計年報'

있으나, 영국은 2007년 현재 113km만을 운영하고 있다.

이러한 고속철도의 운영은 그간의 철도 투자와 많은 관련이 있다. 양국의
철도 투자액을 비교해 보면 영국이 일본에 비해 1960년에 5배나 많았으나,
1970년에는 일본이 2.4배, 1980년에 2.8배나 많은 투자를 해왔다. 이러한 주
요한 차이는 고속철도 건설과 운영에 따른 차이로, 일본은 2004년 철도 여
객 분담률(인 · km)이 26.8%인데 비해 영국은 6.0%에 불과한 실정이다.

역사적으로 영국 철도는 세계 최초로 철도를 개통하여 19세기 말과 20세
기에 걸쳐서는 매우 큰 사회적 영향력을 가지고 있었다.

아래 표에서 보듯이 영국의 초창기 철도 수요는 프랑스와 독일에 비해 결
코 뒤지지 않는 수송량을 보이고 있다.

<표 1-38> 여객수송량 비교

(단위 : 백만 명)

구분	영국	프랑스	독일
1861	163	62	
1911	1,296	494	1,643

자료 : Brain R. Michell(1975), European Historical Statistics 1870-1970, London Macmillan

이러한 자료를 토대로 볼 때 영국 철도는 초기의 철도 투자를 계속 유지

<표 1-39> 화물수송량 비교

(단위 : 천 톤)

구분	영국	프랑스	독일
1861	94,046	27,900	
1911	525,256	121,000	616,772

자료 : Brain R. Michell(1975), European Historical Statistics 1870-1970, London Macmillan

하지 못하여 철도 발전이 지속되지 못한 아쉬움을 가지고 있다.

(2) 향후 과제

1) 재원

1993년 마드리드조약에 기초해 같은 해 12월 구주위원회에서 작성된 TEN (Trans-European Networks) 계획은 유럽의 고속철도 건설과 지역 격차 해소, 경제발전 기여 등을 목적으로 수립되었다. 1994년 6월 및 12월에 개최된 EU 각료이사회에서 35개의 수송루트 중에서 14개의 우선 프로젝트 (그 중 철도는 10개)가 채택되었다. 우선 프로젝트는 국경을 넘어 공동의 이익 증진과 가맹국의 비용부담 능력, 민간투자 가능성이 높은 점 등을 고려해 선정되었다. 먼저 2010년까지의 건설을 목표로 가이드라인이 1996년 7

<표 1-40> TEN-t(Trans-European Networks transport) 계획 중 우선순위 30개 프로젝트

구분	내용
전체 노선	총 30개 프로젝트 중 철도는 22개 2020년까지는 21,180km 고속철도 네트워크 확장 계획
총투자비	225십억 유로
현재까지의 투자비	40십억 유로 3개 노선 완공
장래계획	우선순위 위주로 투자

자료 : 철도건설·운수시설 지원기구(2005), '先進国の鉄道整備と助成制度', pp.12~22

월에 만들어졌다. 2007~2013년까지의 우선 프로젝트 중에서 철도는 22개 네트워크로 그 중심이 되고 있다.

2001년 9월 유럽은 도로의 포화상태와 대기오염, 환경문제 등을 해결하는 방법으로 철도 수송 활성화를 목표로 하는 《운수정책백서》를 발표하고 6개의 신규 노선과 2개의 기존 노선 확충과 EU의 철도에 대한 재정지원 확대를 발표하였다.

TEN-t 계획의 완공을 위해서 총 225십억 유로가 소요되는데, 향후 약 185십억 유로가 더 투자되어야 한다. 2005년 유럽위원회의 자료에 따르면 30개 프로젝트의 완공에 따라 2020년까지 유럽의 GDP가 0.25%나 증진하며, 시간가치 절감 혼잡완화에 크게 기여할 것으로 예측하고 있다. 한편, 앞으로 고속철도의 재원조달의 문제 해결을 위해 국제열차인 탈리스가 좋은 사례를 보여 주고 있다.

국제열차 탈리스는 파리와 브뤼셀, 암스테르담, 쾰른 등을 운행하고 있는데, 이 열차는 유럽의 상호운행방식에 따라 운행되고 있다. 이 열차는 직·교류 겸용 고속철도 차량으로 제작되어 프랑스 25,000V 50Hz의 교류, 독일 15,000V, 16과 2/3Hz 교류, 네덜란드 1,500V 직류, 벨기에 3,000V 직류 등의 문제를 해결하기 위해서였다. 탈리스를 위해 투자된 차량의 비용은 7,120억 원으로 프랑스 국철, 벨기에 국철, 네덜란드 국철, 독일 국철 등 4개국의 철도회사가 분담했다. 차량은 알스톰에서 제작하였으며, 각 철도회사가 비용과 수입 등을 배분하는 계약을 통하여 이를 추진하였다. 프랑스 국철이 6편성, 네덜란드 국철이 2편성, 벨기에 국철이 7편성을 발주하였고, 독일이 2편성을 발주하였다. 따라서 가격은 1편성 당 418억 원이었다.

1994년 총 이용수요는 320만 명에서 2000년에는 650만 명으로 같은 구간에 있어 철도의 분담률이 15%에서 30%로 증가하였다. 이러한 수요 증가의 주요 요인은, 경쟁수단인 항공기와의 여행시간은 거의 같은 3시간인데 비해, 탈리스 1등석의 경우 비행기 가격의 1/3, 2등석의 경우는 1/5에 불과한 것에 기인하고 있다. 탈리스의 경우 총 투자비는 26조 원으로 이중 20%는 민간으로부터 자금을 조달하였고, 컨소시엄기업이 이 노선을 30년간 이용하고 통행료 수입을 통해 설비를 관리하는 것으로 되어 있다. 2006년에 탈리스는 벨기에와 네덜란드 구간에 신설되어 파리 - 쾰른 구간을 4시간 16분에서 3시간 10분으로 단축하여 비행기와도 경쟁력을 갖게 되었다.[10]

프랑스의 고속철도 건설의 사례를 보면 2001년 6월에 개통한 TGV 지중해선(250km)이 철도 인프라를 건설하는 국가 공공기관인 RFF에서 90%, 국가에서 10%를 부담하였다. 2006년 말에 완공한 1단계 TGV 동유럽선은 국가에서 39%, 지방자치단체에서 24%, RFF와 SNCF에서 23%를 부담하여 전체 투자비 중 약 75% 정도를 공공부분의 재원으로 충당하였다.

<표 1-41> TGV 동유럽선(제1기 공사)의 건설비 부담내역

구분	비율(%)	금액(억 유로)
국가	39	12.2
EU	10	3.2
룩셈부르크	4	1.2
지방자치단체	24	7.4
RFF와 SNCF	23	7.3
합계	100	31.3

자료 : RFF(2001), 'Rapport d'activite'

일본의 신칸센 건설에 있어 투자비는 국가와 지방정부에서 부담하고 있다. 정부 지출 부분은 1970년에 만들어진 전국신칸센철도정비법과 1972년

---

10) 湧口淸隆(2001), 'ヨーロッパの超特急', pp.114~124

의 기본계획에 따라 매년 예산이 편성되고 있다. 기본적인 틀은 중앙정부와 지방정부가 2 : 1의 비율로 투자하고 있다. 중앙정부의 예산은 신칸센 양도 수입과 공공투자비이고, 지방정부는 지방교부세를 주요 재원으로 하고 있다.

최근 정비신칸센으로 2004년 개통된 규슈신칸센의 경우는 총 22,000억 엔의 공사비 중 기본적으로 신칸센을 양도받은 수입 50%, 국가와 지방자치단체에서 나머지 50%를 지원하였다.[11] 그리고 운영회사가 신칸센을 리스한 후 발생한 영업 수입도 일부 사용되었다. 중앙정부의 예산은 선로 비용 중 40%, 역사 중 25%에 투자되었고, 지방자치단체는 선로 중 10%, 역사 비용 중 25%를 부담하였는데, 약 90% 정도를 지방채 발행과 중앙정부로부터 받은 지방교부세로 충당하였다. 앞의 사례를 통해 보면 각국은 고속철도의 높은 사회경제적인 효과를 인정하고 공공부분이 많은 역할을 하고 있는 것을 알 수 있다.

2) 지속 가능한 교통체계 (Environmentally Sustainable Transport)

우리는 최근의 교통정책의 변화에서 앞으로 고속철도의 발전을 예견할 수 있다. 1990년대 이후 유럽의 교통정책은 지속 가능형 교통체계의(Environmentally Sustainable Transport) 구축과 고속철도 건설이 우선 과제가 되고 있다. EU는 2015년까지 교통에서 발생하는 환경, 소음, 사고, 기후변화 등의 외부비용을 현재보다 약 30%를 줄이는 목표를 세우고 있는데, 이는 자동차로부터 철도로의 전환을 통해 달성이 가능하며, 이를 가능케 하는 것

---

11) 일본의 정비신칸센법에 의하여 철도건설공단이 신칸센을 건설하여 소유하고 이를 운영회사에 리스 하는 것으로 되어 있다. 미국의 경우에도 워싱턴 - 뉴욕의 개량비용 23억 달러, 뉴욕 - 보스턴의 개량비용을 국가에서 부담하였다.

이 바로 경쟁력 있는 고속철도의 운영에서 가능하다는 것이다.

EU의 자료에 의하면 2015년까지 현재 상태가 지속될 경우 (BAU : Business As Usual) 1990년에 비해 외부비용이 37% 증가할 것이나, 지속 가능한 교통체계의 구축을 통하여 1990년 수준의 31%까지 감소할 수 있다는 보고서를 내놓았다.

교토의정서에 의하면 1990년에 비해 2008~2012년까지 이산화탄소의 배출량을 12.5% 줄이는 목표를 가지고 있는데, 영국의 경우는 2010년까지 1990년에 비해 20%를 줄이는 계획을 가지고 있다. 최근의 보고서에 의하면, Stern은 기후변화 때문에 매년 GDP의 약 5%의 비용을 지불하고 있는데 만약 지속 가능한 교통체계를 구축하면 1%까지 줄일 수 있다고 주장하고 있다.[12]

또한 일본 자료에 의하면, 신칸센 철도의 경우 1인을 1km 운송하는데 필요한 에너지소비량을 철도를 100으로 할 경우 항공은 427, 버스는 183, 자동차는 613으로 철도가 자동차의 1/6에 불과하다. 환경 면에서는 1인을 1km 수송할 때 이산화탄소배출량을 보면 신칸센을 100으로 할 경우 항공기는 500, 버스는 317, 자가용승용차는 750으로 신칸센이 자가용승용차의 1/7.5 정도이다.[13] 또한 1인을 수송하는데 필요한 면적은 철도가 1.5㎡로 3.1 ㎡인 버스, 6.2㎡인 승용차에 비해 철도가 버스의 1/2, 승용차의 1/4로 매우 경제적이다. 이 때문에 390km의 파리 – 리용 간의 고속철도를 건설하는데 소요된 면적은 파리국제공항 정도에 불과했다.[14] 이와 같은 최근의 자료와 동향분석을 통하여 향후 환경과 에너지 면에서 우수한 고속철도의 발전가

---

12) Stern, 2006
13) 일본의 국토교통성 홈페이지 자료 인용(www.mlit.go.jp)
14) 대만의 고속철도 효과자료를 인용하였다. 자료는 www.thsrc.com.tw/emain/hsr/back/01.asp

능성을 예상할 수 있을 것이다.

(3) 맺는말

앞에서 언급한 사실을 통해 고속철도의 사회경제적 영향이 매우 높은 것을 발견할 수 있었다. 항공 수요의 감소, 철도 수요의 증가, 높은 수요유발 효과 등은 해외에서 입증된 사례로 우리나라의 경우도 동일하게 적용되고 있다. 아울러 우리나라의 고속철도 수요는 동 아시아적 특성을 바탕으로 매우 높은 신장률을 보일 것으로 전망된다. 특히 우리나라의 경우는 다른 나라와는 달리 서울 – 천안 구간의 경우 통근, 통학 비율이 높아 고속철도의 새로운 영역을 보여준 귀중한 사례라고 판단된다. 아울러 이 자료에서는 고속철도의 성공적인 사례로 일본과 프랑스를 제시하였는데, 성공 요인은 높은 수요형의 일본, 낮은 비용의 프랑스 모델을 제시하였다.

또한 동아시아의 각국 사례를 통해서 Vickerman이 제시한 고속철도의 성공조건이 간선구간 1일 4만 명의 수요는 동아시아 모델에서도 동일하게 적용되어 그의 이론을 재확인할 수 있었다.

재원조달과 관련하여서는 중앙정부의 재원뿐만 아니라 민간부문, 지방자치단체 재원 등 재원의 다원화 방안이 강구되어야 할 것인데, 다양한 재원이 참여할 수 있도록 역사개발뿐만 아니라 지역개발 등이 함께 투자영역으로 확대되는 새로운 재원조달 방안도 모색될 시점에 와 있다고 하겠다.

마지막으로 고속철도의 개념과 관련하여서 신선에서 250km/h의 속도, 개량선에서는 200km/h로 운행하며, 높은 인구밀구와 낮은 건설비용이 가능한 기술 조건을 만족시키는 것이 고속철도의 성공적인 요인이라는 것을 제안하였다.

제4절 경쟁체제 도입

1. 유럽 각국의 경쟁 도입방식

최근 유럽 각국은 그간의 철도 운영의 문제점으로 지적되어온 낮은 서비스와 높은 비용이란 문제점의 원인을 시장 경쟁의 부재에서 찾고, 이를 해결하기 위한 여러 가지 노력을 기울이고 있다. 2000년에 유럽연합은 여객 철도부분에 계약을 통한 경쟁체제 도입을 제안하였고, 영국, 스웨덴 등의 국가는 이를 적극적으로 도입하여 추진하고 있다.

유럽 각국은 자국의 상황에 맞게 철도부분에 경쟁을 도입하여 추진하여 왔는데 2000년까지의 철도부문의 경쟁 도입의 유형은 다음과 같다.

경쟁의 종류로는 프랜차이즈와 경쟁 입찰, 동일한 선로에서의 경쟁, 서로 다른 선로간의 경쟁, 수송수단간의 경쟁, 자신의 선로를 보유한 회사간의 경쟁, 시간대별 혹은 차별화된 서비스에 의한 경쟁 등이 있다. 이 중 유럽 각국이 가장 중점적으로 추진한 방법은 프랜차이즈와 경쟁 입찰제도이다. 현재 유럽 각국은 자국 실정에 맞게 경쟁방식을 도입하여 추진하고 있는데, 예를 들면 영국은 프랜차이즈방식, 스웨덴은 경쟁 입찰방식 등을 도입하고 있다. 한편, 경쟁이 도입되어 있지 않은 나라로는 동부유럽의 대부분의 국가들이 여기에 해당한다고 하겠다.

<표 1-42> 각국의 철도 운영방식 비교

공공기관 주도(법적 독점)		시장 주도	
민간 소유	정부 소유	면허	완전경쟁
프랜차이즈 : 영국	관리위임 : 프랑스의 경전철	민간회사 주도 : 일본, 뉴질랜드	
경쟁 입찰 : 스웨덴	공공부분에 의해 공급(상하분리) : 프랑스 (SNCF)	공기업 주도 : 독일	
	상하 일체의 독점운영 : 스페인, 동부유럽의 대부분의 국가		

자료 : Dider van de Velde(1999), 'Changing Trains', Ashgate Publishing Ltd, pp, 346~347 참조

2. 유럽 철도시장의 경쟁 도입사례 분석

(1) 유럽 교통시장의 현황

유럽 철도시장의 성장률을 보면 여객의 경우 EU 25개국의 수송량은 1995년에는 322십억 인·km에서 2003년에는 345십억 인·km로 약 7.1% 증가하였다.

화물의 경우 EU 25개국의 수송량은 1995년에는 358십억 ton·km, 2000년에는 374십억 ton·km, 2004년에는 379십억 ton·km로 2004년에는 1995년에 비해 6%가 증가하였다.

한편, 유럽 교통시장에서 철도가 차지하는 비중의 변화를 보면 인·km 기준으로 지역간 철도의 경우 1970년에는 10.4%를 차지하였으나, 1980년에

<표 1-43> 유럽 교통시장의 여객 분담률 변화

(단위 : %)

구분	승용차	버스	도시철도	지역간 철도	항공
1970	73.8	12.7	1.6	10.4	1.6
1980	76.1	11.8	1.2	8.4	2.5
1990	79.0	9.3	1.0	6.7	4.0
1991	78.8	9.3	1.1	6.8	4.1
1995	79.5	8.7	0.9	6.2	4.6
1996	79.3	8.8	0.9	6.3	4.7
1997	79.2	8.7	0.9	6.3	4.9
1998	79.1	8.6	0.9	6.2	5.2
1999	78.8	8.5	0.9	6.2	5.5
2000	78.1	8.6	1.0	6.4	5.9
2001	78.2	8.6	1.0	6.4	5.9

자료 : European Commission(2003), 'Energy&Transport in Figure'

<표 1-44> 유럽 각국의 경제력과 철도 현황

구분	인구밀도 (1000/㎢) (2003)	1인당 GDP(달러) (2003)	경제성장률 (%)(2004)	철도 네트워크 (km/1000㎢) (2002)	여객수송량 (십억인·km) (2002)	화물수송량 (십억톤·km) (2002)
영국	244	30,189	3.2	70	39.7	18.7
오스트리아	96	31,635	2.4	67	8.3	17.1
벨기에	340	29,329	2.9	115	8.3	7.3
덴마크	125	39,187	2.4	65	5.7	1.9
핀란드	15	31,038	3.6	17	3.3	9.7
프랑스	110	29,934	2.3	58	73.2	50.0
독일	231	29,615	1.6	100	71.4	76.3
그리스	84	15,694	4.2	18	1.8	0.3
아일랜드	56	38,477	5.4	27	1.6	0.4
이탈리아	191	25,545	1.2	53	46.0	20.4
룩셈부르크	175	59,735	4.5	106	0.4	0.6
네덜란드	391	31,601	1.4	68	15.5	4.0
포르투갈	114	14,097	1.0	30	3.7	2.2
스페인	83	21,039	3.1	33	19.5	11.6
스웨덴	20	33,668	3.6	25	9.1	18.7

주) 철도 통계는 지하철은 제외
자료 : UN(2005), 'Economic Survey of Europe', p.59. www.dft.gov.uk/transtat

는 8.4%로 감소하였고, 1999년에 6.2%까지 감소하였다. 그러나 그 후 약간의 증가를 보이고 있어서 2001년에는 6.4% 수준을 유지하고 있다.

한편, 철도화물의 경우는 1970년에 ton · km 기준으로 전체 화물수송에서 분담률이 21%에서 2001년에 7.8%까지 감소하였다.[15]

각국의 철도 인프라를 비교해 보면 1,000km² 당 철도 연장을 보면 벨기에 115km, 독일 100km에 비해 스웨덴의 경우는 25km로 약 1/4 수준에 머무르고 있다. 한편, 여객수송밀도의 경우는 네덜란드가 15,166 인 · km/영업 km · 일에 비해 그리스는 2,055, 핀란드는 1,532로 네덜란드의 약 1/10 수준이다. 화물수송 밀도는 독일이 5,839ton · km/영업km · 일에 비해 덴마크는 1,557로 약 1/4 수준으로 많은 격차를 보이고 있으며, 전철 수준도 룩셈부르

<표 1-45> 유럽 각국의 수송밀도와 전철화 비율(2002년)

구분	여객수송 밀도 (인 · km / 영업km · 일)	화물수송 밀도 (ton · km / 영업km · 일)	전철화 비율(%)
영국	6,513	3,068	31.1
오스트리아	4,060	3,660	58.9
벨기에	6,500	5,716	82.8
덴마크	5,577	1,557	28.6
핀란드	1,532	4,503	40.7
프랑스	6,407	4,377	50.2
독일	5,464	5,839	55.0
그리스	2,055	3,425	41.7
아일랜드	2,305	5,764	52.6
이탈리아	7,877	3,493	70.6
룩셈부르크	3,670	5,505	100.0
네덜란드	15,166	3,914	71.4
포르투갈	3,271	1,945	39.3
스페인	3,277	1,950	57.0
스웨덴	2,287	4,700	69.4

자료 : UN(2005), 'Economic Survey of Europe', p.59. www.dft.gov.uk/transtat

---

15) European Commission(2003), 'Energy&Transport in Figure'

크는 100%인 반면 덴마크는 28.6%, 영국은 31.1% 수준에 머무르고 있다.

(2) 경쟁 도입사례 분석

유럽 각국은 교통부분에 경쟁을 도입하고 있는데 2000년 이후 최근의 주요 추진 현황을 보면 다음과 같다.[16]

1) 영국

영국의 교통시장은 유럽에서 가장 먼저 개방되었다. 교통부분의 경쟁 도입은 1980년 중반 국영버스회사의 해산 후 시외버스의 규제완화로부터 시작되었다. 북아일랜드와 런던 지하철, 모든 버스와 경전철, 철도 운영은 하나 혹은 몇 가지 방식으로 시장이 개방되어 있다. 지방자치단체에서 운영 중인 몇 개의 버스회사도 시장에 개방되어 있다.

철도는 1990년대 중반부터 경쟁체제가 도입되기 시작하였다. 그러나 2001년에는 레일트랙이 해산하고 새로운 정부의 지원을 받는 네트워크레일(Network Rail)이 탄생하였다. 이 회사는 공익목적을 추구하는 민간회사로 출발하였다.

현재 철도 운영은 16개의 프랜차이즈 회사에 의해 운영되고 있다. 런던의 각 버스 노선은 런던시 교통국에 의해 개별적으로 면허를 받고 있다. 런던 교통국은 지하철을 운영하고 있지만 인프라는 두 개의 민간 컨소시엄회사에 의해 관리되고 있다. 그리고 대부분의 영국의 철도와 버스 서비스는 Arriva, First, Go Ahead, National Express, Stagecoach 등 5개의 큰 여객회사 그

---

16) Robert Jack(2005), 'Is public transport in Europe opening for business', Transit Europe(3 June 2005), pp. 12~13 참조

룹에 의해 운영되고 있다.

2) 벨기에

철도의 경우 2005년부터 상하분리가 시행되어 지주회사와 운영회사 그리고 인프라회사로 분리, 운영되고 있다. 버스서비스의 경우는 입찰이 행해지고 있다. 브뤼셀의 외곽 지역에서 두 개의 운영자가 운영권의 30%∼40%를 담당하고 있다. 계약은 지역운영자들이 국제적 규모의 운영자들에 의해 시장에서 밀려나지 않도록 작은 단위로 진행되고 있다. 외국 회사도 벨기에 교통시장에 진출하고 있다. National Express가 1998년에 벨기에의 가장 큰 민간회사인 Brockaers를 인수한 것은 대륙에서는 매우 이례적인 것이었다. 그러나 이 회사는 3년 후에 다시 매각되었다. Connex사는 Flemish지역에서 가족 단위 소유의 몇 개의 회사를 인수하였다.

3) 덴마크

철도에까지 경쟁 입찰의 범위가 확대되고 있다. Arriva는 국영철도회사인 DSB를 제치고 처음으로 철도 운영권을 획득하였다. 2003년 1월에 두 개의 프랜차이즈 회사가 설립되어 서비스를 제공하고 있다. 현재 DSB는 80%의 승객을 수송하고 있으나 지역철도 서비스의 경우 향후 네트워크의 30% 범위에서 경쟁 입찰을 도입할 예정이다. DSB는 영국 시장의 진출도 염두에 두고 있다. 영국의 철도화물 운영자인 EWS와 함께 참여한 영국 동부지역의 프랜차이즈권 획득에는 실패하였으나 새로운 Kent 프랜차이즈에 Stage-coach와 함께 참여를 모색하고 있다.

코펜하겐을 비롯한 덴마크의 대부분의 버스서비스에는 현재 모두 경쟁 입찰제도가 도입되어 있다. Arriva는 가장 큰 버스회사이며, 다음으로는

Connex인데 두 회사의 수송 분담률은 75%에 이르고 있다.

4) 핀란드

헬싱키에서 버스서비스의 경쟁 입찰을 통하여 25%의 비용을 절감하는 효과를 거두었는데, 이를 기반으로 경쟁체제를 지역철도에 도입하는 논의를 진행 중이다.

5) 프랑스

프랑스의 교통그룹인 Connex, Transdev 그리고 Keolis는 영국에서 이미 철도, 버스, 트램 사업에 참여하고 있다. 프랑스 교통시장은 전통적으로 공공부분 운영정책으로 진입이 매우 어려워 영국의 운영회사도 프랑스에는 진출하지 못하고 있다.

또한 프랑스는 도시 규모에 관계없이 모든 공공교통의 전 네트워크를 운영하는 계약을 선호하고 있다. 이 때문에 작은 단위 계약에 대해 여러 가지 논의가 진행되었으나, 프랑스 정부당국은 부정적인 입장으로 파리와 마르세이유에서는 아직도 정부에서 소유하고 있는 공공부문에서 교통서비스를 담당하고 있다.

그러나 철도부문에 있어서 경쟁계약이 실험적으로 진행되고 있다. 경쟁입찰은 결국은 실현될 것으로 기대되는데, 이는 프랑스기업들이 세계 각지에서 이러한 경쟁을 통하여 높은 수익을 거두고 있기 때문이다. 프랑스의 국영철도회사인 SNCF는 영국계인 Trans Pennine Express, Southern and Thameslink rail과 Eastbourn 버스지분을 가지고 있는 Keolis사 주식의 43.5%를 소유하고 있다. 파리의 공공교통운영체인 RAPT는 런던의 버스와 노팅험의 트램을 운영하고 있는 Transdev의 25% 지분을 가지고 있다.

6) 독일

독일의 교통시장은 매년 90억 명이 공공교통을 이용하는 유럽에서 가장 큰 규모이다. 현재 교통시장이 서서히 개방되고 있다. 버스서비스는 진행이 느리지만 경쟁 입찰이 기대되고 있다. 한편, 지역철도 운영의 약 10%가 입찰로 운영되고 있다.

독일 연방철도 운영자인 DB는 더욱 상업적인 운영을 계획하고 있으며, 채권발행을 준비하고 있다. DB는 영국 철도시장 진출을 목표로 하고 있으나 2005년에 Virgin사와 Stagecoach사와 함께 추진한 영국 프랜차이즈 시장 참여에는 실패하였다. Connex는 독일의 가장 큰 교통운영회사이며, 2003년에 지역철도에서 가장 먼저 운영권을 획득하였다. 아울러 Gorlitzd에서 트램 시스템을 운영하고 있다. Keolis는 역시 독일회사와 함께 철도시장에 진출하고 있다. Arriva는 2004년 봄 5개의 프랜차이즈회사 운영자인 Prignitzer Eisenbahn Gruppe를 인수하여 독일 철도시장에 진출하였다. 또한 2004년 10월에 매출액 80백만 파운드의 지역철도회사인 Regentalbahn을 인수하였다. 또한 Arriva는 독일의 프랑크푸르트지역의 최대 규모의 버스회사 중의 하나인 Sippel Group사를 15백만 파운드에 인수하였다.

7) 아일랜드

더블린의 버스 시장 개방계획은 확정되었으나 노조의 반대에 직면하여 현재 그 시행이 지연되고 있다. 민간 버스 운영자는 First사를 기반으로 한 Aberdeen사로 Dublin공항까지의 셔틀 운송을 담당하는 Aircoach를 인수하여 2003년에 아일랜드 시장에 진출하였다. 그리고 프랑스 그룹인 Connex는 아일랜드 수도의 새로운 경전철시스템을 운영하고 있다. 정부에서 운영하는 버스 운영회사인 Eireann은 몇 개의 지역간 노선에서 민간회사(Comfort Delgro's Irish Citylink)와 경쟁하고 있다.

8) 이탈리아

이탈리아 여객수송시장은 급격하게 개방될 것으로 예상되고 있다. 2007
년부터 모든 공공교통은 입찰에 의해 계약이 진행되고 있다. Arriva는 이탈
리아 북부지역인 Lombardy, Udine의 두 개의 회사를 인수함에 따라 이탈리
아 최대의 민간운송회사가 되었다. Transdev는 몇 개의 버스노선 입찰에 성
공했으며, Stagecoach는 1999년에 로마를 기반으로 한 이탈리아 시장진입을
목표로 이탈리아 회사인 Sogin의 지분을 매입하려 했으나, 철도회사인 Fer-
rovie dello Stato에 의해 좌절되었다.

9) 네덜란드

철도부문의 경우 부분적으로 입찰이 행해지고 있다. Arriva는 최근 북쪽
지역 철도 운영 계약을 체결하였다. 네덜란드 국영철도인 NS는 영국의 계
약전문회사인 Serco를 통해서 영국 철도의 프랜차이즈 회사인 Merseyrail
Electrics와 Northern Rail에 투자하고 있다. 네덜란드는 버스 운영에 있어 민
간운영자에게 문호를 더욱 개방하고 있다. 모든 지역버스 운영은 2007년~
2009년까지 입찰에 의해 운영되도록 계획되어 있다. Arriva를 기반으로 한
Sunderland는 네덜란드 버스시장의 15%를 점유하고 있으며, Connex사는 주
요한 운영자이기도 하다.

10) 포르투갈

경쟁 입찰은 지역 내 버스와 지역간 버스 서비스에서 일부 행해지고 있다.
Stagecoach는 1995년에 135대의 차량을 보유한 Rodoviaria National을 인수

하였다. 그러나 이를 다시 2001년에 매각하였다. Arriva는 가장 큰 버스회사의 하나이며, Transdev는 2003년부터 버스와 Porto의 새로운 지하철노선을 운영하고 있다.

11) 스페인

교통시장, 특히 지역간 버스시장에서 제한적인 경쟁이 이루어지고 있다. Arriva는 Galicia에서 지역간 버스를 운영하고 있으며, Majorca지역에서 두 개의 버스회사를 운영하고 있다. Connex는 Barcelona에서 새로운 트램회사를 운영하고 있으며, Tenerife에서 경량전철회사를 운영할 예정이다.

12) 스웨덴

스웨덴의 경우 경쟁 입찰은 확대되고 있다. 스웨덴 버스노선의 95%는 경쟁 입찰에 의해 운영되고 있다. 많은 철도와 지하철 그리고 트램 서비스는 경쟁 입찰에 의해 운영자가 정해지고 있다. Stagecoach를 기반으로 한 Perth는 1996년에 Swebus를 116백만 파운드에 인수하여 버스시장에 진출하였다. 그러나 3년 후에 노르웨이의 Concordia사에 이를 다시 매각하였다. Go Ahead를 배경으로 하고 있는 Newcastle은 1999년에 프랑스 계열의 Keolis그룹과 공동 투자하여 2개의 프랜차이즈 권한을 따내었으나 5개월 만에 철수하였다. 아직도 하나 남아있는 영국 회사인 Arriva버스회사는 남쪽에서 버스를 운영하고 있다.

한편, 영국의 회사들이 철수하고 있지만 프랑스그룹은 스웨덴에서 아직도 건재하다. 프랑스 회사인 Connex는 가장 큰 시장을 형성하고 있다. 이 그룹은 철도와 버스, 트램의 운영지분을 확대하고 있으며, 스톡홀름 지하철과 스톡홀름과 괴텐부르크 사이의 철도를 운영하고 있다. 아울러 괴텐부르크지역에서 12대의 페리를 운영하고 있다. 한편, Keolis는 스톡홀름의 공공버스 운영회사인 Busslink의 70% 지분을 인수하였고, Go Ahead의 철도 지분도 인수하였다. 스웨덴 철도회사인 SJ는 이미 영국 철도회사에 진출하는 계획을 수립해 놓고 있다.

13) 노르웨이

오슬로에서의 버스 민영화계획은 아직 어떠한 모델로 계약을 체결할지가 확정되지 않아 진행되고 있지 않다. 현재 버스시장에서 5번째의 입찰이 진행 중에 있으며, 좀 더 확대될 것으로 전망되고 있다.

14) 동부유럽

2004년 5월에 유럽연합에 가입한 동부유럽의 국가들은 현재는 교통시장에서 공공부문의 역할이 매우 크지만, 국제적인 교통회사들의 시장참여가 진행되고 있다.

Connex는 이미 Estonia, 체코, 폴란드 그리고 슬로베니아에 버스회사를 설립하였다. Connex는 4개 국가에서 1,800대의 버스를 운영중에 있으며, 그 중 1,200대는 체코의 도시와 지역간 그리고 국제간의 버스수송에 이용하고 있으며, 북부에서는 철도 서비스도 제공하고 있다.

이제까지 살펴본 각국 교통시장에서 경쟁 도입의 정도에 따라 이를 그룹화해 보면, 그룹 I 의 경우는 교통시장이 완전 개방되어 경쟁 입찰이 도입된 경우로, 이에 해당하는 나라는 영국이다. 그룹 II 의 경우는 대부분의 교통시장이 개방된 경우로 철도는 20~30% 개방되고, 버스의 경우는 대부분이 개방된 경우이다. 이에 해당하는 것은 네덜란드, 덴마크, 스웨덴이 이에 해당한다. 그룹Ⅲ의 경우는 교통시장에서 부분적으로 경쟁이 도입된 경우로 프랑스, 독일, 벨기에, 노르웨이, 핀란드, 이탈리아, 포르투갈이 이에 해당한다. 다만 이탈리아의 경우는 현재 급속하게 교통시장이 개방되고 있어 2008년에는 완전 개방을 목표로 하고 있다. 따라서 이탈리아의 경우는 그룹Ⅱ를 거쳐 그룹Ⅰ로 이전할 가능성이 매우 높다. 그룹Ⅳ의 경우는 교통시장에서 아주 예외적인 분야에서 부분적인 경쟁 입찰이 도입된 경우인데, 여기에는 스페인과 동부유럽이 해당한다고 하겠다.

<표 1-46> 최근 유럽 각국 교통시장의 경쟁 도입사례 분석

구분	국가	교통시장	철도	버스
Ⅰ	영국	완전 경쟁	16개의 프랜차이즈회사에 의해 운영	100% 노선 입찰
Ⅱ	네덜란드	대부분 경쟁	북부에서 경쟁 입찰 시행 중	2007년~2009년까지 완전 입찰
	덴마크	대부분 경쟁	지역간의 20%, 지역 내의 30% 입찰	완전 경쟁 입찰
	스웨덴	대부분 경쟁	부분적인 경쟁	95%를 경쟁 입찰
Ⅲ	프랑스	부분 경쟁	실험적인 도입	공공부문에서 운영
	독일	부분 경쟁	12%를 입찰에 의해 결정	논의 중
	벨기에	부분 경쟁	논의 중	일부에서 경쟁 입찰
	노르웨이	부분 경쟁	논의 중	논의 중
	핀란드	부분 경쟁	논의 중	경쟁 입찰에 의해 25%의 비용절감을 확인하여 확대시행 예정
	이탈리아	부분 경쟁	2008년까지 경쟁 입찰	2008년까지 경쟁 입찰
	포르투갈	부분 경쟁	경쟁 입찰을 부분도입	경쟁 입찰을 부분 도입
Ⅳ	스페인	경쟁이 거의없음	공공부문에서 운영	제한적인 도입
	동부유럽	경쟁이 거의없음	공공부문에서 운영	제한적인 도입

(3) 경쟁 도입의 성과

영국의 경우 100% 경쟁 입찰을 도입해서 운영중이며 덴마크, 네덜란드, 독일, 스웨덴이 철도시장에서 경쟁체제를 도입하고 있다. 각국의 철도 운영

<표 1-47> 유럽 각국 철도시장의 경쟁체제 도입

구분	여객시장	화물시장	경쟁 도입
영국	민간회사	민간회사	100% 경쟁 입찰
오스트리아	OBB 지주회사	OBB 지주회사	
벨기에	SNCB 지주회사 NMBS 지주회사	SNCB 지주회사 NMBS 지주회사	
덴마크	DSB	DSB	20~30% 경쟁 입찰
핀란드	VR그룹	VR그룹	
프랑스	SNCF	SNCF	
독일	DB, 민간회사	DB, 민간회사	12% 경쟁 입찰
그리스	OSE	OSE	
아일랜드	CIE	CIE	
이탈리아	FS	FS	
룩셈부르크	CFL	CFL	
네덜란드	NS	NS	일부 시행
포르투갈	CP	CP	
스페인	RENFE	RENFE	
스웨덴	SJ, 민간회사	SJ, 민간회사	경쟁 입찰

자료 : The Community of European Railway and Infrastructure Companies(2005), 'EU LEGISLATION ON PUB
LIC SERVICES', pp.35~36과 www.cer.be 참조

자 현황은 <표 1-47>과 같다.

그간 각국의 경쟁 도입 이후의 성과를 살펴보면, 각국마다 다른 방식을
채택하고 있어 성과를 일률적으로 이야기할 수는 없지만 경쟁 도입 여부에

<표 1-48> 경쟁 도입 이후의 각국의 성과

구분	기간	여객수송량 변화
영국	1994-2004	+45.7%(인 · km)
독일	1994-2002	+19.4%(인 · km)
프랑스	1997-2002	+18.9%(인 · km)
스웨덴	1988-1999	+12.0%(인 · km)
스위스	1995-1999	+8.0%(인 · km)
덴마크	1997-2002	+16.3%(인 · km)
네덜란드	1994-2002	+0.8%(인 · km)

자료 : UN(2005), 'Economic Survey of Europe', p.59. www.dft.gov.uk/transtat
World Bank Railways Data base(www.worldbank.org/transport/rail/rdb.htm)

따른 성과의 차이는 구별할 수 있을 것이다. <표 1-48>을 보면 영국은 1994 년 이후 2004년까지 여객수송량이 45.7% 증가하였고, 독일은 철도구조개혁 을 시작한 1994년 이후 19.4%, 프랑스는 1997년 상하분리 시행 이후 18.9% 증가하였다. 스웨덴은 상하분리가 시행된 1988년 이후 1999년까지 여객수 송량이 12% 증가하였다. 스위스의 경우는 8%, 덴마크는 16.3%, 네덜란드는 0.8%가 증가하였다.

한편, 경쟁을 도입하지 않았거나 도입이 미미한 국가들의 통계를 보면 1990년과 1999년의 철도여객의 변화율을 인 · km 기준으로 보면 핀란드는 +2.2%의 성장률을 보였으나, 이탈리아는 -10.0%, 포르투갈은 -39.9%, 헝가 리는 -40.7%, 폴란드는 -48.1%, 루마니아는 -59.8%로 대폭적으로 감소하여 수송량의 증가와 경쟁 도입이 높은 상관관계가 있다는 것을 알 수 있다.[17]

(4) European Railway Agency

프랑스의 릴 근처인 Valenciennes에 위치한 European Railway Agen-cy(이하 : ERA, www.era.eu.int)는 릴에서 열차로 약 30분 거리의 북동쪽에 있다.

ERA는 2002년 1월 23일 유럽연합의 Second Rail Package에서 창설이 제안 되어 2004년 4월 29일 Regulation(EC) No 881/2004에 의해 만들어졌다. 국제 적인 안전 기준 마련과 상호운영을 위한 각종 기술조건 제정을 위해 만들 어진 조직으로 효율적인 추진을 위해 기존의 유럽 차원의 각종 조직과 각 국의 전문가를 활용하고 있다. 예를 들면 UNIFE(Union of European Railway Industry), CER(Community of European Railways), UITP(In-ternational Union of

---

17) World Bank Railways Data Base(www.worldbank.org/transport/rail/rdb.htm)

Public Transport), UIRR(The International of Combined Road-Rail Transport Companies) 등의 조직과 유기적인 협조를 하고 있다.

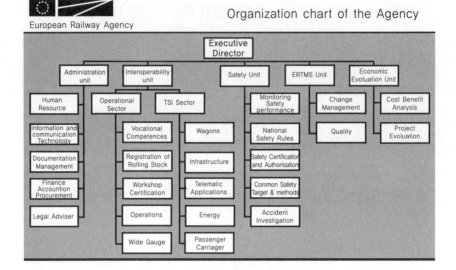

〈그림 1-4〉 ERA의 조직도

ERA에서의 제안내용은 각종 자문과 의견조사를 거쳐 유럽위원회에 제안되고, 여기에서 결정되면 각국에서 이를 따르도록 하고 있다. 조직은 크게 5개 부문으로 나누어져 있는데 행정부문, 상호운전, 안전, ERTMS(European Railway Traffic Management System), 경제성 평가 등으로 나누어져 있다. 조직은 〈그림 1-4〉와 같다. 인원은 2006년 8월 현재 71명으로 현재에도 충원이 진행 중이다.

주요 추진활동은 첫 번째로 상호운전을 위한 기술적인 규정의 마련이다. 주된 관심은 인프라, 에너지, 동력차, 객차 등인데, 대상은 기존선을 대상으로 하고 있다. 고속철도의 경우 이미 각국은 독자적인 운영을 하고 있어 이

를 대상으로 통합운영하기에는 한계가 있고 현실성이 떨어진다는 판단에
따른 것이다. 또한 제안 내용은 현재 운행 중인 노선의 경우는 어렵기 때문
에 향후 건설될 노선을 대상으로 하고 있다. 주로 간선과 화물노선에 초점
을 맞추고 있다.

두 번째로는 차량정비창에 대한 인증제도의 도입이다. 세 번째는 통합된
안전규정의 마련이다. 현재 마련 중인 안전규정은 안전관리 평가, 안전인증
의 평가, 위험성 평가 등의 내용을 포함하고 있다. 이는 현재 각국의 철도안
전담당조직과 사고조직의 유기적인 연계를 가지고 추진하고 있으며, 향후
15년에 걸쳐 이 작업은 진행될 예정이다. 기준의 마련은 최소와 최고 기준
을 마련하는데 초점을 맞추고 있다.

네 번째로 경제성 평가와 관련해서는 일반적인 철도 건설에 대한 평가와

통합을 추구하는 유럽 철도(독일)

함께 개발된 기술의 안전과 상호운전, 통합운전에 대한 평가를 포함하고 있다.

이상에서 연구되고 취합, 정리된 내용은 유럽연합에 제안되고 유럽연합의 의결을 거쳐 각국에 권고된다. 각국이 받아들이는 것은 자유이지만, 향후 유럽 차원의 각종 지원 등에서 제외되기 때문에 실제적으로 강제성을 띠고 있다.

향후 ERA는 유럽 철도의 통합과 상호운영의 기술적인 조건마련을 위해 중요한 역할을 할 것으로 기대되며, 동아시아에서의 통합적인 철도운영을 목표로 하는 우리나라 등에게도 향후 벤치마킹 대상 가운데 하나라고 하겠다.

(5) 유로스타의 운영

Channel tunnel은 영국과 대륙을 연결하는 터널이다. 현재 유로스타로 런던과 파리의 운행에 3시간이 소요되고 있으며, 최근에 영국 구간에 신선이 건설되어 약 30분이 단축된 2시간 30분이 소요되고 있다. 런던과 파리의 운임은 편도 120파운드, 왕복 220파운드인데, 여름에는 왕복기준으로 99파운드, 겨울에는 79파운드까지 할인되고 있다. 현재 철도가 24시간 운행하고 있는데, 이 터널을 통과하는 데는 약 35분이 소요되고 있으며, 승용차를 가지고 갈 경우 상하차 시간을 합쳐서 1시간이 소요되고 있다. ferry선의 경우는 2시간 30분, 좀 더 빠른 쾌속선의 경우 2시간이 소요되고 있다. 한편, Channel tunnel을 운행하고 있는 유로스타는 1994년 6월에 화물, 11월에 여객운송이 개시되었다. 운행 노선은 계속 확대되어 영국과 프랑스, 벨기에, 네덜란드, 독일, 스위스, 이탈리아까지 운행되고 있다.

그간의 유로스타 전체의 수송량은, 여객의 경우 2003년에 14,699천 명 그리고 화물은 1,743천 톤을 수송하였다. 이를 연도별로 살펴보면 <표 1-49>와 같은데, 여객의 경우는 1995년의 개통 당시에 비해 2.07배 증가하였다. 화물의 경우는 증가세를 보이다가 최근에는 감소하는 현상을 보이고 있다. Channel Tunnel의 영국 구간의 철도 운영자인 London & Continental의 자료

<표 1-49> 유로스타 전체 수송량

(단위 : 천 명, 천 톤)

구분	여객	화물
1995년	7,081	1,411
1996년	12,809	2,361
1997년	14,653	2,925
1998년	18,405	3,141
1999년	17,550	2,865
2000년	17,018	2,947
2001년	16,313	2,447
2002년	15,252	1,487
2003년	14,699	1,743

자료 : 'Transport Statistics Great Britain, 2004 Edition', Department for Transport 2004, p.107

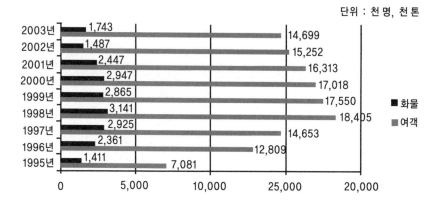

에 의하면, 2004년의 경영성적은 이용승객의 증가로 수입은 증가하였으나 비용증가는 이를 상회하여, 결국은 경영성적이 악화된 것으로 분석되었다.

운영수지는 2003년에 102백만 파운드의 적자에서 2004년에 118백만 파운드의 적자를 기록하여 적자액이 15.5%나 증가하였다.

이를 보다 구체적으로 보면 2003년의 경우 매출액은 189백만 파운드에서 수입이 210백만 파운드로 약 11.4% 증가하였으나, 비용은 292백만 파운드에서 329백만 파운드로 12.8%나 증가하여 비용이 수입보다 증가폭이 커서 결국 적자폭이 증가하였다.

매출액과 비용을 <표 1-50>의 2004년의 이용승객인 7.3백 만을 고려하여 계산하여 보면, 승객 1인당 매출액은 29파운드, 비용은 45파운드로 결국 승객 1인당 16파운드의 손실을 보고 운영을 한 셈이다.

매출액의 증가는 이 회사의 유로스타 승객이 2003년에는 6.1백만 명에서 2004년에는 7.3백만 명으로 증가하여 2003년의 수입은 189백만 파운드에서 2004년에 210백만 파운드로 11.4% 증가한 것에 기인하고 있다.

그러나 매출액의 증가율이 이용객의 증가율인 19%에는 못 미치는 것은 저가의 항공기 때문에 운임을 올릴 수 없었던 것에 기인한다.

<표 1-50> London & Continental 철도의 경영성적

(단위 : 천 파운드)

구분	2003년(A)	2004년(B)	변화율(B/A)
매출액(1)	189,400	210,900	+11.4%
운영비용(2)	291,500	328,800	+12.8%
운영수지(3)=(1)-(2)	-102,100	-117,900	-15.5%
총 수입(4)=(1)+(5)	213,600	254,300	+19.1%
이자수입(5)	24,200	43,400	+79.3%
총 비용(6)=(2)+(7)	527,300	626,700	+18.9%
이자 지급(7)	235,800	297,900	+26.3%
순수지(8)=(4)-(7)	-313,900	-372,100	-18.5%

그간 이 회사의 유로스타 이용객의 변화를 보면 1995년의 이용객은 2.9백만 명에서 2000년에는 7.1백만 명으로 증가하였고, 2003년에는 약간 감소하여 6.1백만 명, 2004년에는 다시 회복세로 7.3백만 명을 수송하였다. 1995년에 비교하여 보면 2004년의 승객 수는 2.5배에 이르고 있으며, 2003년에 비해서는 약 19% 증가한 수치이다.

유로스타의 승객 수는 런던과 파리의 수송 분담률의 65%, 런던과 브뤼셀의 56%를 차지하는 수치이다.

<표 1-51> Channel tunnel을 이용한 유로스타 승객 변화추이

구분	승객 수(백만 명)	비고
1995년	2.9	1
1996년	4.9	1.7
1997년	6.0	2.1
1998년	6.3	2.2
1999년	6.6	2.3
2000년	7.1	2.4
2001년	7.5	2.6
2002년	6.6	2.3
2003년	6.1	2.1
2004년	7.3	2.5

비용의 경우를 보다 구체적으로 살펴보면 감가상각비용도 41백만 파운드에서 78백만 파운드로 86.6%나 증가하였고, 재료비의 경우도 2003년에 191백만 파운드에서 2004년에 220백만 파운드로 15.4%나 증가하였으며, 인건비는 2003년에 57백만 파운드에서 2004년에 59백만 파운드로 3.2% 증가하였다.

인건비의 경우는 1인당 인건비는 40,470파운드로 2003년에 비해 7.1% 증가하였고, 인원은 3.7% 감소하였으나, 전체적으로는 인건비가 3.2% 증가한 것이다.

<표 1-52> London & Continental 총 비용의 변화

(단위 : 천 파운드)

구분	2003년(A)	2004년(B)	변화율(B/A)
인건비	56,800	58,600	+3.2%
감가상각비	41,700	77,800	+86.6%
지불 이자	235,800	297,900	+26.3%
감사비용	600	800	+33.3%
운영차입비용	1,800	1,500	-16.7%
재료비	190,660	219,900	+15.4%
총 비용	527,300	626,700	+18.9%

주) 총 비용은 운영비용과 감가상각비를 합한 것이다.

운영비용과 감가상각비를 합한 총 비용도 2003년의 527백만 파운드에서 627백만 파운드로 약 18.9% 증가하였다.

비용 내용을 분석해 보면 초기 자본투자에 대한 부담으로 이자비용이 47.5%, 재료비가 30.5% 그리고 감가상각비는 12.4%, 인건비는 9.4%로 나타났다. 결국 비용 면에서 이자비용의 부담이 매우 큰 것을 알 수 있어 앞으로 경영수지 개선에 큰 어려움으로 작용할 것이 분명하다.

그러나 London & Continental의 자료를 보면 여러 가지 면에서 기업의 성과는 매우 호전되고 있는 것으로 나타나고 있다. 직원 수는 2003년의 1,503명에서 2004년에 1,448명으로 3.7% 감소하였음에도 <표 1-54>에 나타난 것처럼 매출액의 증가로 직원 1인당 매출액은 15.6% 증가하였다. 고정자산

<표 1-53> 비용의 구성비(2004년)

비용 내용	구성비(%)
이자비용	47.5
재료비	30.5
감가상각비	12.4
인건비	9.4
차입비용	0.2
합계	100

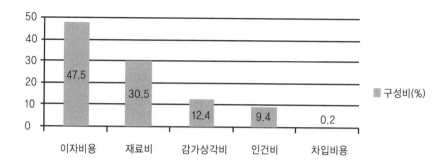

가치는 2004년은 2003년에 비해 7.8%, 기업 순가치는 53.3%나 증가하여, 주주들에게 2003년에 4.6백만 파운드의 배당금을 지불한 것에 이어 2004년에도 2.8백만 파운드의 배당금을 지불하였다.

<표 1-54> London & Continental의 경영지표 변화

구분	2003년(A)	2004년(B)	변화율(B/A)
직원 수(명)	1,503	1,448	-3.7%
직원 1인당 매출액(파운드)	126,015	145,649	+15.6%
고정자산 가치(천파운드)	4,924,100	5,309,500	+7.8%
기업 순가치(천파운드)	1,098,400	1,683,500	+53.3%
자본투자(천파운드)	912,700	606,000	-33.6%

이것은 세계적인 철도 프로젝트의 대표적인 사례로서, 여러 가지 면에서 성공적인 징후를 보여주고 있어 새로운 사업이 추진되고 있다. 런던의 킹스 크로스역의 72에이커의 개발과 스트라트포드(Stratford)의 170에이커의 개발이 그러한 좋은 예이다.

3. 경쟁시장의 지속 가능성과 향후 전망

경쟁시장의 도입과 지속 가능성에 대한 논의의 초점은 철도시장의 수요가 존재하며 경쟁이 도입되더라도 이익이 계속 발생하는가, 그리고 진입비용이 높지 않은가에 있다. 먼저 철도시장의 수요를 보면, 경쟁을 통해서 수요가 증가하는 파생수요를 논외로 한다고 하더라도 유럽 철도시장의 분담률이 1998년~1999년에 6.2%에서 2000년부터 약간 증가하여 6.4% 수준에 머무르고 있다. 향후 유럽의 경우 철도시장의 분담률은 계속 증가할 가능성이 높다는 것이 일반적이 예측이다. 유럽위원회의 자료에 의하면 여객의 경우 2010년에 약 415십억 인·km, 2020년에는 479십억 인·km, 2030년에는 538억 인·km로 증가할 것으로 예측하고 있다.[18] 이는 2003년의 수송량보다 각각 20%, 39%, 56% 증가한 수치이다. 특히 최근 고속철도여객의 수송량이 매우 큰 폭으로 증가하고 있는데, 1990년에 EU의 고속철도여객은 15.2십억 인·km에서 2004년에는 75.5십억 인·km로 약 5배나 증가하였다. 화물의 경우는 1995년~2004년까지의 성장률은 6%인데 앞으로도 이러한 성장률은 계속될 것으로 전망되고 있다.[19]

한편, 진입비용과 관련하여서는 진입장벽이 높은가 문제인데, 면허기준, 상호운영, 장비기준 등과 깊은 관련이 있다. 먼저 면허기준에 관련하여서는 EU 15개국에는 현재 약 360개의 철도관련 면허가 있다. 앞으로 자유로운 시장진입이 가능하기 위해서는 이러한 면허제도가 상호협약에 의해 통합되도록 개편되어야 할 것이다. 현재 유럽 차원에서 협약에 의한 통합이 진행되고 있지만, 앞으로의 관건은 각국의 다른 안전기준과 문화 등의

---

18) European Commission (2003), 'EU-25 Energy and Transport Outlook to 2030'
19) European Commission (2005), 'Energy & Transport in Figure'

차이라고 하겠다.

향후 각국의 경쟁시장의 본격적인 도입을 위해서는 다음과 같은 문제점 등이 본격적으로 검토되어야 할 것이다. 첫 번째로는 현재 진행되고 있는 개방 정도의 차이의 문제이다. 시장경쟁의 정도를 보면 <표 1-55>와 같이 현재는 철도시장에의 경쟁이 도입된 국가는 앞에서의 분석에서와 같이 영국, 독일, 스웨덴이며, 이탈리아, 네덜란드, 덴마크가 뒤를 잇고 있다. 다른 국가들은 예정보다 늦게 진행되고 있다. 예를 들면 독일은 1994년의 철도 구조개혁을 추진하면서 화물과 장거리 수송시장을 개방하였고, DBAG는 2006년부터 민영화모델에 대한 본격적인 논의가 진행되었다. 덴마크의 경우 국영철도(DSB)의 구조개혁을 추진할 예정이다. 현재는 인프라와 운영을 분리하였고, 여객과 화물운영에 시장진입을 허용하고 2001년에 지역철도 서비스 중 20~30%를 입찰에 의해 운영업체를 선정하였다. 한편, 아일랜드의 경우는 2004년에 구조개혁을 시작하였고, 현재 국영철도가 독점운영중인데, 아일랜드의 특수한 성격인 작은 네트워크, 지형적인 독립성 그리고 기술적인 여건 등을 고려하여 향후 추진될 예정이다. 향후 철도운영은 각국의 실정에 맞게 경쟁규모와 방식 등이 결정될 것으로 전망되어 유럽연합 차원의 정책적인 노력이 더욱 필요한 부분이라고 하겠다.

두 번째로는 프랜차이즈 제도의 도입에 관한 문제로, 영국의 경우 1997년 프랜차이즈가 도입된 이후 소유권이 대기업 위주의 과점화되는 경향과 회사 간의 수익성 차이도 문제점으로 지적되고 있다. <표 1-56>과 같이 1997년 이후 프랜차이즈 소유권은 계속 대기업 위주로 재편되고 있는 것을 알 수 있다.

결론적으로 현재 추진되고 있는 경쟁을 통한 유럽 교통시장의 변화는 기존의 교통시장 체계에 큰 변화를 가져오고 있는데 최근의 이탈리아와 독일 등의 경쟁체제도입은 매우 시사하는 바가 크다. 경쟁체제의 도입은 앞에서 언급한 각국의 실정과 상이한 운영 등에서 여러 가지 어려움들이 있지만, 각국은 서비스의 질 향상과 효율성 향상에 매우 효과적이라는 것에 합의를

<표 1-55> 시장개방의 정도

내용	국가
예정대로 진행	영국, 스웨덴, 독일, 네덜란드, 이탈리아, 스위스, 포르투갈, 이탈리아
예정보다 늦게 진행	노르웨이, 오스트리아, 폴란드, 체코, 핀란드, 라트라비아, 벨기에, 슬로바키아, 헝가리, 슬로베니아
자유화 보류	에스토니아, 그리스, 아이슬란드, 스페인, 리투아니아

<표 1-56> 주요 프랜차이즈 소유회사의 변화

(단위 : 개사)

회사명	1997년	2003년	2005년
National Express Group	5	9	10
First Group	1	3	4
Go Ahead	1	1	2
Arriva	1	2	2
Virgin Train	2	2	2
Stage Coach	2	1	2

자료 : OPRAF와 SRA

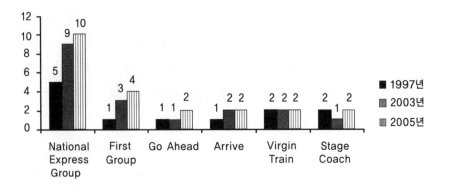

하고 있어 앞으로 동일한 방식은 아니지만 경쟁체제의 도입은 계속 확산될 것으로 전망된다.

향후 유럽의 통합운영과 지속 가능 교통체계의 주축인 철도교통의 활성화를 통해 철도시장 규모가 어느 정도 확보될 것으로 전망되며, 유럽 철도망의 자본조달과 운영을 위한 기술적인 문제들이 해결되면서 경쟁체제 도입은 가속화될 것이다.

따라서 우리나라의 경우도 향후 철도 서비스의 향상과 비용절감 등을 위해 철도시장의 경쟁체제를 도입하는 문제를 심각하게 검토해 볼 필요가 있다고 하겠다.

제2장
영국 철도의 역사와 발전

제1절 초기 영국 철도의 영향력

로마시대에는 도로를 통하여 문물이 세계로 퍼져나갔듯이 19세기에는 철도가 사회를 크게 변화시켰다. 영국의 경우 1830년 대중교통수단의 1일 수송량을 보면 지역간 마차를 이용해 약 20,000명, 그리고 지역 내에서는 런던의 경우 95,000명, 기타지역 15,000명, 그리고 증기선을 85,000명이 이용하는 등 총 215,000명에 이르렀다.

영국에서는 1825년에 철도가 개통되어 1850년에 1일 이용객은 185,000명으로 이용자가 급격하게 증가하였다. 증가율은 초기보다는 감소하였지만

<표 2-1> 영국 철도 이용객의 증가 추이

구분	영업거리 (마일)	증가율 (%)	철도 여행자 수 (천 명)	증가율 (%)	1마일 당 여행 자 수(명)	증가율 (%)	인구 (천 명)	인구 1인당 여행횟수	증가율 (%)
1850	6,084	-	67,359	-	11,072	-	20,817	3.2	-
1860	9,069	49.1	153,452	127.8	16,920	52.3	23,128	6.6	106.3
1870	13,363	49.6	315,680	105.7	23,275	37.6	26,072	12.1	86.8
1880	15,563	14.8	586,626	85.8	37,694	62.0	29,710	19.8	63.2
1890	17,281	11.0	796,331	35.8	46,081	22.3	33,029	24.1	22.1
1900	18,672	8.0	1,114,627	40.0	59,695	29.6	37,000	30.1	24.9
1910	19,986	7.0	1,276,003	14.5	62,845	7.0	40,831	31.3	4.0

자료 : Jack Simmons(1991), 'The Victorian Railway', Thames and Hudson, p.317

증기기관이 발명되기 이전의 마차철도

1인당 여행횟수는 1850년 3.2회에서 1900년에 30.1회로 약 10배나 증가하였다.

철도는 사회적으로 많은 영향을 미쳤다. 이동의 자유를 통해 여행이 보편화되었고, 문화가 전파되었다. 잉글랜드와 스코틀랜드는 지역적으로 가까워졌고, 이를 통해 새로운 산업이 발달하였다. 런던의 주요 역은 지역의 중심이 되었고, 철도는 건강증진에도 기여하였다. 예를 들면 철도역에 처음으로 수세식 화장실이 등장하였고, 전염병을 막기 위해 철도로 식수가 공급되기도 하였다.

토마스 쿡(Tomas Cook : 1808-1892)은 종교적인 목적을 가진 금주 프로그램의 시행을 위해 철도를 자주 이용하였고, 후에 자신이 직접 여행사를 만들어 철도 이용을 대중화시켰다.

철도로 인해 우편요금이 저렴하게 되었고, 신문 · 잡지가 보급되었다. 철도의 사용으로 석탄 소비량도 늘어 1840년에 철도의 석탄 소비량은 0.3백만 톤에서 1911년에는 15백만 톤으로 증가하였다. 또한 문학과 예술에도 철도를 소재로 한 시와 소설이 쓰여 졌으며, 디킨스(Dickens)의 소설에도 철도가 자주 등장하였다. 일상생활에서 쓰는 용어도 많이 변화하였다. 철도가 개통되고 가장 중요한 단어는 rail, railway, station, train, locomotive였다. 그리고 철도를 통하여 처음으로 1등석, 2등석 등의 구별이 생겼으며, 표준시간이 생겨났고, 지역간의 교류 증가로 지역의 음식과 문화가 널리 전파되었다.

철도가 부설되면서 문제점도 없지 않았다. 노선의 혜택을 받은 지역과 그렇지 못한 지역간의 차이가 생기기 시작하였다. 예를 들면 스완지는 철도 서비스가 좋지 않아 예전의 번영을 지속시키지 못하였다. 철도 건설로 소음과 지역의 양분화 그리고 지하철에서의 범죄발생 등 여러 가지 문제도 발생하였다. 또한 새로운 노선으로 토지 소유자와 농부 그리고 당시의 주요 교통수단이었던 수운업자들로부터 많은 항의를 받기도 하였다. 그러나

초기 영국 리버풀과 맨체스터에 사용된 객차

<표 2-2> 각국의 철도 수송량 비교(여객)

(단위 : 백만 인)

구분	영국	프랑스	벨기에	네덜란드	독일
1861년	163	62	-	-	-
1911년	1,295	494	199	45	1,643

자료 : B.R.Mitchell(1975), 'European Historical Statistics(1750-1970)', The Macmillan Press

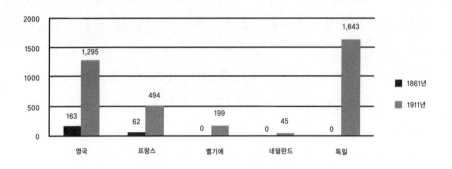

<표 2-3> 각국의 철도 수송량 비교(화물)

(단위 : 천 톤)

구분	영국	프랑스	벨기에	네덜란드	독일
1861년	94,046	27,900	-	-	-
1911년	525,256	121,000	-	-	616,772

자료 : B.R.Mitchell(1975), 'European Historical Statistics(1750-1970)', The Macmillan Press

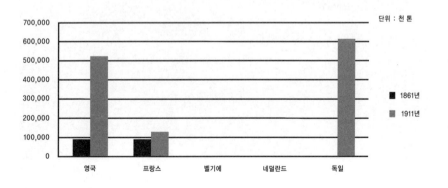

이러한 여러 문제는 철도가 가져다 준 신속성과 편리성에 비하면 큰 문제가 되지 않아 철도는 교통의 중심으로 자리 잡게 되었다.

당시 유럽의 주요 국가와의 비교를 통해서 19세기 영국 철도의 위상을 더욱 확실하게 알 수 있다. 철도 수송량을 보면 1861년에 여객과 화물의 경우 영국은 프랑스보다 각각 약 3배나 많이 수송하였다.

여행횟수를 비교해 볼 때 영국은 프랑스나 독일보다 더 많이 철도를 이용해 여행하였다는 것을 알 수 있다. 1861년의 경우 인구 1인당 여행횟수는 영국이 약 7.1회, 프랑스는 1.7회에 불과하였다.

<표 2-4> 인구 1인당 여행횟수

(단위 : 회)

구분	영국	프랑스	벨기에	네덜란드	독일
1861년	7.1	1.7			
1866년			2.4		
1871년	13.8				
1872년		3.1			
1879년				3.3	
1880년			10.2		
1881년	20.5	4.8			
1889년				4.3	
1890년			13.6		8.6
1891년	24.9	6.7			
1899년				5.5	
1900년			20.8		15.2
1901년	31.0	10.7			
1909년				7.4	
1910년			26.0		23.7
1911년	31.7	12.6			

자료 : Jack Simmons(1991), 'The Victorian Railway', Thames and Hudson, p.342

이러한 결과를 가져온 원인은 여러 가지에서 찾아볼 수 있는데, 첫 번째로는 영국이 1861년부터 초기 약 30년간 다른 나라에 비해 많은 철도노선

<표 2-5> 각국의 철도 연장 비교

(단위 : km)

구분	영국	프랑스	벨기에	네덜란드	독일
1861년	15,210	9,626	1,824	335	11,497
1870년	21,558	15,544	2,897	1,419	18,876
1880년	25,060	23,089	4,112	1,841	33,838
1890년	27,827	33,280	4,526	2,610	42,869
1900년	30,079	38,109	4,562	2,771	51,678
1911년	32,223	40,635	4,679	3,190	61,968

자료 : B.R.Mitchell(1975), 'European Historical Statistics(1750-1970)', The Macmillan Press

<표 2-6> 국가별 경제 성장 비교

구분	영국	프랑스	독일
1911/1861(National Account Total)	2.87	2.5	3.65

자료 : B.R.Mitchell(1975), 'European Historical Statistics(1750-1970)', The Macmillan Press

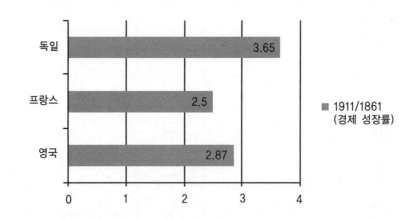

을 건설하였다는 것이다. 이는 영국의 경우 산업발달로 민간자본이 축척되어 민간 중심으로 철도 건설이 활발하게 이루어진 것에 기인하였다.

경제 성장 면에서도 영국은 프랑스보다 높은 성장률을 기록하였고, 실업률도 낮았다.

<표 2-7> 각국의 실업률 비교

(단위 : %)

구분	영국	프랑스	독일
1900년	2.5	7.8	2.5
1911년	3.0	5.4	1.9

자료 : B.R.Mitchell(1975), 'European Historical Statistics(1750-1970)', The Macmillan Press

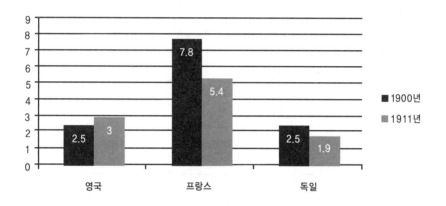

다음으로는 도시 인구의 높은 비율을 들 수 있다. 영국은 산업화로 인해 1861년에 인구 10만 명 이상의 점유율이 23.9%로 프랑스, 독일보다 높아 철도 이용에 유리한 여건이었다.

또한 각국은 철도 이용에 있어 각각 다른 상황에 처해 있었다. 프랑스의 경우에는 앞에서 언급한 것처럼 공업화가 영국이나 독일에 비해 늦었으며, 나폴레옹 혁명으로 사회변화의 혼란기에 처해 있었고, 이로 인해 철도에 투자할 민간자본이 부족하였다.

노선의 1/3은 협궤로 건설되었다. 이로 인해 정부가 철도 건설에 관여할 수밖에 없었고, 정부 중심의 철도 건설로 시간적으로 신속하게 추진되지 못하였고, 관료주의로 파리 중심의 철도망이 계획되었다. 또한 독일이나 러시아와는 달리 운하가 발달하여 수운업자들의 반대도 다른 나라보다 심하

<표 2-8> 전체 인구 중 인구 10만 명 이상의 인구 점유율(%)

구분	영국	프랑스	벨기에	네덜란드	독일
1861년	23.9	7.7			
1866년			8.1		
1871년	25.7				4.8
1872년		9.1			
1879년				14.4	
1880년			10.6		
1881년	29.2	10.5			
1889년				17.0	
1890년			11.5		12.1
1891년	31.4	11.5			
1899년				22.4	
1900년			11.6		16.2
1901년	34.9	14.0			
1909년				23.4	
1910년			11.0		21.3
1911년	37.0	14.8			

자료 : Jack Simmons(1991), 'The Victorian Railway', Thames and Hudson, p.343

였다. 이 결과 프랑스는 영국의 민간 중심, 벨기에의 정부 중심의 타협적인 위치에서 철도를 건설하고 운영하게 되었다. 한편, 독일의 경우에는 1871년 독일이 통일되면서 각 지역은 각자의 철도망을 건설하게 되었고, 프랑스와는 달리 지역 중심의 철도망이 발달하게 되었다.

이러한 초기의 철도에 대한 영향력과 철도 운영이 그 후 각국의 철도 운영에 큰 영향을 미친 것은 말할 나위도 없다. 영국에서 철도 민영화를 추진할 수 있었던 것도 바로 이러한 민간운영 경험을 바탕으로 한 것이며, 프랑스가 고속철도를 국가 중심으로 그리고 지금도 국영 체제를 유지하고 있는 것도 바로 이러한 전통에 기인한 것이다. 독일이 구조개혁 이후에도 지역 중심의 철도를 운영하고 있는 것도 바로 이러한 역사적인 사실에서 연유하고 있다.

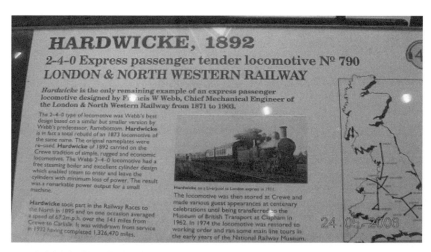

HARDWICKE, 1892
2-4-0 Express passenger tender locomotive № 790
LONDON & NORTH WESTERN RAILWAY

1892년 당시의 영국 철도노선도와 증기기관차

　향후 이러한 철도의 영향력에 대한 연구는 우리나라에서도 활발하게 진
행되어야 할 것이다. 정부와 철도와의 관계, 산업으로서의 철도 그리고 사
회변화와 문화, 문학에 끼친 철도산업의 영향력 등은 향후 우리가 좀 더 심
층적으로 연구해야 할 과제이기도 하다.

제2절 구조개혁 이전까지의 영국 철도

영국 철도는 초기의 민간운영에서 1947년의 국영철도 그리고 1994년에 다시 민간에서 운영하는 체제로 변화하였다.

1880년 영국 내에는 약 400개의 철도회사가 있었고, 1921년 이전에는 140개, 그리고 1921년 철도법에 의해 4개 회사로 통합 운영되었고, 1947년 국유화 이전까지 이러한 4개 회사 체제가 지속되었다. 제2차세계대전으로 정부는 철도 운영에 깊이 관여하였고, 이 결과 철도 운영은 자율성보다는 경직성을 띄게 되었다.

국유화 이후 계속된 규제로 철도는 자율적으로 운영되지 못하여 적자운영이 지속되었고, 그 결과 정부 보조와 이에 따른 규제 그리고 계속된 적자로 인하여 일반 국민의 부담도 증가하는 악순환이 계속되었다.

1974년 제정된 철도법에 따라 철도의 사회적 책임이 강화되었고 ,이로 인하여 철도의 사회적 필요성이 인정되어 이로 인하여 발생한 적자에 대해서는 정부 보조가 시작되었다. 1975년의 보조금은 324백만 파운드로, 이에 따라 적자를 면치 못하던 철도운영은 1975년에는 5백만 파운드의 흑자로 전환하게 되었다.

<표 2-9> 철도에 대한 보조금과 수지 현황(1971~1976)

(단위 : 백만 파운드)

구분	PSO	철도화물 보조금	손익 (이자 이전)	손익 (철도화물 보조금 이전)	손익 (철도화물 보조금 이후)
1971년			30	-15	-15
1972년			25	-26	-26
1973년			6	-52	-52
1974년			-86	-158	-158
1975년	324	66	-28	-61	5
1976년	319	28	14	-30	-2

자료 : Department of Transport(1982), 'Transport Statistics Great Britain 1972-1982'

그러나 그 후 철도는 계속적인 적자를 기록하게 되었다. 불변 가격을 기준으로 보면 1982년에 1,484백만 파운드의 적자, 1989/90년에는 557백만 파운드, 1993년/4년에는 265백만 파운드의 적자를 기록하였다.

영국 정부와 학자들은 민영화 이전의 국유철도의 상황에 대해서 투자재원의 부족, 노동조합과의 갈등, 적극적이지 못한 경영 태도, 과도한 정부 규제 등의 문제점을 안고 있다고 진단하였다. 특히 독점 운영으로 비용절감 등에 대한 유인이 없고, 비용 산정 등에 대한 정확한 정보가 없으며, 운임이나 마케팅 등에서 시장원리를 제대로 도입하지 못하여 경영 효율이 높지 못했다고 평가하고 있다. 이러한 상황인식 하에 민영화 안이 만들어졌는데, 이 안은 1992년 영국 교통부에서 만든 'New Opportunity for the Railways'에 구체적인 내용이 담겨있다. 영국 철도에 대한 민영화 안은 1980년대부터 논의가 진행되었는데, 주로 네 가지 방향에서 논의가 진행되었다.

첫 번째로는 한 개 회사로 운영하는 민영화 방안, 두 번째로는 노선별로 민영화하는 안, 세 번째로는 기능별로 민영화하는 안, 네 번째로는 운영과 인프라를 분리하는 상하분리 안이었다. 이러한 여러 가지 방안 중에서 경

<표 2-10> 철도 경영성적 추이

(단위 : 백만 파운드)

구분	수입	지출	경영 손실
1982	2,376	3,860	-1,484
1983	2,693	3,932	-1,239
1984/85	2,891	4,747	-1,856
1985/86	2,837	3,920	-1,082
1986/87	2,869	3,731	-862
1987/88	2,947	3,751	-804
1988/89	2,965	3,488	-523
1989/90	2,853	3,410	-557
1990/91	3,312	4,001	-688
1991/92	3,187	4,080	-892
1992/93	3,126	3,631	-505
1993/94	3,041	3,305	-265

자료 : BRB 자료

쟁을 통한 효율을 극대화할 수 있는 상하분리 안을 기본으로 해서 두 번째
와 세 번째를 일부 가미한 민영화 안이 채택되었다.[20] 이 중에서 가장 쟁점
이 된 안은 노선별 민영화 안과 상하분리를 통한 프랜차이즈(franchise) 안이
었다.

첫 번째 안은 노선별 민영화였는데, 영국 철도는 유로터널의 개통에 의해
철도가 발전하는 좋은 기회가 생겼다고 진단하면서 영국 철도 민영화를 노
선별 약 10개 이상의 회사로 나눌 것을 제안하고 있다.[21]

이는 20세기 이전인 빅토리아시대 철도 운영의 모습과 동일하였다. 영국
정부는 초기의 철도 운영에 간여하지 않았고, 철도 건설은 의회에서 법안
을 만들어 이를 추진하였다. 당시 지역 국회의원들은 경쟁적으로 자신의
지역 내에 철도를 건설하는데 관심이 있었다. 1845년까지 1,000개의 철도

---

20) John Preston and Amanda Root(1999), 'Changing Trains', Ashgate, p.7
21) Andrew Gritten(1988), 'Reviving the Railways', Policy Studies No97, Centre for Policy Studies, pp.34~35

건설 프로젝트가 추진되었는데, 이는 중앙정부의 계획이 아니었고 지방 계획으로 비교적 용이하게 추진되었다. 이에 굴곡이 많고 수익성이 낮은 노선이 많이 건설되었는데, 이는 급하게 철도 건설을 추진하다보니 철도 용지 매수가 쉽지 않았기 때문이었다. 현재 영국에서 틸팅열차가 운행되는 이유도 바로 이 때문이다.

정부가 철도 운영에 관여하기 시작한 것은 철도사고 때문이었다. 철도 안전 등을 보장하기 위하여 1840년에 철도규제법을 만들었고, 1842년에 철도 감독관이 생기게 되었다. 19세기 말의 철도 운영의 특징은 민간회사가 철도를 건설하고, 자신이 운영하는 체제였다. 이른바 노선별로 민간이 운영하는 체제였다. 이러한 경험을 바탕으로 노선별 민영화를 추진하는 안이 검토되었다.

이 안은 노선별 철도 운영으로 비용 통제가 용이하고, 독점을 막을 수 있으며, 경쟁을 통한 효율성이 증대되며, 철도 인프라를 자신이 소유하기 때문에 적극적인 영업활동과 투자를 통하여 정부의 보조금이 줄어드는 장점을 가지고 있다. 또한 이 안은 안전에 대한 책임은 독립기관이 가져야 하고, 연구, 표준화, 최소한의 철도운행 의무 등을 법으로 보장할 것을 제안하였다. 결국 노선별 민영화 안은, 철도 문제를 해결하는 방법으로 정부 규제를 최소화하고 자율적인 운영이 가능한 모델을 제안한 것이라고 할 수 있다.

두 번째 안은 현재 영국 철도 민영화의 골격이 된 안으로 상하분리를 통하여 건설과 운영을 분리하고, 노선별로 프랜차이즈를 골자로 한 것이었다.[22] 이 안은 노선별 민영화 안에 대해서는 선로가 부족하여 여러 회사가 선로를 함께 쓰고 있어 의미가 없다고 주장하면서 상하분리를 통한 프랜차

---

22) Christopher Foster(1994), 'The economics of Rail Privatisation', Discussion Paper 7, Centre For the Study of Regulated Industries, pp.1~28

이즈 제도 도입의 장점을 다음과 같이 주장하였다.

첫 번째로는 인센티브제도의 도입이 가능하며, 철도 운영에 있어 계량화가 가능하다는 것이다. 이는 경쟁력이 있는 회사가 철도를 운영할 수 있으며 운영비용, 선로사용료 등이 치밀하게 계산되어 철도 운영의 합리성을 기할 수 있다는 것이다. 이를 좀 더 자세하게 살펴보면 프랜차이즈 제도의 도입을 통하여 수익노선과 비수익노선을 분명하게 구별할 수 있으며, 이를 통해 보조가 가능하고 프랜차이즈를 통해 영업을 담당한 회사는 수익 증가와 비용 감소를 위해 노력하고, 자신의 영업활동이 가능하다는 것이다. 또한 장기간 계약으로 기업이 안정화되고, 계약내용에 따라 보다 더 경쟁적인 입찰이 가능해지며, 장기간의 프랜차이즈는 기업 투자를 더욱 유발한다는 것이다. 계약조건에 따라 효율성이 높아지며 서비스 수준이 높아지면 이에 따라 운임이 올라가고, 그 결과 수입도 증가하여 결과적으로 정부의 보조금도 감소한다는 것이다.

두 번째로는 프랜차이즈 제도의 도입으로 철도 운영이 정치로부터의 독립이 가능하다는 것이다. 세 번째로 상하일체로 인한 대규모의 조직에서 오는 의사전달이나 관료적 운영의 문제를 상하분리를 통하여 해결할 수 있다. 즉, 프랜차이즈의 계약관계가 과거의 명령관계보다 명확한 의사전달이 가능하다는 것이다. 네 번째로는 운영회사는 차량을 리스함으로써 위험을 피할 수 있으며, 차량리스 회사는 차량 표준화를 통하여 비용을 절감할 수 있고, 책임도 강화된다. 다섯 번째로 인프라 관리회사는 유지보수 등을 계약을 통하여 수행함으로써 효율성이 증가되며, 표준화된 관리가 가능하다는 것이다. 마지막으로 화물회사는 한계비용으로 선로를 사용할 수 있어 효율적인 이익을 얻을 수 있다. 이러한 장점에 대해서 반론도 제기되었다. 즉, 장기간의 프랜차이즈가 효율을 증가시킨다는 것에 대한 의문이었다. 이

도심에 위치한 영국 에든버러역

는 새로운 프랜차이즈 회사가 진입하여 정상적으로 영업을 하는 데는 많은 시간이 소요되고, 프랜차이즈 운영회사는 보통 흑자노선에서 적자노선을 보조하는 경우가 많이 있어 결국 효율성이 떨어진다는 것이다. 즉, 보통 프랜차이즈를 노선별보다는 적자노선, 흑자노선을 같이 파는 경우가 많다. 또한 실제로 철도 운영에 있어서는 경쟁이 심하지 않다는 것이다. 다른 노선뿐만 아니라 같은 노선에서도 경쟁이 발생하지 않는데, 특히 수요가 많을 경우에는 경쟁을 통한 효율이 높지 못하며, 승객은 자기가 원하는 시간대를 선호하기 때문에 수요는 매우 비탄력적이라는 것이다.

인프라부분에 대해서는 처음에는 공공부문으로 운영되다가 향후 효율성을 높이기 위해 민영화되어야 하고, 다른 공기업처럼 보조를 받아야 하며, 몇 개회사로 운영되기보다는 하나로 운영되는 것이 효율적이며, 인프라 회사는 선로사용료를 통해 자원 재분배가 가능하기 때문에 효율적인 철도 운영이 가능하다는 것이다.

한편, 정부부분에서는 프랜차이즈 기구(Franchise Director), 독립규제기구 (Rail Regulator)를 가지고 있어 일부 기능이 중복되어 있었으나, 이 부분에 대해서 정부와 레일트랙은 서로 협의해서 이를 추진하는 것으로 안을 추진 하였다.

제3절 영국 철도의 구조계혁

1. 서론

영국 철도는 1820년 이래 민간에 의해 운영되어 왔는데, 1948년에 교통법에 의해 국유화되었다. 1953년 당시 철도영업 연장은 30,935km, 수송 분담률은 여객은 인 · km 기준으로 17%, 화물은 ton · km 기준으로 42%를 차지하였다. 그러나 민영화 직전인 1993/4년에는 철도영업 연장은 16,536km, 수송 분담률은 여객 5%, 화물은 6% 수준까지 감소하였다.[23] 매출액도 1993/4년 가격으로 1953년에 6,402백만 파운드에서 1993/4년에는 3,645백만 파운드로 1/2 수준으로 감소하였다.

그간 영국 정부는 1974년 철도법을 제정하여 철도의 역할을 명확히 하고 투자 확대를 위한 노력을 기울였고, 1980년대에는 철도영업에 상업주의를 도입하여 조직을 생산성 단위로 개편하는 등 효율성 향상에 노력하였다. 그러나 성과 향상에는 근본적인 한계가 있었다.[24] 이는 국영철도의 운영에

---

23) Department for Transport (2004), 'Transport Statistics Great Britain, 2004 Edition', p.16, p.60, p.100

서 오는 낮은 생산성, 부적절한 투자, 관리의 비효율성, 불규칙한 재정지원 등에 기인한 것이었다. 이러한 국영철도의 문제점은 영국 철도 민영화의 추진배경을 담은 1992년 백서 'New Opportunities for The Railways'에서 정확히 제시되어 있다. 이 백서에서는 영국 철도가 그간의 적자를 벗어나지 못한 이유를 국영조직으로서의 비효율성이라고 밝히면서 유인이 낮은 인센티브제도, 자유롭지 못한 영업활동 등으로 시장 변화에 적절하게 대응하지 못했다고 지적하고 있다. 영국 정부는, 이러한 문제의 근본적인 해결책은 민간 기업들이 경쟁을 통한 효율성을 제고하여 철도 서비스 질의 향상과 소비자 선택의 폭을 넓히는 것이라고 주장하였다.[25]

이러한 적자운영의 문제점에 대해 특히 대처 수상의 보수당 정권은 철도 민영화를 1980년대부터 검토하여 결국 1992년에 철도 민영화에 대한 구체적인 계획을 수립하고, 1993년 철도법에 의해 민영화를 추진하였다. 그리고 1997년에 정권이 보수당에서 노동당 정권으로 바뀌기 전에 민영화과정이 거의 완료되었다.

그간 영국 철도 민영화에 대해서는 국내외적으로 찬반논란이 매우 뜨거웠다. 특히 대형사고가 날 때마다 인프라의 매각과 관리부실에 그 원인이 있다고 주장하는 쪽도 많았다.[26] 한편으로는 경쟁을 통한 효율성의 증진과 민간투자의 확대, 흑자 경영으로 그간의 국영철도의 문제점을 어느 정도

---

24) 1974년의 철도법에서는 영국 철도를 국가교통계획 안에 포함시키고 경제, 사회, 환경적으로 필요한 교통수단이라는 것을 명시하여 철도 투자 확대와 여객과 화물에 대한 보조금 증대, 부채탕감 등을 규정하였으나, 이의 실현은 영국 국철과 교통부의 갈등, 도로 투자를 주장하는 학자들의 반대 논리로 좌절되고 말았다. 1980년대의 상업주의의 도입으로 약간의 성과가 있었다. 이러한 자세한 논의는 Terry Gourvish (2002) 'British Rail, 1974-97', Oxford University Press의 1장과 4장에 자세하게 수록되어 있다.

25) 민영화의 장점에 대해서는 1992년의 'New Opportunity for the Railways'에 자세하게 설명되어 있다.

26) 김성희(2000), '철도산업구조개편의 쟁점과 민영화 정책의 문점', 한국노총 중앙연구원, 철도산업 민영화에 대한 연구용역 보고서. 오건호(2001), '한국 철도 민영화 정책 비판 : 철도 공공성의 시각에서', 철도학회 정책토론회 논문집(10. 25)

초기 영국의 도시와 철도 전경(요크지방)

해결했다고 주장하는 측도 있었다.[27] 민영화에 대한 부정적인 입장의 대표적인 저자인 Wolmar(2001)는 영국 철도 민영화에 대해 조직의 세분화로 인한 조직 간의 interface 문제, 대형사고로 인한 안전성의 저하, 수익성 때문에 신뢰성과 정시성의 저하, 투자 감소 등의 문제점을 지적하였다.[28]

긍정적인 측면에서 독점이 사라지고 경쟁이 실현되었다는 측면에서는 성과를 인정하면서도, 이를 실행하는 추진체계의 문제점, 예를 들면 규제조직의 업무 중복, 선로사용료의 경직성 등의 문제점 등이 함께 지적되고 있다(Bradshaw, 2000).[29] 그리고 긍정적인 측면과 부정적인 측면 모두를 균형적

27) 김연규, 양근율(1988), '철도산업의 구조개혁 방안연구' 교통개발연구원 연구총서 98-15, 삼일회계법인 (2000), '철도구조개혁 실행방안개발' 삼일회계법인, 구본환(2002), '철도산업 구조개혁 추진방향', 대한교통학회 20주년 기념학술대회 자료집, 양근율(2001), '외국 철도구조개혁의 최근 동향 및 한국 철도구조개혁에의 시사점', 철도학회 정책토론회 논문집(10. 25)
28) Christian Wolmar(2001), 'Broken Rail', AURUM PRESS, pp.180~201

으로 설명한 Preston(1999)은 1993년부터 1998년의 민영화의 성과를 중심으로 민영화조직의 정착, 생산성 향상, 보조금 감소 등의 성과를 제시하면서 1996년 회계 감사원의 자료를 인용하여 복잡한 추진과정으로 인해 약 10억 파운드의 추가비용이 소요되었다고 지적하고 있다.[30]

Nash(2003)도 민영화에 대한 경쟁이라는 긍정적인 면과 함께 향후 나타날 성과의 불확실성에 대해서도 언급하고 있다.[31] 또한 Mathieu(2003)는 영국 철도 민영화의 성과에 대한 결론을 내리는 것은 매우 어렵다고 전제하면서 성과와 함께 초기 민영화가 단기간에 추진되어 신뢰성과 안전성에 문제가 발생했다고 주장하고 있다.[32] 그간의 논문들은 최근의 변화 특히, 2000년 발행한 대형 철도사고인 Hatfield사고 이후의 급격한 변화를 설명하지 못했고, 평가 방법 면에서 민영화 추진의 가장 기본적인 틀인 1992년 백서를 중심으로 설명하지 못한 단점이 있으며, 국철시대의 장기적인 자료와 민영화 이후의 성과의 직접적인 비교가 부족한 면이 있었다. 이에 여기에서는 영국 철도 민영화가 추진된지 10년이 지난 시점에서 그간의 추진과정과 최근의 급격한 변화과정을 포함하여 검토하고 장기간의 국철시대의 자료와 비교하여 성과를 검증하였다. 민영화의 성과를 평가하는 지표로는 안전(Safety)과 성과(Performance), 수송능력(Capacity), 그리고 고객의 만족도(Satisfaction) 등 4가지 측면에서 평가해 보고자 한다. 이러한 평가지표를 택한 이유는 1993년 영국의 철도법에서 민영화 추진의 조건으로 안전, 서비스의 질,

29) Bill Bradshaw(2000), 'Integrated Transport Policy', Ashgate, pp.129~154. 2003년에 발표된 MIT대학과 Cambridge대학의 공동연구의 자료에 따르면 민영화 안의 경우는 장기적으로 흑자를 기록하지만 국영철도를 지속할 경우에는 적자를 계속 기록할 것이라고 분석하고 있다. 'Problems of De-regulation-The case of UK Railways' (http://www.econ.cam.ac.uk/electricity/index.htm)
30) John Preston and Amanda Root(1999), 'Changing Trains', Ashgate, pp.71~74
31) Chris Nash(2003), 'Integrated Future and Transport Choices', Ashgate, pp.252~257
32) Gerard Mathieu(2003), 'The reform of UK railway-privatization and its results', JRTR34. pp.16~31

수송능력을 제시하였기 때문이다.[33]

먼저 안전의 경우는 사고 건수와 발생률의 변화를 중심으로, 성과는 정시성과 신뢰성, 투자, 여객수입, 운임수준, 종사원 수, 보조금과 비용 등의 변화를 통해 검증해 보고, 수송능력은 여객과 화물수송량의 변화를 통해 살펴보고자 한다. 마지막으로 고객 만족도는 이용 만족도 자료를 통해 평가해 본다. 분석에 있어서는 민영화 이후의 변화 특히 Hatfield 이후의 변화에 초점을 맞추었다.

연구범위는 민영화 이전의 자료와 중점적으로는 1980년대부터 최근인 2005년 말까지로 하였으며, 자료 수집은 통계와 관련 논문 그리고 영국 철도 관계자들과의 인터뷰를 병행하였다.[34]

2. 철도 민영화의 추진과정

(1) 민영화의 추진 및 진행과정
(1980년대~2000년 10월, Hatfield사고 이전)

영국 철도 민영화의 구체적인 안은 1992년 영국 교통부의 정책인 'New Opportunity for the Railways'에서 구체적인 계획이 수립되었다. 1997년 1월

---

33) Railways Act (1993). 그리고 일반적인 평가지표로서 철도의 가장 중요한 요소인 안전, 정확, 대량수송, 고객만족이라는 관점에서 안전이라는 요소와 정시성을 중심으로 하는 성과 그리고 수송량을 중심으로 하는 수송능력과 고객의 만족 정도를 살펴보는 것은 타당하다. 철도 평가지표에 대한 논의는 최근에 많이 논의되고 있으나, 아직도 통일된 지표가 개발되지 않은 것이 사실이다. 필자는 2006년 1월 19일 런던에서 열린 영국 철도연구회(Rail Research in UK)에 참석하여 이러한 평가방식이 현재로서는 가장 보편적인 평가방법이라는 것을 확인하였다.

34) 인터뷰는 영국 철도연구회(Rail Research in UK)의 회원인 영국 교통부, 철도규제국(ORR), 인프라관리회사(Networkrail) 그리고 철도 운영회사, 연구자들을 대상으로 하였다.

까지 25개 민간 회사가 프랜차이즈 권한을 받아 완전하게 민간부문에서 운영하고 있다. 이 회사들은 정부로부터 보조금을 받고 인프라관리회사로부터 선로와 역을 구매, 운영하고 선로사용료와 운임은 정부 규제를 받고 있다. 1997년에 정권이 보수당에서 노동당으로 바뀌면서 교통정책의 목표가 안전과 수익성 이외에 환경과 교통수단간의 유기적인 통합이라는 항목이 추가되면서 교통부는 장기계획을 수립하였다. 이러한 계획의 수립과 함께 조직상의 변화가 있었는데, 규제기관인 OPRAF를 대신해서 전략철도청 (Strategy Rail Authority : 이하 SRA)이 출범하게 되었다.

2001년에 OPRAF가 SRA로 바뀌게 되었는데, 이는 그간에 철도계획 기능이 부족한 것을 보완하기 위한 것이었다. 이는 레일트랙이 장기 계획수립에 필요한 운영회사의 자료를 가지고 있지 못한 반면, 이를 소유한 OPRAF가 계획 기능을 수행하도록 한 조치였다.

그러나 투자계획에 대해서도 여전히 ORR도 관여하기 때문에 SRA가 탄생 후에도 이러한 업무의 중복 문제는 계속되었다. 또한 선로용량 배분에 대해서도 정부는 SRA가 이를 담당하여야 한다고 주장했지만, 운영회사는 독립적인 ORR에서 이를 담당해야 한다고 주장하여 이견을 보였다.

(2) Hatfield사고 이후의 변화과정(2000년~2005년)

영국 철도는 2000년 10월 17일 발생한 Hatfield 철도사고를 계기로 큰 변화를 겪게 되었다. Hatfield사고의 원인이 인프라 회사인 레일트랙의 책임으로 밝혀지면서 거액의 손해비용을 운영회사에 지불하게 되었고, 결국 이 회사가 파산하게 되어 철도 민영화 과정에 중대한 변화가 나타나게 되었다.

레일트랙은 민간회사로 출범하여 초기에는 흑자를 기록하였으나, 1999년 10월의 Peddington역 근처의 사고 등 낙후된 인프라 관리 등에 막대한 비용이 소요되어 경영상의 문제가 발생하게 되었고, 규제기관인 ORR로부터 경영압박을 받게 되었다.

결정적으로 2000년의 Hatfield사고로 레일트랙은 추가적인 비용으로 6억 파운드를 지출하게 되었는데, 그 중에 2/3는 철도 운영회사에 대한 보상금이었다, 이러한 상황에서 레일트랙은 정부에 보조금을 요청하게 되었고, 정부는 2001년 10월에 레일트랙을 정부관리 하에 두었고, 2002년 10월에 비영리회사로 네트워크레일이 탄생하게 되었다. 계속된 철도사고로 인하여 안전 문제도 대두되어 2003년에 철도관련 주주들이 만든 독립기관인 철도안전기준위원회(Rail Safety and Standards Board : 이하 RSSB)가 만들어지고, 이곳에서 안전기준을 만들게 되었다. 또한 2003년의 철도교통안전법을 근거로 하여 새로운 철도사고조사기관(The Rail Accident Investigation Branch : 이하 RAIB)이 2005년에 출범하였다. 2004년의 철도 백서를 기초로 하여 그간의 독립된 안전담당 기관인 건강 안전청(The Health and Safety Executive : 이하 HSE)으로부터 안전기능을 ORR로 이전하였고, SRA를 폐지하고 그 기능을 교통부(DfT)에서 직접 관장하도록 하였다. SRA가 폐지되면서 주요 계획 기능은 교통부로 이관되었고, 작은 규모의 투자 계획과 열차운영 계획은 네트워크레일이 담당하게 되었다. 이는 앞에서 언급한 철도 투자문제에 있어 ORR과 SRA의 중복을 없애고 철도 투자를 직접 교통부에서 담당하는 체제로 바뀐 것이다.

결국 Hatfield사고에 의해 그간의 인프라 운영체계 그리고 중복된 기능, 안전체계의 문제로 인하여 민영철도의 운영 및 관리체계가 변화하였다. 이를 정리해 보면 <표 2-11>과 같다.

<표 2-11> 민영화 추진과정의 변화

구분	민영화 당시	변화(1)	변화(2)	비고
프랜차이즈 관리	OPRAF	SRA(2001)	DfT(2005)	정부 역할 강화
인프라 소유 및 관리	Railtrack	Network Rail(2002)		〃
안전	HSE	RSSB(2003)	RAIB(2005) Network Rail(2005) ORR(2005)	
규제 기능	ORR	-	-	
계획 기능	-	SRA(2001)	DfT(2005)	정부 역할 강화

주) RAIB : Rail Accident Investigation Branch, RSSB : Rail Safety and Standard Board.
DfT : Department of Transport

3. 철도 민영화의 효과분석

(1) 수송 분담률의 변화

영국 철도의 분담률의 변화를 보면 1952년의 경우 철도 수송량은 380억·인 km로 분담률은 18%를 차지하였으나, <표 2-12>와 같이 1990년에는 6%, 그리고 민영화 직후인 1995년에는 5%까지 감소하였다. 그러나 민영화 이후 분담률 감소는 멈추게 되었다.

민영화 이후 철도 분담률이 감소하지 않은 이유는, 경쟁으로 인한 효율성 향상의 내부적인 요인뿐만 아니라 경기 상승, 도로 정체, 유류 값의 상승 등의 외부적인 요인도 철도 이용률의 향상에 직·간접적인 영향을 미쳤다.[35]

---

35) 실제로 영국의 경제 성장률을 보면 민영화 전년도인 1993년에 2.5%, 민영화 후인 1995년에 2.5%, 1997년에 2.8%, 1999년 2.4%, 2001년 2.0%, 2003년 2.5%, 2004년에는 3.2%로 지속적으로 높은 성장률을 보였다 (p148 참조).

<표 2-12> 여객수송 분담률의 변화

(단위 : 10억 명 · km · %)

구분	도로		철도		항공		합계	
	수송량	분담률	수송량	분담률	수송량	분담률	수송량	분담률
1990	645	93	40	6	5.2	0.8	690	100
1994	666	94	35	5	5.5	0.8	706	100
1995	669	94	37	5	5.9	0.8	712	100
2000	695	93	47	6	7.6	1.0	749	100
2004	736	92	51	6	9.8	1.2	797	100

자료 : Department for Transport (2004), 'Transport Statistics Great Britain, 2004 Edition', p.16, 2004년 자료는
www.dft.gov.uk, 'Transport Statistics Great Britain, 2005 Edition'

(2) 안전

철도사고 건수의 변화를 보면 <표 2-13>과 같이 1993/4년에 977건에서 2002/3년에 1,421건으로 많은 증가가 있었지만, 이는 1996년 4월 1일에 새로운 안전규제에 의해 통계방법이 달라졌기 때문에 직·접적인 비교가 어렵다.

<표 2-13> 철도사고의 변화 추이

(단위 : 건)

구분	충돌	탈선	장애	화재	기관차 앞 창문 파손	기타	합계
1993/94	135	113	445	247		37	977
1994/95	125	149	397	217		19	907
1995/96	123	104	488	256		18	989
1999/00	94	89	753	340	617	2	1,895
2000/01	106	93	693	301	607	1	1,801
2001/02	101	88	557	291	665	2	1,704
2002/03	69	67	495	292	498	0	1,421
2003/04	59	62	448	297	393	0	1,259

주) 1996년 4월 1일부터 새로운 기준이 추가되었다.

자료 : Department for Transport (2004), 'Transport Statistics Great Britain, 2004 Edition', p.16, 2004년 자료는
www.dft.gov.uk, 'Transport Statistics Great Britain, 2005 Edition'

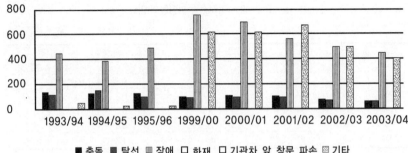

■ 충돌 ■ 탈선 ▒ 장애 □ 화재 □ 기관차 앞 창문 파손 ▨ 기타

한편 통계의 기준이 변하지 않은 충돌, 탈선, 장애, 화재를 기준으로 보면
<표 2-14>와 같이 1993/94년에는 940건에서 초기에는 감소추세를 보이다가
다시 증가와 감소 등 일관성을 보이고 있지 않다. 중대 사고라 할 수 있는
충돌과 탈선의 경우 1993/1994년의 경우에는 248건에서 2000/01년에는 199
건, Hatfield사고 이후인 2003/4년에는 121건으로 감소하였다.

민영화 이후의 사고 건수를 비교해 보면, 국영철도 운영시기인 1980~1990

<표 2-14> 철도사고의 변화

(단위 : 건)

구분	충돌	탈선	장애	화재	합계
1980~90 평균	290	194	410	194	1,199
1992/93	154	205	532	202	1,093
1993/94	135	113	445	247	940
1994/95	125	149	397	217	888
1995/96	123	104	488	256	971
2000/01	106	93	693	301	1,193
2001/02	101	88	557	291	1,037
2002/03	69	67	495	292	923
2003/04	59	62	448	297	866

자료 : Department for Transport (1991), 'Transport Statistics Great Britain, 1991 Edition', p.1790,
Department for Transport (2004), 'Transport Statistics Great Britain, 2004 Edition', p.147, 2004년 자료는
www.dft.gov.uk, 'Transport Statistics Great Britain, 2005 Edition'

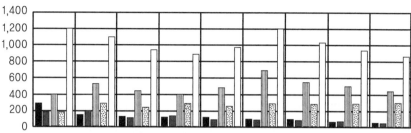

■충돌 ■탈선 ▥장애 ▨화재 □합계

년의 평균과 비교해볼 경우 최근에 안전성은 향상되고 있으나, 아직까지도 안전부문에서 확실한 민영화의 효과는 나타나지 않고 있다. Hatfield사고 이전과 이후를 비교해볼 경우 철도사고 건수는 감소 추세에 있다.

사상자와 철도 사고율의 변화를 보면 <표 2-15>와 같이 국철시대의 경우 1980년~1990년 평균과 민영화 이후를 비교해 보면 사망자와 중상자, 경상자 모두 감소한 것을 알 수 있다. 특히 사망자의 경우 국철시대에 비해 민영화 이후 획기적으로 감소하였다. 1980~1990년까지의 연평균으로 보면 매

<표 2-15> 사상자와 사상자 발생률

(단위 : 명, 사상자 발생률은 사상자 / 10억 인 · km)

구분	사상자				사상자 발생률			
	사망자	중상자	경상자	합계	사망	중상	경상	합계
1980~90 평균	67	153	2,500	2,720	0.9	2.6	70.0	73.5
1992/93	16	82	2,398	2,496	0.4	2.2	63.3	65.9
1994/95	15	69	2,336	2,420	0.4	2.0	66.4	68.8
1995/96	9	53	2,869	2,931	0.2	1.4	77.9	79.6
2000/01	18		788	806	0.4		16.9	17.3
2001/02	10		594	604	0.2		12.5	12.7
2002/03	20		684	704	0.4		13.9	14.3
2003/04	6		566	572	0.1		13.8	13.9

자료 : Department for Transport (1991), 'Transport Statistics Great Britain, 1991 Edition', p.180,
Department for Transport (2004), 'Transport Statistics Great Britain, 2004 Edition', p.146, 2004년 자료는
www.dft.gov.uk, 'Transport Statistics Great Britain, 2005 Edition'

년 67명이 사망하였으나, 2003/4년에는 6명으로 감소하였다. 또한 동일한 기준이 적용된 1996년 4월 이후의 지표 변화를 감안하면 일관적인 지표인 사망자 발생률도 감소 추세에 있다.

이와 같이 민영화 이후에 중대사고인 충돌, 탈선의 경우와 사상자 발생률은 감소하고 있으나, 그간 발생한 몇 번의 대형사고로 안전에 대한 평가는 반감된 면이 많이 있다. 민영화 이후의 대형 철도사고를 보면, <표 2-16>과 같이 1997년 9월의 Southall에서의 열차 충돌사고로 7명이 사망하였고, 1999년 Paddington역에서 열차가 충돌하여 31명이 사망하였고 400명이 부상하였다. 2000년 10월 17일 Hatfield사고에서는 4명이 사망하고 70명이 부상하였다. 이 사고의 원인은 레일이 파손되어 열차가 전복되었는데, 이는 인프라 관리체계의 중대한 결함에 기인한 것으로, 영국 철도 민영화 추진에 큰 전환점이 되었다. 이를 좀 더 자세하게 살펴보면, 2000년 10월 17일 Great North Eastern Railway 소속의 225열차가 Leeds를 향해 King's Cross역을 12시 10분에 출발하여 약 115mile/h의 속도로 운행 중 12시 24분경 Hatfield역 남쪽에서 갑자기 탈선한 사고인데, 전체 10량 중 기관차와 2량은 무사하고, 나머지 7량이 탈선한 사고였다.

<표 2-16> 민영화 이후의 철도 주요 사고

사고 일시 및 장소	사망자 수(명)	사고 내용
1997년 9월 19일 Southall	7	여객열차와 화물열차 충돌
1999년 10월 5일 Ladbroke Grove, Paddington	31	2개 열차 충돌, 400명 부상
2000년 10월 17일 Hatfield	4	레일 파손으로 열차 전복, 70명 부상
2001년 2월 28일 Salby	10	승용차와 여객열차, 화물열차 충돌 80명 부상
2002년 3월 10일 Potters Bar	7	고속열차 탈선, 11명 중상

자료 : Department for Transport(www.dft.gov.uk)

이 사고의 근본적인 원인에는 민영화 후의 복잡한 계약관계와 인프라의 소유, 유지보수의 분리 등 관리체계의 문제점에서 발생하여 민영화과정이 변화되는 주요한 계기가 되었다. 자세한 사고 원인은 '영국 철도의 안전'에 서 설명하기로 한다.

(3) 성과(performance)

1) 정시성과 신뢰성의 변화

민영화 이후의 정시성과 신뢰성은 거의 동일한 수준을 유지하고 있어, 전 반적으로 정시성과 신뢰성에서는 민영화 효과가 나타나지 않고 있다. 특히 Hatfield사고 이후 정시성과 신뢰성을 합쳐 계산한 PPM(Public Performance Measurement) 수치는 <표 2-17>과 같이 1999/2000년부터 계속 하락 추세에 있다가 최근에 약간 증가하였다. 그러나 아직 예전의 수준을 회복하지 못

<표 2-17> 정시성과 신뢰성 추이

(단위 : 건)

구분	PPM	정시성	신뢰성
1985~1990 평균		91.0	98.0
1994/95		89.6	98.7
1995/96		89.5	98.8
1999/00	87.8	91.9	98.8
2000/01	79.1		
2001/02	78.0		
2002/03	79.2		
2003/04	81.2		
2004/05	83.6		

자료 : Department for Transport(1991), 'Transport Statistics Great Britain, 1991 Edition', p.38
Department for Transport(2004), 'Transport Statistics Great Britain, 2004 Edition', p.103, 2004년 자료는 www.dft.gov.uk, 'Transport Statistics Great Britain, 2005 Edition'

하고 있다.

2) 철도 투자의 변화

철도에 대한 인프라 투자는 <표 2-18>과 같이 1985~1990년까지의 연평균 치를 보면 약 884백만 파운드였는데, 민영화 당시인 94/95년에는 1,998백만 파운드에서 Hatfield사고 이후인 2003/04년에는 5,136백만 파운드로 2.6배나 증가하였다.

<표 2-18> 교통 투자의 변화

(단위 : 백만 파운드)

구분	도로(인프라)	철도(인프라)	철도(차량)	항만(인프라)	항공과 관제
1985~1990 평균	2,451	884	281	-	321
1994/95	4,761	1,998	629	120	639
1995/96	4,330	2,001	321	165	583
2000/01	3,391	2,790	629	205	729
2001/02	3,688	3,652	997	233	687
2002/03	4,228	4,241	611	236	809
2003/04	4,231	5,136	921	307	1,454

자료 : Department for Transport(1991), 'Transport Statistics Great Britain, 1991 Edition', p.3
　　　Department for Transport(2004), 'Transport Statistics Great Britain, 2004 Edition', p.26, 2004년 자료는 www.dft.gov.uk, 'Transport Statistics Great Britain, 2005 Edition'

(단위 : 백만 파운드)

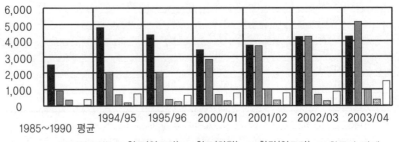

3) 경영성적의 변화

민영화 이전과 이후의 경영성적을 보면, 민영화 이전인 1990/1991년의 경우 정부의 보조금을 포함하여도 10.9백만 파운드의 적자를 기록하였다. 그러나 민영화 이후 1994~1997년까지의 철도 관련기업의 경영성적을 종합적으로 보면, 수입은 증가하였고, 인력의 감축 등으로 비용은 감소하여 248.4 백만 파운드의 흑자를 기록하였다.[36]

<표 2-19> 여객 수입의 변화

(단위 : 백만 파운드)

구분	지역간 철도	런던 지하철	기타	합계
1985/86	1,443	–	–	
1990/91	2,057	–	–	
1994/95	2,171	718	44	2,933
1995/96	2,379	765	52	3,196
2000/01	3,413	1,129	104	4,646
2004/05	4,158	1,241	152	5,550

자료 : Department for Transport(1991), 'Transport Statistics Great Britain, 1991 Edition', p.114,
Department for Transport(2004), 'Transport Statistics Great Britain, 2004 Edition', p.101, 2004년 자료는
www.dft.gov.uk, 'Transport Statistics Great Britain, 2005 Edition'

(단위 : 백만 파운드)

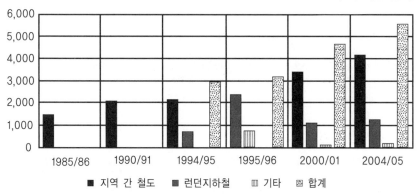

■ 지역 간 철도   ■ 런던지하철   ▥ 기타   ▨ 합계

---

36) Terry Gourvish(2002). 'British Rail 1974－97'. Oxford University Press. p.515

여객 수입의 경우를 보면 <표 2-19>와 같이 지역간 철도의 경우 민영화 이전인 1985/6년의 경우 1,443백만 파운드에서 Hatfield사고 이후에도 그 추세가 유지되어 2004/05에는 4,158백만 파운드로 증가하였다.

4) 운임의 변화

영국 철도운임의 그간의 변화를 보면 <표 2-20>과 같이 민영화 이전인 1993년을 기준으로 보면(100) 매년 증가하였는데, 2004년에는 1993년에 비하여 136.5였다. 하지만 이는 버스 149.5, 여행비용의 변화 수치인 139.7과 비교해볼 때 높지 않은 수준이다. 또한 모든 품목의 소비자 가격이 129.5로 상승한 것은 이를 반증해주고 있다. 이렇게 철도운임이 억제된 것은 규제기관의 영향 때문이었다.

<표 2-20> 부분별 소비자 물가지수의 변화

구분	모든 품목	자동차 관련	철도	버스	여행비용
1993년	100	100	100	100	100
1994년	102.5	103.5	104.5	102.6	102.6
1995년	106.0	105.3	109.1	106.4	105.2
2000년	121.0	125.3	127.1	127.3	121.9
2004년	129.5	122.2	136.5	149.5	139.7

주) 자동차 관련은 구매, 유지, 유류, 세금 등임
자료 : Department for Transport (2004), 'Transport Statistics Great Britain, 2004 Edition', p.30, 2004년 자료는 www.dft.gov.uk, 'Transport Statistics Great Britain, 2005 Edition'

5) 종사원의 변화

철도산업 종사원의 증감추이를 보면 <표 2-21>과 같이 1994년에는 89천 명에서 2005년에는 50천 명으로, 1994년에 비해 약 56% 수준으로 감소하였다.

<표 2-21> 부분별 종사원의 변화

구분	철도	도로	해운	항공	물류	여행	합계
1990년	131	420	32	71	194	-	-
1994년	89	417	23	59	223	87	899
1995년	90	422	27	56	222	86	902
2000년	50	455	17	93	245	116	975
2005년	50	466	17	85	285	134	1,037

주) 물류의 경우는 화물취급, 보관 관련 업무를 말함
자료 : Department for Transport(1993), 'Transport Statistics Great Britain, 1993 Edition', p.53,
　　　Department for Transport(2004), 'Transport Statistics Great Britain, 2004 Edition', p.29, 2004년 자료는
　　　www.dft.gov.uk, 'Transport Statistics Great Britain, 2005 Edition' 인용

6) 보조금 및 비용의 변화

비용과 정부의 철도에 대한 보조금의 변화를 보면, <표 2-22>와 같이 Hat-field사고 이전에는 비용과 보조금이 감소하였으나, 그 이후 비용과 보조금이 증가하였다.

정부의 철도에 대한 보조금의 변화를 보면, 민영화 이전인 1985년 이후 1993/94년까지 계속 증가 추세에서 민영화 이후 감소 추세를 보여, 1993/4년의 경우 여객 인·km당 보조금은 6.46펜스에서 1999/2000년의 경우에는 3.62펜스까지 감소하였다.

<표 2-22> 정부의 철도에 대한 보조금 변화

구분	여객 인·km당 보조금(단위 : 펜스)	비고
1985/1986	2.97	46
1990/1991	4.67	72
1993/1994	6.46	100
1999/2000	3.62	56
2000/2001	2.99	46
2001/2002	5.16	80
2002/2003	5.49	85

주) 이러한 철도에 대한 보조금의 증가는 Hatfield사고 이후 비용 증가에 크게 영향을 받은 것을 알 수 있다.
<표 2-23>과 같이 전체 철도 비용의 경우는 사고 이전에 비해 사고 후인 2001/02년에 전체적으로 47%가 증가하였으며, 특히 인프라 관련 비용이 53%나 증가하였다.
자료 : OPRAF(1997/8), 'Annual Report', SRA(2003/4), 'National Rail Trends'

<표 2-23> 비용의 변화(Hatfield사고 이후)

구분	1999/2000	2001/2002	변화	전체 비율
인프라비용(백만 파운드)	3,187	4,874	+1,688(+53%)	58%
차량비용(백만 파운드)	2,570	3,680	+1,110(+43%)	38%
화물과 SRA비용(백만 파운드)	484	595	+111(+23%)	4%
총 비용	6,241	9,149	+2,908(+47%)	100%
열차 km당 비용	100	140	+40	

자료 : Smith(2004), 'Essay on Rail Regulation : Analysis of the British Privatisation Experience', Ph. D Thesis University of Cambridge 재인용

그러나 Hatfield철도사고 이후 다시 증가하기 시작하여 2002/2003년의 경우에는 5.49펜스까지 증가하였다.

(4) 수송능력

1) 철도 연장과 수송량의 변화

총 철도 연장은 1990년의 경우 29,783km에서 <표 2-24>를 보면 민영화 이전인 1993/4년에는 16,536km까지 감소하였으나, 그 후 감소 추세는 멈추었다. 여객수송의 경우도 수송인원을 보면 1993/4년에는 740백만 명이었으나,

<표 2-24> 철도 연장과 수송량의 변화

구분	총 철도 연장 (km)	전철화 연장 (km)	여객수송 연장 (km)	여객수송 (백만 명)	여객수송 (십억 인 · km)	런던 지하철 여객 수송(백만 명)
1980	17,645	3,718	14,394	760	30.3	559
1990/1991	16,584	4,912	14,317	809	33.2	775
1993/4	16,536	4,968	14,357	740	30.4	735
1994/5	16,542	4,970	14,359	735	28.7	764
2000/01	16,652	5,167	15,042	957	38.2	970
2004/05	16,116	5,200	14,328	1,088	42.4	976

자료 : Department for Transport (2004), 'Transport Statistics Great Britain, 2004 Edition', p.100. 2004년 자료는 www.dft.gov.uk, 'Transport Statistics Great Britain, 2005 Edition'

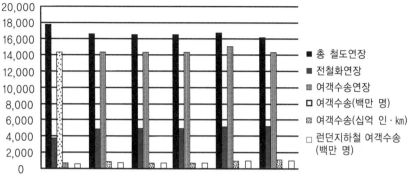

<표 2-24> 철도 연장과 수송량의 변화

20,000
18,000
16,000
14,000
12,000
10,000
8,000
6,000
4,000
2,000
0

1905/06 1990/1991 1993/04 1994/05 2000/01 2004/05

■ 총 철도연장
■ 전철화연장
▥ 여객수송연장
□ 여객수송(백만 명)
▨ 여객수송(십억 인·km)
□ 런던지하철 여객수송
　 (백만 명)

그 후 증가 추세를 보여 2004/5년에는 1,088백만 명까지 증가하였다.

2) 화물 수송량의 변화

철도화물 수송량은 1953년에 370억 ton·km에서 <표 2-25>와 같이 계속 감소 추세를 보여 민영화 직전인 1994년의 경우는 130억 ton·km까지 감소하였다. 민영화 이후에는 증가 추세를 보이고 있는데, 2004년에는 210억

<표 2-25> 화물수송 분담률의 변화

(단위 : 10억ton·km,%)

구분	도로		철도		해운		파이프라인		합계	
	수송량	분담률	수송량	분담률	수송량	분담률	수송량	분담률	수송량	분담률
1990	136	62	16	7	56	26	11	5	219	100
1994	144	65	13	6	52	24	12	5	221	100
1995	150	66	13	6	53	23	11	5	227	100
2000	158	62	18	7	67	26	11	4	254	100
2003	159	64	19	8	61	24	11	4	250	100
2004	160		21		-		11		-	-

자료 : Department for Transport(2004), 'Transport Statistics Great Britain, 2004 Edition', p.60. 2004년 자료는 www.dft.gov.uk, 'Transport Statistics Great Britain, 2005 Edition' ton · km로 1994년에 비해 62%나 증가하였다.

(5) 철도 이용 만족도

영국 교통부는 매년 철도 이용자를 대상으로 이용 만족도 조사를 실시하고 있는데, <표 2-26>과 같이 Hatfield사고 이후 전반적으로 만족도는 하락하고 있다. 사고 이후의 조사에 따르면 2002년의 전체적인 만족도는 87%였으나, 2004년에는 73%, 2005년에는 77%로 하락하였다. 특히 정시성/신뢰도의 경우는 2002년에 만족도가 83%에서 2004년에는 70%, 2005년에는 74% 수준으로 낮아졌다.

<표 2-26> 철도 이용 만족도 추이

(단위 : %)

구분	전체적인 만족도			정확도/신뢰도		
	만족	보통	불만족	만족	보통	불만족
2002년	87	8	5	83	8	9
2004년	73	16	11	70	10	20
2005년	77	14	10	74	9	17

자료 : SRA(2002), (2004), (2005), 'National Rail Trend'

4. 과제 및 결론

영국 철도의 경우 1994년 이후 수직과 수평으로 분할되어 민영화되었는데, 그간의 추진과정을 보면 과도한 분할과 경쟁의 추진으로 다음과 같은 문제점이 발생하였다.

첫째로, 상하 분리에 의해 탄생한 인프라의 소유 및 관리회사인 레일트랙의 성격이 불분명하였다. 이 회사는 수익성과 안전성을 두 축으로 출발하였는데, 애매한 성격 자체에 문제가 있었다. 민영화를 추진하는 기본 성격을 정하고 있는 'New Opportunities for The Railways'에서는 기본적인 철도 투자는 선로사용료를 근간으로 레일트랙이 자체적으로 수행하며, 안전에 대한 직접적인 책임도 이 회사가 담당하도록 하였다. 즉, 정부 지원 없이 경영상의 독립과 안전을 확보해야 한다는 것이었다. 영업수지가 좋아 경영흑자 상태일 경우 운영이 가능하지만, 회사가 경영 압박을 받을 경우 두 가지의 목표를 동시에 추구하는 것은 현실적으로 매우 어렵다. 대형사고의 발생으로 레일트랙이 결국 파산한 것이 이를 반증해 주고 있다.

두 번째로는 중복된 규제체계이다. 운영회사의 선로사용료는 ORR에 의해 결정되며, 프랜차이즈 관계는 OPRAF에 결정되고 있다. 이곳에서도 선로사용료는 매우 중요한 규제 변수가 되고 있다. 철도 운영자 입장에서는 중복적인 규제체계가 매우 큰 부담으로 작용하며 소비자 보호나 안전에 대해서도 두 조직은 업무중복으로 효율성이 떨어졌다. 이는 규제기관의 임무를 보면 확실하게 나타난다. 'New Opportunities The for Railways'에서 OPRAF의 임무를 최소 수준의 서비스의 질과 운임을 정해야 한다고 정하고 있고, 정부는 보조금과 서비스 수준의 범위를 정하지만 이를 구체화하는 것은 OPRAF라고 명시하고 있다. 따라서 운임, 안전, 열차운행에 대한 실제적인 규제를 할 수 있도록 되어 있었다. 한편, ORR의 경우는 모든 네트워크의 선로 사용과 선로사용료의 적용의 감시, 경쟁촉진, 소비자 보호를 목적으로 하고 있어, 이 조직 또한 안전과 서비스의 수준 결정, 선로 사용에 대해서도 규제 권한을 가지고 있었다.

세 번째로는 안전 면에서도 안전 확보의 객관성을 강조하기 위하여 HSE

가 중요한 역할을 하였는데, 실제로는 ORR, OPRAF, 레일트랙까지 이에 관여하지 않으면 안 되는 복잡한 체계로 운영되었다. 'New Opportunities for The Railways'에서도 안전의 기본적인 책임을 레일트랙과 운영회사가 부담하는 것으로 규정하고 있다.

네 번째로는, 철도의 중요한 기능인 계획 기능이 미약하였다. 이 기능에 대한 명확한 정의가 없었으며, 일부기능을 ORR이 가지며 레일트랙의 경우도 수익성 때문에 단기적인 계획을 수립하였을 뿐이었다.

이러한 민영화 추진의 문제점을 종합해 보면, 영국 철도는 그간의 국영철도에서 오는 독점과 비효율성의 폐해를 너무 의식하고, 민영철도는 독점을 방지하고 경쟁을 강조하여 규제, 안전 등이 과도하게 중복된 면이 있었고, 특히 계획 기능과 인프라 기능에 대한 구체적인 정책이 미흡했다고 할 수 있다. 이에 Hatfield사고 이후 새로운 변화가 일어났다. 즉, 공적 기관으로서의 '네트워크레일'의 탄생과 SRA의 폐지, 안전기능을 HSE로부터 ORR과 레일트랙으로의 이관 등이다.

이에 기본적으로 철도 인프라의 관리는 정부 책임이 되었고, 중복적인 규제체계를 단순화하였고, 안전도 운영자 책임이 강화되었다. 그리고 철도 투자계획도 직접적으로 정부가 담당하도록 되어, 철도 운영에 있어 공적인 기능과 운영자의 책임이 무거워졌다.

그러나 아직도 영국 철도는 해결해야 하는 여러 가지 과제를 안고 있다.

첫째로는 민영화의 근본 취지는 운영회사의 자유로운 경쟁과 참여의 보장을 통해 효율을 높이는 것인데, 1997년의 프랜차이즈가 도입된 이후 소유권은 대기업 위주로 과점화되는 경향과 큰 회사와 작은 회사 간 수익성의 차이도 큰 문제였다. 예를 들면, National Express Group의 프랜차이즈 소유회사는 1997년에 5개에서 2005년에 10개로 증가하였다.

두 번째로는 위에서 지적된 안전과 성과부문의 신뢰성과 정시성 그리고 소비자 만족 등의 부문에서 민영화의 성과를 거두는데 어느 정도의 시간이 필요하다고 하겠다. 인프라에 대한 막대한 투자와 함께 기계화 등이 수반되는 문제이기도 하다. 또한 2002년과 2003년에 걸쳐 SRA가 세운 철도 투자와 발전계획도 도로 확대 논리로 그 계획은 많이 후퇴하였다.

세 번째로는, 공영체제 회사인 네트워크레일에의 인센티브시스템의 도입 문제와 정부 중심의 철도 운영으로 과도한 간섭이 유발되지 않을까 하는 우려이다. 과도한 민영화에 대한 반성으로 일정한 정부 역할이 필요하지만, 이를 통해 철도의 자율적 운영이 저해될 가능성도 배제할 수 없는 것이다.

네 번째로, Hatfield사고 이후 비용 증가의 문제와 이로 인해 예상되는 운영회사의 경영부실, 이와 연계된 네트워크레일의 수입에도 차질이 생길 수 있다는 것이다.

마지막으로 영국 철도 민영화의 그간의 성과를 종합적으로 정리해 보면, 수송량의 증대로 수입은 향상되었고, 인력 감축 등으로 비용은 감소되어 결과적으로 경영성적은 향상되었고, 정부의 보조금도 감소하였다. 그러나 소비자 입장에서의 신뢰성과 정시성 그리고 안전성 면에서 아직도 확실한 성과가 나타나지 않고 있다. 특히 Hatfield사고 이후에 나타나고 있는 정시성과 신뢰성 저하 그리고 비용증가의 문제는 앞으로 해결되어야 할 과제라고 하겠다.

제4절 영국 철도의 안전

1. 서론

영국 철도는 1994년에 상하 분리와 가능별 분리라는 매우 혁신적인 모델로 민영화되었다. 민영화를 추진하면서 그 효과로서 생산성과 서비스, 안전 등이 향상될 것으로 전망하였다. 민영화의 추진과정을 보면 1994년 민영화 초기에 'Railtrack'(이하 레일트랙)은 영국 국영철도의 인프라를 인수하였고, 운영회사와 유지보수회사들은 약 3년에 걸쳐 모두 민영화되었다. 레일트랙은 1996년 3월에 민영화되었는데, 연이은 대형사고에 따른 경영상의 문제로 2001년 10월에 다시 정부 관리로 들어가 2002년 10월에 비영리회사인 'Network Rail'(이하 네트워크레일)이 탄생하였다.

그동안 영국 철도 민영화에 대해서는 국내외적으로 찬반논란이 매우 뜨거웠다. 특히 대형사고가 날 때마다 인프라의 매각과 관리부실에 그 원인이 있다고 주장하는 쪽도 많았다. 한편, 경쟁을 통한 효율성의 증진과 민간 투자의 확대, 흑자경영, 안전성의 향상 등으로 그간의 국영철도의 문제점을 어느 정도 해결했다고 주장하는 측도 있었다.

따라서 여기서는 민영화 후 10여 년이 지난 현재 시점에서 민영화 이후의 안전 관련 성과에 대해 살펴보고, 특히 대형사고 이후 영국의 안전체계가 어떻게 변화했는지 또한 그 성과는 어떻게 나타나고 있는지를 살펴보고자 한다. 주요 내용은 선행연구의 검토와 안전체계의 변화 그리고 안전에 대한 평가로 진행하고자 한다.

2. 철도 안전체계의 변화

영국의 대표적인 철도 안전에 대한 연구자인 Evans(2004)는 1967년~1993 년까지 국철시대의 철도사고 발생 건수의 추이를 분석하고, 이를 바탕으로 민영화 이후의 추이를 비교 분석하였다. 연구 결과 국철시대부터 철도 안전이 꾸준하게 향상되었는데, 이것을 기준으로 하여 민영화 이후와 비교해 볼 경우 안전성은 민영화 이후 더욱 향상되고 있다고 평가하고 있다. 다만 중대사고인 열차사고와 탈선에 따른 사상자 수만 민영화 이후 예상보다 증가하였다고 분석하고 있다.[37]

이에 대해 Wolmar(2001)는, 영국 철도가 분할 민영화가 아닌 공공부분에 의해 통합 운영되어야 한다고 주장하면서, 그 중에 가장 핵심적인 분야가 안전이라고 언급하고 있다.[38] Hall(2003)의 경우도 민영화 이후 다섯 번의 철도사고의 근본적인 원인을 민영화에서 찾고 있다.[39]

Evans의 연구는 그간의 사고 추이를 바탕으로 한 분석이며, Wolmar와

---

37) Andrew Avans(2004), 'Rail Safety and Rail Privitisation Britain', Inaugural Lecture, 16 June2004
38) Christian Wolmar(2001), 'Broken Rail', AURUM PRESS, pp.183~190
39) Stanley Hall(2003), 'Beyond Hidden Dangers' Isan Allen, p.120

Hall은 사고에 대한 정성적인 분석이었다. 세 사람의 주장 모두 민영화 이후의 철도 안전에 대한 나름대로의 설득력을 가지고 있기는 하지만 철도 안전조직의 변화과정에 대한 분석이 부족하며, 성과 분석에 있어서도 중대 사고만을 다루고 있어 철도사고의 전반적인 분석에는 미치지 못하고 있다.

Evans의 경우 열차가 피해를 당한 열차사고와 사람이 사망하고 열차는 피해를 입지 않은 사고(movement), 그리고 철도구역 내에서의 사고(non-movement) 등을 분석대상으로 하고 있지만,[40] 열차화재와 기타 열차가 다른 구조물에 충돌하는 사고는 제외하고 있다. 국내에서의 영국 철도 안전에 대한 평가는 주로 대형사고의 발생이 철도 민영화 때문이라고 분석하는 시각이 많이 있었다.[41] 한편, 경쟁을 통한 효율성의 증진과 민간투자의 확대, 흑자 경영으로 그간의 국영철도의 문제점을 어느 정도 해결했다고 주장하는 측도 있었다.[42]

이 연구에서는 그간의 여러 가지 영국 철도연구사례를 종합적으로 검토하여 그간 언급하지 않았던 분야, 그리고 최근의 안전체계 변화를 자세하게 언급하면서 이를 통하여 영국 철도의 안전에 대한 성과를 살펴보았다. 이 연구에서는 철도사고의 전체분야를 포함하며, 특히 Evans(2004)가 언급하지 않았던 열차화재의 경우는 흔하지는 않지만 철도사고의 중요한 부분을 차지하고 있어 이를 포함해서 분석했으며, 열차가 다른 구조물에 충돌

40) HMRI(Her Majesty's Railway Inspectorate)에서는 전통적으로 이러한 3가지 분류방식을 취하고 있다.
41) 김성희(2000), '철도산업구조개편의 쟁점과 민영화 정책의 문제점' 한국노총 중앙연구원, 철도산업민영화에 대한 연구용역 보고서.
    오건호(2001), '한국철도 민영화정책 비판 : 철도공공성의 시각에서', 철도학회 정책토론회 논문집(10. 25).
42) 김연규, 양근율(1998), '철도산업의 구조개혁 방안연구' 교통개발연구원 연구총서 98-15, 삼일회계법인 (2000) '철도구조개혁 실행방안개발' 삼일회계법인, 구본환(2002), '철도산업 구조개혁 추진방향' 대한교통학회 20주년 기념학술대회 자료집, 양근율(2001), '외국 철도구조개혁의 최근 동향 및 한국 철도구조개혁에의 시사점'철도학회 정책토론회 논문집(10. 25)

하는 사고도 포함하였다. 아울러 철도 안전조직의 변화를 상세하게 설명하여 최근의 안전성과와 연결하여 살펴보았고, 특히 중대사고의 사례분석을 통하여 영국 철도 안전의 성과를 보다 심층적으로 고찰하였다.

연구방법론은 계량적인 방법을 통해서 안전성을 검증할 수도 있지만 사고원인이 매우 다양하기 때문에 계량화하여 분석하는 것에는 한계가 있는 것으로 판단되어, 여기서는 시계열적인 통계자료를 통한 추세분석과 정치한 사례분석을 통하여 내용을 전개하였다. 내용의 정확성을 확보하기 위해 영국의 교통부를 직접 방문하여 인터뷰 조사를 통해 사실 확인 작업도 병행하였다.[43]

(1) 민영화 이전의 철도 안전체계

철도 안전의 문제는 민영화 이전에도 큰 사회적 관심이었다. 영국의 경우 민영화 이전에 철도 안전에 대해 관심을 갖게 한 최초의 철도사고는 1988년 12월 12일 발생하여 35명이 사망한 Chapham사고였다. 이 사고는 Water-loo의 신호시스템 문제 때문에 발생하였다. 이 사고로 철도 승객과 승무원에 대한 보호책임 위반으로 영국 국영철도는 유죄가 선고되었고, 250,000파운드의 벌금이 부과되었다.

그 후 Durly(Survey), Bellgrove(Glasgow) 등에서 철도사고가 이어졌다. 이러한 계속된 사고로 영국 정부는 철도 안전문제에 대한 종합적인 원인분석과 대책을 마련하기 시작하였다. Du pont그룹은 자문보고서에서 안전정책

---

43) 2006년 2월 28일 영국 교통부의 철도국을 방문하여 철도국장, 과장 등과의 인터뷰를 통해 안전체계의 변화를 확인하였다.

수립, 조직과 감사기관의 설치, 사고 모니터제도 도입 등을 권고하여 철도 안전에 대한 감사기능을 담당하는 새로운 조직 등이 탄생하였다. 아울러 ISRS(International Safety Rating System)가 도입되어 안전에 대한 국제적인 비교가 가능하도록 되었다. 또한 영국 국철은 1990년 3월~1994년 3월까지 안전부문에 750만 파운드를 투자하여 BRIMS(British Rail Incident Monitoring System) 등을 도입하였고, 이는 1993년부터는 성능이 보다 향상되었다. 이 시스템은 민영화 이후에도 레일트랙에 의해서도 계속 사용되었고, 이러한 노력으로 안전에 대한 성과가 점차 향상되었다.[44]

(2) 민영화 이후의 철도 안전체계(1994~2000)

1992년에 영국 정부는 건강 안전청(The Health and Safety Executive : 이하 HSE)에 민영화 이후의 철도 안전에 대한 자문을 구하였는데, HSE가 발행한 보고서인 'Ensuring safety on Britain's railway'(1993)에서는 안전관리체계로 철도안전규정(safety case)을 마련하도록 권고하였다. 이 안전규정(safety case)은 지금도 안전의 근본이 되고 있다.

민영화 추진에 있어 안전체계를 살펴보면, 종합적인 안전에 대한 책임은 1974년의 건강안전법과 1993년의 철도법에 의해 HSE에서 담당하도록 하였다. 그리고 HSE 내의 HMRI(Her Majesty's Railway Inspectorate : 이하 HMRI)는 열차 충돌 등 중대사고의 조사와 보고서를 작성하고, 철도 안전의 정책에 대해서는 HSE 내의 DRP(The Directorate of Rail Policy : 이하 DRP)에서 담당하도록 하였다. 또한 HSE는 철도와 다른 교통수단과의 연계된 안전

---

44) Terry Gourvish(2002), 'British Rail, 1974-97', Oxford University Press, pp.344~351

에 대한 책임도 함께 가지고 있었다.

초기에 이렇게 HSE에서 철도 안전을 관장하는 것에 대해서 국철은 반대하였다. 이러한 체계에서는 철도인프라회사와 운영회사가 직접적으로 규제를 받기 때문이다. 국철은 철도 운영회사들이 참여하는 단일한 형태의 안전담당조직을 보다 선호하였지만 받아들여지지 않았다.

한편, 철도안전인증(safety certification)에 대해서는 HSE와 레일트랙이 담당하였다. 즉, 철도 운영회사는 안전규정(safe case)을 만들어서 이를 레일트랙에 승인을 받고, 이는 다시 HSE의 승인을 받아야 했다. 새로운 장비사용이나 계획의 변경에 대해서도 마찬가지이다. 특히 차량에 대해서는 HSE와 레일트랙으로부터 함께 승인을 받도록 되어 있었다. ORR은 철도 운영회사에 면허를 부여하는 기관으로, 운영회사와 레일트랙이 적절한 안전규정(safe case)을 구비하지 않을 경우 면허를 취소할 수 있는 권한을 가지고 있다. 그러나 이러한 체제 하에서 1997년에는 Southall에서, 1999년에는 Ladbroke Grove에서 대형사고가 발생하여 사고원인에 대해 공개 청문회가 개최되었고, 기존의 안전체계에 대한 전면적인 재검토가 행해졌다.

(3) Hatfield사고 이후의 변화과정(2000~2005)

영국 철도는 앞에서 언급한 두 번의 사고를 포함하여 2000년 10월 17일 발생한 Hatfield철도사고 등을 계기로 여러 가지 중대한 변화를 겪게 되었다. Hatfield사고 원인이 인프라회사인 레일트랙의 책임으로 밝혀지자 이 회사는 막대한 손해비용을 운영회사에 지불하게 되었고 결국 파산하게 되었다. 이를 통해 철도 민영화과정에 중대한 변화가 일어났다. 레일트랙은 민간회사로 출범하여 초기에는 흑자를 기록하였으나, 1999년 10월의 Peddington역 근처의 사고 등 낙후된 인프라의 관리 등에 막대한 비용이 소요되어 경영상의 문제로 규제기관인 ORR로부터 서면권고 등의 압박을 받게 되었다. 결정적으로 2000년의 Hatfield사고로 레일트랙은 추가적인 비용으로 6억 파운드를 지출하게 되었는데, 그 중에 2/3는 철도 운영회사에 대한 보상금이었다. 이러한 상황에서 레일트랙은 정부에 보조금을 요청하게 되었고, 정부는 2001년 10월에 레일트랙을 정부관리 하에 두고 2002년 10월에 비영리회사로 '네트워크레일'을 탄생시켰다.

연이은 철도사고로 인하여 안전의 문제도 대두되어, 2003년의 철도교통안전법은 2005년부터 교통부 내의 철도 사고조사기관인 RAIB(The Rail Accident Investigation Branch : 이하 RAIB)가 출범하도록 정하였다.

또한 2004년 7월에 발간된 '철도백서(The future of Rail)'에서는 안전에 대한 새로운 체계를 정립하였는데, 그간 안전에 대한 종합책임기능을 가진 HSE로부터 ORR로 안전기능을 이관하는 것이다. 이관의 주요 이유는 Hatfield철도사고 이후 신뢰성과 정시성이 저하하고, 철도인프라와 운영회사의 비용이 증가하여 HSE로서는 안전에 대한 종합적 책임을 맡는 것이 불가능하다는 판단에 따른 것이다. 특히 비용증가는 과도한 안전기준에 기인하였고 이에 대한 성과도 별로 나타나지 않았는데, 이러한 여러 문제점에 대해 영국 정부는 안전규제체계를 단순화하고, 전문적인 규제기관인 ORR에서 안전을 담당하도록 하여 실질적인 안전에 대한 리더십을 가지도록 한 것이다. 예를 들면 2003년에 운영회사들이 만든 안전기준의 제정기관인 RSSB(Rail Safety and Standard Board)도 ORR의 규제를 받도록 되어 있다. 아울러 안전에 대한 기준도 국제기준을 도입하였다. ORR에 철도의 안전기능이 이전되더라도 철도 안전에 대한 투자규모 등은 교통부에서 결정하도록 되어 정부의 안전에 대한 책임도 명확하게 되었다. 또한 철도관련 주주들이

<표 2-27> 영국 철도 민영화 추진에 있어 안전체계의 변화

내용	민영화 추진 당시	변화
안전법의 준수 및 종합적인 안전책임	HSE(1993)	ORR(2004)
사고조사 기능	HMRI(1993)	RAIB(DfT : 교통부)(2003)
안전정책 기능	DRP(1993)	RAIB(DfT : 교통부)(2003)
안전기준 제정	RSSB(2003)	RSSB(2003)
안전인증(certification)	HSE, Railtrack(1993)	ORR(2004) Network Rail(2002)
안전규정(safety case)	Railtrack, TOC(1993)	Network Rai(2002), TOC

주)( )안의 연도는 추진 근거가 되는 법이나 정책의 제정연도를 표시한 것이다.
HSE(The Health and Safety Executive)
HMRI(Her Majesty's Railway Inspectorate) : HSE 내의 조직
DRP(The Directorate of Rail Policy) : HSE 내의 조직
RAIB : Rail Accident Investigation Branch
RSSB : Rail Safety and Standard Board
TOC : Train Operating Company

만든 독립기관인 RSSB가 2003년에 만들어져서 이곳에서 안전기준을 만들게 되었다. 결국 Hatfield사고를 비롯한 일련의 대형 철도사고로 인하여 그간의 안전체계에 변화가 생긴 것이다. 이를 정리해 보면 <표 2-27>과 같다.

3. 안전에 대한 평가

(1) 수송량의 변화

영국 철도의 분담률의 변화를 보면, 1952년의 철도 수송량은 380억 인·km로 18%를 차지하였으나, 1995년에는 5%까지 감소하였다. 그러나 민영화 이후 분담률의 감소는 멈추었다. 한편, 도로의 경우는 1995년에 분담률이 94%로 가장 높았으나 그 후 정체상태이며, 2004년에는 92%로 감소하였

<표 2-28> 여객수송 분담률의 변화

(단위 : 10억 인 · km, %)

구분	도로		철도		항공		합계	
	수송량	분담률	수송량	분담률	수송량	분담률	수송량	분담률
1952	180	82	38	18	0.2	0.1	218	100
1960	241	86	40	14	0.8	0.3	282	100
1970	365	91	36	9	2.0	0.5	403	100
1980	453	92	35	7	3.0	0.6	491	100
1990	645	93	40	6	5.2	0.8	690	100
1994	666	94	35	5	5.5	0.8	706	100
1995	669	94	37	5	5.9	0.8	712	100
2000	695	93	47	6	7.6	1.0	749	100
2001	710	93	47	6	7.7	1.0	765	100
2002	734	93	48	6	8.5	1.1	791	100
2003	736	93	49	6	9.1	1.2	794	100
2004	736	92	51	6	9.8	1.2	797	100

자료 : Department for Transport (2004), 'Transport Statistics Great Britain, 2004 Edition', p.16, 2004년 자료는 www.dft.gov.uk, 'Transport Statistics Great Britain, 2005 Edition'

다. 항공의 경우는 최근에 분담률이 약간씩 증가하고 있다.

도로수송은 버스와 자동차 그리고 오토바이, 자전거로 나뉘어지는데, 2003년의 버스 분담률은 6%, 택시 · 승용차는 85%, 오토바이는 1%, 자전거는 1% 수준이었다.

민영화 이후 철도 분담률이 감소하지 않은 이유는, 경쟁체제의 도입을 통하여 수송효율이 높아졌으며, 안전한 수송과 민간투자의 확대 등의 내부적인 요인과 경기 상승, 도로 정체, 유류 값의 상승 등의 외부적인 요인이 철도 이용률 향상에 직간접적인 영향을 미쳤기 때문이다. 영국 교통부는 2004년에 발표한 'The Future of Rail'에서 철도승객의 증가 이유를 경쟁체제와 민간투자의 확대라고 언급하면서, 이러한 현상은 국철시대에는 나타나지 않았던 것이라고 설명하고 있다. 안전에 관해서는 열차 100만 마일당 중대사고 건수가 1991년에 0.42건에서 그 후 계속 감소 추세라고 설명하면서,

그 이유를 민영화 이후의 안전관련 투자증대와 TPWS(Train Protection Warning System) 등의 도입 결과라고 설명하고 있다. 또한 MIT와 Cambridge대학의 공동연구발표에 의하면, 만약 영국 철도가 민영화되지 않았다면 수송량은 계속 감소하고 적자를 계속 시현했을 것이라고 분석하고 있다.[45]

외부요인을 살펴보면, 영국의 경제성장률은 민영화 전년도인 1993년에 2.5%, 민영화 후인 1995년에 2.5%, 1997년에 2.8%, 1999년 2.4%, 2001년 2.0%, 2003년 2.5%, 2004년에는 3.2%로 지속적인 높은 성장을 기록하고 있다.[46] 유류 값은 휘발유의 경우 1994년에 1리터에 56.4펜스에서 2004년에는 81.3펜스까지 상승하였다.[47] 도로 평균 주행속도의 경우도 런던 전 지역의

<표 2-29> 화물수송 분담률의 변화

(단위 : 10억 ton· km, %)

구분	도로		철도		해운		파이프라인		합계	
	수송량	분담률	수송량	분담률	수송량	분담률	수송량	분담률	수송량	분담률
1953	32	36	37	42	20	22	0	0	89	100
1960	49	49	30	32	20	20	0	0	100	100
1970	85	63	25	19	23	17	3	0	136	100
1980	93	53	18	10	54	31	10	6	175	100
1990	136	62	16	7	56	26	11	5	219	100
1994	144	65	13	6	52	24	12	5	221	100
1995	150	66	13	6	53	23	11	5	227	100
2000	158	62	18	7	67	26	11	4	254	100
2001	157	64	19	8	59	24	12	5	247	100
2002	157	62	19	8	67	26	11	4	254	100
2003	159	64	19	8	61	24	11	4	250	100
2004	160		21		-		11		-	-

자료 : Department for Transport (2004), 'Transport Statistics Great Britain, 2004 Edition', p.60, 2004년 자료는 www.dft.gov.uk, 'Transport Statistics Great Britain, 2005 Edition'

---

45) MIT & University of Cambridge(2003), 'Problems of De-regulation- The Case of UK Railways'
46) 영국 재무성 자료
47) Department for Transport (2004), 'Transport Statistics Great Britain, 2004 Edition', p.52

평균을 볼 때 낮 주행 속도는 1970년에 21.3km/h에서 2003년에는 18.5km/h
로 감소하였다.[48]

철도화물 수송량은 1953년에 370억 ton · km에서 계속 감소 추세를 보였
는데, 민영화 직전인 1994년의 경우는 130억 ton · km까지 감소하였다. 민영
화 이후에는 다시 증가 추세를 보이고 있는데, 2005년에는 210억 ton · km
로 1994년에 비해 62%나 증가하였다.

(2) 철도사고의 변화

철도 민영화 효과에서 언급하였지만 <표 2-30>과 같이 중대사고 발생률
은 계속 감소추세에 있다. 1975년 백만 마일당 1.01건에서 2000년에는 0.27

<표 2-30> 중대사고 발생 추이

(단위 : 건 / 백만 마일)

구분	발생률	연도	발생률
1975년	1.01	1988년	0.72
1976년	0.89	1989년	0.58
1977년	0.87	1990년	0.53
1978년	0.74	1991년	0.42
1979년	0.83	1992년	0.43
1980년	0.64	1993년	0.47
1981년	0.74	1994년	0.50
1982년	0.70	1995년	0.34
1983년	0.68	1996년	0.32
1984년	0.73	1997년	0.26
1985년	0.66	1998년	0.29
1986년	0.69	1999년	0.26
1987년	0.71	2000년	0.27

자료 : DfT 자료(www.dft.gov.uk)

---

48) Department for Transport (2004), 'Transport Statistics Great Britain, 2004 Edition', p.128

건으로 감소하였다.

민영화 이후에 중대사고인 충돌, 탈선의 경우와 사상자 발생률은 감소하고 있으나, 그간 발생한 몇 번의 대형사고로 안전에 대한 평가는 반감된 면이 많이 있다.

열차사고는 열차가 피해를 입은 사고를 의미하며, 열차운행으로 인해 발생한 사망사고는 사람은 사망하고 열차는 피해를 입지 않은 경우를 말하는데, 민영화 이전인 1980년~1990년의 연 평균치는 51.5명이었다. 그런데 민영화 이후인 1995~2003년의 평균치는 24.6명으로 감소하였다. 한편, 철도 구내에서 발생한 사망사고의 경우도 1980~1990년에는 연평균 9.8명이 사망하였는데, 1995~2003년에는 5.3명으로 감소하였다.

민영화 이후의 안전에 대한 종합적인 평가는 몇 번 발생한 대형사고에도 불구하고 중대사고의 안전도가 조금씩 향상되는 것을 알 수 있으며, 국철

<표 2-31> 열차사고 이외의 사망사고

구분	열차운행으로 인한 사망사고	철도 구내에서의 사망사고	합계
1980~1990년 평균	51.5명	9.8명	61.3명
1995~2003년 평균	24.6명	5.3명	29.9명

자료 : Department for Transport (1991), 'Transport Statistics Great Britain, 1991 Edition', p.180
Department for Transport (2004), 'Transport Statistics Great Britain, 2004 Edition', p.145

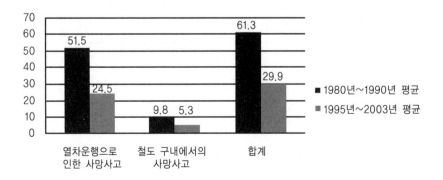

시대의 철도사고율과 비교해 볼 경우 최근에는 안전도가 조금씩 향상되고 있는 것을 알 수 있다

이 결과는 Evans(2004)가 국철시대의 감소율이 민영화이후에 그 감소율이 지속되지 않은 부분이 중대사고 사망자라고 설명하고 있는데, 여기 <표 2-30>에서도 1997년~2000년까지 사상자 발생률이 높은 것과 일치하고 있어 모순된 결과는 아니라고 판단된다.

참고로 철도의 안전도를 타 교통수단과 비교해 보면 비교적 높은 것을 알 수 있다. 1993년~2002년까지의 십억 인 · km당 연평균 사망자 평균을 보면 철도는 0.4명인 것에 비해 승용차는 3명이다.

<표 2-32> 교통수단간 안전도 비교

(단위 : 십억 인·km당 사망자)

구분	철도	버스	승용차
1993년	0.4	0.7	3
1994년	0.4	0.5	3
1995년	0.2	0.8	3
1996년	0.4	0.2	3
1997년	0.5	0.3	3
1998년	0.4	0.4	3
1999년	0.9	0.2	3
2000년	0.4	0.3	3
2001년	0.2	0.2	3
2002년	0.3	0.4	3
평균	0.4	0.4	3

자료 : Department for Transport (2004), 'Transport Statistics Great Britain, 2004 Edition', p.20

(3) 민영화 이후의 중대사고

민영화 이후의 대형 철도사고를 보면 <표 2-33>과 같이 1997년 9월의

Southall에서의 열차 충돌사고로 7명이 사망하였고, 1999년 Paddington역에서 열차가 충돌하여 31명이 사망하였고 400명이 부상하였다. 2000년 10월 17일 Hatfield사고에서는 4명이 사망하고 70명이 부상하였다. 이 사고의 원인은 앞에서 언급한 것처럼 선로가 파손되어 열차가 전복되었는데, 이는 인프라 관리체계의 중대한 결함에 기인한 것으로 영국 철도 민영화 정책에 큰 전환점이 되었다.

민영화 이후 가장 큰 사고로 기록된 Ladbroke Grove사고와 Hatfield사고의 원인조사를 통해 안전부문에서 민영화가 어떤 영향을 미쳤는가를 판단할 수 있어 이를 자세히 살펴보고자 한다.

1) Ladbroke Grove사고

이 사고는 1999년 10월 5일 오전 8시 8분에 Thames Train 소속 3량의 디젤여객열차와 First Great Western 소속 8량의 고속열차가 런던의 Padd-ington역 서쪽 약 4km 지점인 Ladbroke Grove 지점에서 충돌하면서 발생하였다. 당시 두 열차의 충돌 속도는 205km/h였다. Thames Train 소속의 차량인 0806호가 Peddington 에서 Bedwyn으로 가는 도중 기관사 Michael Hodder는 신호기인 SN109기 정지신호를 그대로 지나쳐서 반대편열차인 고속열차와 충돌한 것이다. 충돌과 함께 31명이 사망하고 400명이 부상하였다. 이 사고원인을 조사한 HSE와 청문회의장인 Lord Cullen의 발표 자료에 의하면 직접적인 사고원인은 기관사가 정지 신호기를 지나친 것으로 초기에는 기관사가 면허취득 후 2개월 밖에 안 되었다는 것에 초점이 맞추었지만, 조사 결과 사고원인은 매우 복합적이었다고 분석하고 있다.[49]

---

49) Ladbroke Grove Rail Inquiry Part 1Report(2001) : HSC Action Plan-Progress Report to December 2001, Ladbroke Grove Rail Inquiry Part 2 Report(2001) : Progress Report to March 2002 참조

1997년 9월 19일 Southall 철도사고 전경

<표 2-33> 민영화 이후의 주요 철도 사고 및 원인

사고 일시 및 장소	사망자 수(명)	사고 원인 및 내용
1994년 10월 15일 Cowden	5명	신호결함으로 여객열차 충돌
1995년 1월 31일 Aisgill	1명	토사로 인한 탈선으로 여객열차 충돌
1996년 3월 8일 Rickerscote	1명	차축의 결함으로 화물열차간 충돌
1996년 8월 8일 Watford Junction	1명	신호결함으로 여객열차와 화물열차 충돌
1997년 9월 19일 Southall	7명	신호결함으로 여객열차와 화물열차 충돌
1999년 10월 5일 Ladbroke Grove, Paddington	31명	신호결함으로 인한 2개 열차 충돌로 화재발생 400명 부상
2000년 10월 17일 Hatfield	4명	선로 파손으로 열차전복, 70명 부상
2001년 2월 28일 Salby	10명	승용차와 여객열차, 화물열차 충돌 80명 부상
2002년 3월 10일 Potters Bar	7명	분기기 결함으로 고속열차 탈선, 11명 중상

자료 : Department for Transport(www.dft.gov.uk)

첫째로 신호기 SN 109는 6년 전부터 수시로 고장이 발생하였으며, 기관사들이 이에 대한 문제를 제기했음에도 불구하고 시정되지 않았다는 것이다. 사고 신호기에서 8번이나 열차가 지나치는 사고가 있었는데 모두 운전부주의로 취급되었고, 시스템의 구조적인 문제로 다뤄지지 않았다. 예를 들면 1995년 2월에 한 열차의 기관사가 이 신호기를 105야드나 지나치는 사고가 있었는데, 이 또한 기관사의 부주의로 취급되었다. 두 번째로는, 신호를 관장하는 레일트랙의 경우도 이러한 긴급 상황에서 긴급 정지신호를 보내지 못했다. 세 번째로는 신호기가 당시 Heathrow까지의 전철공사와 교각으로 인하여 시야가 많이 가려져 있어 신호기에 대한 기관사의 인지가 쉽지 않았다. 이는 신호기 형태와도 상관관계가 있는데, 이 신호기는 역 L자형으로 보통의 영국 신호기와는 다른 모양이어서 식별이 쉽지 않았다. 네 번째로는 이러한 문제점이 있음에도 불구하고 이를 사전에 철저하게 조사하지 못한 철도사고 조사기관인 HMRI도 책임이 있음을 분명히 하고 있다. 이 사고에 대해 법원은 Thames Train사에 2백만 파운드의 벌금을 부과하였다.

이 문제에 대해 만약 국철이었다고 해도 이러한 사고가 발생했을까 하는 관점에서 살펴본다면, 안전부문에 대한 민영화의 영향을 판단할 수 있을 것이다.

첫째로 국철이었다면 Peddington역처럼 복잡한 역에 면허취득 후 2개월밖에 안 된 초보 기관사를 투입하지는 않았을 것이다. 두 번째로는 사고를 낸 Thams회사는 매우 작은 회사로 자체적인 교육훈련프로그램을 가지고 있지 못한 반면, 국철은 철저한 교육프로그램을 가지고 있었다. 국철은 보통 43주의 교육훈련 후에 기관사를 실제 운행에 투입하였다. 세 번째로 국철시대에는 기계, 신호, 토목 등 모든 것을 통합 관리하는 조정자가 있었는데, 민영화 후에 이러한 기능이 분리되어 통합기능이 떨어졌다. 예를 들면, 기관사는 운영회사 소속이지만 신호기는 레일트랙의 소유로 기관사가 문제점을 제기해도 바로 시정되지 않는 체계로 되어 있었다. 이러한 것을 종합해 보면, 기능별로 분리된 체계에서 오는 문제점에서 이 사고의 근본적인 원인을 찾을 수 있을 것이다.

2) Hatfield사고

2000년 10월 17일 Great North Eastern Railway 소속의 225열차가 Leeds를 향해 King's Cross역을 12시 10분에 출발하여 약 115mile/h의 속도로 운행 중 12시 24분경 Hatfield역 남쪽에서 갑자기 탈선한 사고인데, 전체 10량 중 기관차와 2량은 무사하고, 나머지 7량이 탈선한 사고로 4명이 사망하고 70명이 부상하였다.

이 사고의 원인은 레일에 미세 균열이 발생하여 열차가 탈선한 것으로 밝혀졌다. 레일은 300조각으로 부서졌고, 90미터까지 날아갔다. 이 사고의 직접적인 원인은 레일 파손이었지만, 사고조사보고서는 사고 선로에 대해 1주일 전에 선로검사가 유지보수회사인 Balfour Beatty's사에 의해 진행되었음에도 불구하고 사고가 발생한 것에 대해 이 회사의 책임을 명확히 했다. 이 사고로 인해 선로소유회사인 레일트랙회사와 유지보수회사인 Balfour Beatty's가 법원에 기소되어 지금도 이 사고에 대한 판결이 진행 중이다.[50]

사고가 난 선로는 무려 24일이나 운행이 정지되었고, 영국 철도의 모든 선로에 대해 조사와 교체작업 그리고 일시적인 서행운전으로 영국 철도의 신뢰성과 정시성을 크게 저하시켰다.[51] 이 사고의 발생 원인에 대해 국철이

---

50) HSE (2002) 'Hatfield derailment investigation – Interim recommendations of the Investigation Board' 참조
51) 신뢰성과 정시성을 합한 PPM의 결과를 보면 사고 전인 1999/2000의 경우는 87.8에서 사고 후인 2000/2001에는 79.1, 2001/2002에는 78.0으로 저하하였다. Department for Transport (2004), 'Transport Statistics Great Britain, 2004 Edition', p.103을 참조

었다고 해도 이러한 문제가 발생했을까 하는 관점에서 살펴보고자 한다. 사고 조사결과 사고발생 전 레일유지보수회사인 Balfour Beatty's사는 이미 6개월 전에 사고 구간의 선로교체를 요구했고, 5주일 전에 이 구간에 대해 보수작업을 했지만, 근본적인 조치인 선로교체를 하지 못한 것이 직접적인 원인으로 밝혀졌다. 만약 국철시대였다면 예방이 가능했겠는가, 혹은 민영화 후 달라진 조직의 문제가 아닌 지를 검토해 보고자 한다.

첫째로 선로를 소유하고 있는 레일트랙은 기본적으로 정부로부터 보조를 받지 않고 선로사용료를 받아 스스로 수지균형을 맞추어야 하는 회사였기 때문에 투자여력이 많지 않아 보수에 어려움이 있었다. 두 번째로는 만약 선로공사로 인하여 운행의 지장을 받으면 레일트랙은 운영회사에 벌금을 지불해야 하는 계약이 체결되어 있어 선로보수가 쉽지 않았다. 세 번째로는 유지보수와 계량의 계약 조건 등이 복잡하여 양 회사 간의 의사전달이 쉽지 않았다.

또한 레일트랙은 선로를 소유할 뿐 실제로 유지보수를 하는 회사는 달라, 유지보수와 운행에 대한 구체적인 정보를 가지고 있지 못해 대응이 쉽지 않았다. 실제로 다수의 운영회사와 유지보수회사가 현실적인 선로 조건이나 운영정보를 가지고 있었을 뿐 선로의 소유회사인 레일트랙은 실제 정보를 가지고 있지 못했다. 게다가 레일트랙은 전문성이 부족하여 열악한 선로상태에서 고속의 중량차량 운행이 무리라는 것을 제대로 파악하지 못했고, 계약내용도 피상적이었고, 레일트랙의 안전조건에 부합하지도 않았다. 따라서 이 사고의 근본적인 원인에는 민영화 후의 복잡한 계약관계와 인프라의 소유와 유지보수의 분리 등 관리체계에 문제점이 있었다는 해석이 가능하다.

결론적으로 두 사고를 통해 사고원인은 개인적인 과실보다는 조직체계의 구조적인 결함에서 기인한 것으로 추정할 수 있다. Ladbroke Grove사고의 경우 단순한 신호기의 문제보다는 이를 사전에 발견했음에도 이를 해결하는 추진체계에서 문제점이 있었고, Hatfield사고의 경우도 계약 등 유지보수 체계에 근본적인 문제점이 있었다. 즉, 운영회사와 인프라 소유회사 그리고 유지관리회사가 각각 분리되고 복잡한 계약관계로 철도 운영에 대한 효율적인 의사전달체계가 만들어지지 못해 사고 발생 가능성은 매우 높았다고 할 수 있다. 이러한 문제점이 발생할 가능성에 대해 민영화 추진 당시에는 이를 인지하지 못한 것이 사실이다. 이는 철도 민영화의 근거법인 1993년의 Railway Act에서 "민영화를 통하여 안전성과 서비스의 질 그리고 수송능력이 향상될 것"으로 언급한 것이 그것을 증명해 주고 있다.

(4) 결론 및 과제

결론적으로 영국 철도 민영화는 안전성 면에서 볼 때 국철시대에 비해 향상되기는 했지만, 민영화추진법에서 언급한 것과 같은 획기적인 변화는 아직 나타나지 않고 있다. 특히 초기의 대형 사고에서 볼 수 있었던 다수의 기관으로 분리되어 책임관계가 모호한 것에서 발생하는 문제점이 아직도 완전하게 해결되고 있지는 않다.

그러나 최근에 안전에 대한 관리책임이 외부기관인 HSE에서 DfT와 ORR 그리고 네트워크레일로 변화하면서 철도관련기관의 비중이 커짐에 따라 철도 안전관리체계는 의사전달 면에서 효율성을 기할 수 있게 되었고, 유지보수의 경우도 네트워크레일로 내부화되고 있어 효율적인 인프라관리도 가능해지는 일련의 긍정적인 변화가 나타나고 있다. 향후 이러한 체계 변화의 효과가 어떻게 나타날 것인가를 통하여 영국 철도 안전체계의 신·구체계간의 구체적인 평가가 가능해질 것이다.

　마지막으로 영국 철도의 안전에 대한 통계내용을 보면 아직도 몇 가지 지표는 개선의 여지가 많은 것으로 나타나고 있다. 예를 들면 1996년부터 2004년까지 자동차에 의한 철도의 교량충돌 특히, 도로를 입체적으로 횡단하는 철도 교량에 부딪치는 자동차의 사고 건수는 계속 증가하고 있다. 이를 보면 1996/7년 1,427건에서 2000/01에는 1,722건, 2004년에는 2,103건이 발생하였다. 또한 선로 이완에 따른 선로 조임의 건수도 2003/4년에 176건이 발생하여 1995/6년에 270건에 비해 오히려 증가하였다. 향후 이러한 안전상의 문제점이 좀 더 보완되어야만 민영화시 기대효과로 제시된 안전성의 향상이라는 성과도 함께 거둘 수 있을 것이다.

제5절 구조개혁의 비교와 시사점

1. 문제의 제기

최근 각국은 도로혼잡과 환경문제 그리고 철도 수송 분담률 감소 등의 문제에 대처하기 위해 여러 가지 노력을 기울이고 있다. 그 가운데 가장 핵심적인 내용은 구조개혁을 통한 철도부문의 경쟁력 향상이다. 구조개혁은 상하 분리, 민간위탁, 기구축소 등 여러 가지 모양으로 추진되고 있지만, 그 중 가장 획기적인 방안이 철도부문의 민영화이다. 일본은 1987년에 철도부문 최초로 상하 일체, 지역별 민영화방식으로 전국을 6개 지역회사와 1개의 화물회사로 분할하여 민영화를 추진하였다.

한편, 영국은 1980대 중반부터 민영화 논의를 시작하여 1994년에 철도 민영화를 단행하였다. 영국 철도는 상하를 분리하고 노선별로 프랜차이즈하는 방식을 채택하였고, 기능별로 민영화를 추진하였다.

그간 일본 철도는 상하 일체방식으로, 영국은 상하 분리방식의 민영화로 대별되어 각각의 장단점에 대한 많은 논의가 있었다. 특히 영국의 경우 몇 번의 사고발생 원인을 기능별, 상하 분리의 민영화방식에서 찾는 분석도 있었다. 일본 역시 2005년 4월 27일 후쿠지야마선에서 107명의 사망자가 발생한 사고 원인이 민영화 이후 수익성에 초점을 둔 회사 운영방식에서 비롯되었다는 의견도 제기되었다.

영국은 2000년 철도사고 이후 일본의 상하 일체방식이 더욱 효율적이라는 주장도 제기된 가운데 정부 기능을 강화하고 기능별로 유기적인 협조체제를 강조하는 방향으로 변화하는 모습을 보이고 있다. 한편, 일본은 최근 일부 노선에서 상하 분리방식의 철도 건설과 운영방식이 도입되고 있다.

여기서는 이러한 양국의 각기 다른 민영화방식에 문제의식을 가지고, 민영화가 추진된 배경과 민영화 이후의 변화와 성과분석을 통해 보다 합리적인 민영화 정책의 추진 요소를 발견하는 것을 목적으로 하였다.

2. 관련된 연구

그간 영국과 일본 양국의 철도 민영화에 대한 비교 분석연구는 주로 구조적인 차이점과 성과에 초점이 맞추어져 있었다. 대표적인 연구들 중의 하나로 Velde(1999)는 철도 구조개혁을 공공기관 주도와 시장 주도로 나누어 분석하여, 영국을 공공기관 주도의 민간 소유방식으로, 일본을 시장 주도의 민간회사 주도방식으로 구분했다.

또한 Obermauer(2001)는 철도 운영을 운영회사의 독립성, 상하 분리, 네트워크의 자유로운 참여, 운임 설정 등을 통해 비교했고, 영국과 일본은 유럽의 다른 나라들보다 경쟁적인 민간 주도의 철도를 운영하고 있다고 진단했다.[52]

보다 직접적으로 양국을 비교한 Mizutani(1998)는 일본과 영국의 철도 운영회사의 자율성과 경쟁의 정도를 비교한 논문에서, 일본은 영국보다 철도 운영회사가 보다 자율적이며 시장원리에 입각하여 철도를 운영하고 있다고 주장하면서, 그 원인을 사철운영, 자유로운 영업활동, 새로운 사업영역 개척, 철도회사가 자기 소유의 인프라를 자기 책임 하에서 운영하고 있는 것으로 들었다.[53]

한편, 철도의 성과에 주목한 것은 Preston(2000)으로, 그는 일본 철도 민영화 이전인 1986년부터 1997년까지의 분석을 통해 여객수송량(인·km 기준)은 25% 증가하였고, 종업원은 31%가 감소하였다고 분석하고, 영국은 1993/4～99/2000년에 여객수송량은(인·km 기준) 25% 증가, 종업원은 62%가 감소한 것을 양국의 민영화 성과로 제시했다.[54]

이러한 연구와 함께 최근에 발생한 영국의 철도사고 원인을 기능적인 민영화에서 찾고, 상하 일체의 일본 철도에 대해 심층적인 연구가 필요하다는 의견도 제시되고 있다. Wolmar(2003)는 영국과 일본의 철도 민영화를 비교하면서 일본의 상하 일체방식 민영화는 속도 향상 등의 기술개발, 열차의 정시성 보장 그리고 장기계획을 수립하는 데 용이하다고 평가하면서, 영국 철도가 이를 벤치마킹할 필요가 있다고 주장하고 있다.[55]

또한 Letteney(2005)에 의하면, 미국 여객철도 Amtrak의 적자는 철도 투자 부족에 근본적인 원인이 있고, 일본은 민영화 이전과 이후에 철도 투자를 확대해 경쟁력 있는 철도 운영을 하고 있다고 분석하면서 미국 철도가 이

---

52) Andrea Obermauer(2001), 'National Railway Reform in Japan and EU: Evaluation of Institutional Changes', JRTR29' Dec. 2001, p.30
53) D.M van de Velde, F.Mizutani, J.Preston, S.Hulten(1998), 'Railway reform and entrepreneurship: A tale of three countries', University of Oxford, Tsu Ref 871, pp.10-11
54) John Preston(2001), 'Development of Market Models for Increased Competition in Railroad Passenger Traffic', University of Oxford TSU, p.102
55) Christian Wolmar(2003), 'Unlike the UK ,the sun is rising on Japan's privatisation', Rail470, www.christianwolmar.co.uk/articles/rail470.shtml

를 참고해야 한다고 강조했다.[56]

앞에서 보는 바와 같이 양국 민영화에 관한 연구는 구조적인 차이와 성과에 초점을 맞추어 있으며, 그동안 민영화과정에 관한 연구는 영국과 일본 각각의 나라에 대한 연구만이 이루어졌을 뿐 양국의 민영화과정에 관한 비교연구는 거의 없었다.[57]

따라서 여기서 양국의 철도 민영화추진과정과 성과를 직접 비교해 보는 것은 큰 의미를 가질 것이며, 또한 추진과정에서 어떤 요소들이 작용했는가 또한 그 요소가 민영화 성과에 끼친 영향을 연구 분석하기 위해, 여기서는 민영화의 정책결정과정과 이의 집행과정 그리고 성과를 비교하는데 초점을 맞추었다.

본 연구는 문헌조사와 인터뷰조사를 병행하되, 시간적인 흐름에 입각하여 전개하였다. 첫째로 양국의 철도 민영화 추진배경과 과정을, 두 번째로는 민영화 이후 민영화 정책이 어떻게 변화했는가, 세 번째로는 양국의 철도 민영화 과정과 성과를 비교해 보고, 마지막으로 현재까지 나타난 민영화의 문제점을 정리해 보고자 한다. 이러한 비교분석을 통해 민영화추진에 있어 중요하게 영향을 미친 변수와 또 이것이 양국의 철도 민영화방식과 성과의 차이에 어떻게 영향을 미쳤는가에 대한 파악 그리고 이를 통해 합리적이고 바람직한 민영화 정책의 추진방향을 제시하고자 한다.

---

56) Robert A. Letteney(2005), 'Passenger rail privatization: A lesson from Japan'
57) 일본의 경우는 草野厚(1989), '国鉄改革', 中公新書와 山田徳彦(2004), '国鉄改革の経済学' 成文堂에서 각각 일본 국철의 정책과정을 자세하게 설명하고 있다. 한편, 영국의 경우는 Terry Gourvish(2002) 'British Rail', 1974~97, Oxford University Press와 Christian Wolmar(2001), 'Broken Rail', AURUM PRESS 그리고 Bradshaw(2000), 'New Direction for Britains Railways', 'British Railways Privatisation', McGraw-Hill Company 등에서 영국 철도의 민영화과정을 설명하고 있다.

3. 추진배경과 과정

(1) 영국

영국 철도는 1820년 이래 민간에 의해 운영되어 왔는데, 1948년에 교통법에 의해 국유화되었다. 1953년 당시 철도 영업연장은 30,935km, 수송 분담률은 여객이 인 · km 기준으로 17%, 화물은 ton · km 기준으로 42%를 차지하였으나, 민영화 직전인 1993/4년에는 철도 영업연장 16,536km, 수송 분담률이 여객 5%, 화물 6% 수준까지 감소하였다. 매출액도 1993/4년 가격으로 1953년에 6,402백만 파운드에서 1993/4년에는 3,645백만 파운드로 1/2 수준으로 감소하였다.[58] 그간 영국 정부는 1974년 철도법을 제정하여 철도의 역할을 명확히 하고, 투자 확대를 위한 노력을 기울였고, 1980년대에는 철도 영업에 상업주의를 도입하여 조직을 생산성 단위로 개편하는 등 효율성 향상에 노력하였으나, 성과 향상에는 근본적인 한계가 있었다.[59] 이는 국영철도의 운영으로 인한 낮은 생산성, 부적절한 투자, 관리의 비효율성, 불규칙한 재정지원 등에 기인하였다.

이러한 국영철도의 문제점은 1992년 백서인 'New Opportunities for The Railways'에 명확하게 제시되어 있다. 이 백서에는 영국 철도가 그간의 적자를 벗어나지 못한 이유는 국영 조직으로서의 비효율성이라고 밝히면서, 유인이 낮은 인센티브제도, 자유롭지 못한 영업활동 등으로 시장 변화에

---

58) Department for Transport (2004), 'Transport Statistics Great Britain, 2004 Edition', p.16, p.60, p.100
59) 1974년의 철도법에서는 영국 철도를 국가교통계획 안에 포함시키고, 경제, 사회, 환경적으로 필요한 교통수단이라는 것을 명시하여 철도투자 확대와 여객과 화물에 대한 보조금 증대, 부채탕감 등을 규정하였으나, 이의 실현은 영국 국철과 교통부의 갈등, 도로투자의 반대 논리로 좌절되고 말았다. 1980년대의 상업주의의 도입으로 약간의 성과는 거두었다. 이러한 자세한 논의는 Terry Gourvish(2002) 'British Rail', 1974~97, Oxford University Press 의 1장과 4장에 자세하게 수록되어 있다.

적절하게 대응하지 못했다고 지적하고 있다. 이러한 문제의 근본적인 해결책은 민간 기업들의 경쟁을 통한 효율성을 제고하여 철도 서비스의 질 향상과 소비자가 선택할 수 있는 폭을 넓히는 것이라고 역설하였다.[60]

이러한 적자운영의 문제점을 해결하기 위해 대처 수상의 보수당 정권은 철도 민영화를 1980년대부터 검토하여 1992년에 같은 당의 메이저 정권에 의해 구체적인 계획이 수립되고, 1993년 철도법에 의해 민영화가 추진되었다. 그리고 1997년에 정권이 보수당에서 노동당정권으로 바뀌기 전에 민영화과정이 거의 완료되었다. 이것을 좀 더 자세하게 살펴보면, 1980년대 대처의 보수당 정부는 대중 자본주의라는 이념 하에 국영공기업의 민영화 정책을 본격적으로 추진하였다. 그러나 대처는 철도에 대해서는 큰 관심이 없었고, 민영화에 대해서도 그다지 적극적이지 않았다. 1990년에 보수당의 교통부장관이었던 Cecil Parkinson이 민영화안을 제출하였으나, 대처는 여론의 비판을 의식하여 추진에 신중한 입장을 보였다.

당시 민영화 방안에 대해서는 크게 두 가지의 의견이 제기되었는데, 민간 싱크탱크 그룹인 CPS(Centre for Policy Studies)는 'Reviving the Railways'란 보고서를 통해 빅토리아 시대의 영국 철도의 모습으로 민영화가 추진되어야 한다고 주장하고 노선별 민영화안을 제안하였다. 초기에 메이저 총리는 이 안을 선호하였다. 한편, Adam Smith 연구소는 민영화안으로 상하 분리의 개혁안을 주장하였고, 재무부는 이 안을 선호해 결국 이 안이 채택되었다.

1990년 12월에 대처의 뒤를 이어 취임한 메이저 총리는 민영화를 1992년 총선거의 보수당 선거공약으로 제시하였다. 보수당은 1992년 4월 9일 선거에서 승리를 거두었고, 민영화는 본격적으로 추진되었다.

---

60) 민영화의 장점에 대해서는 1992년의 'New Opportunities for The Railways'에 자세하게 설명되어 있다.

1992년에 취임한 교통부장관 John MacGregor는 1992년 7월에 민영화에 대한 백서를 발표하였고, Roger Freeman은 당시의 차관으로 보좌하였다.[61]

이러한 교통부의 추진에는 재무부의 영향력이 크게 작용하였다. 재무부는 초기에는 민영화에 반대하였고, 후에 민영화 방안으로 한 개의 회사로 민영화를 추진하는 것을 제안한 국영철도 측의 반대를 일축하고 상하 분리안을 주장하였다. 이는 민영화를 보다 쉽게 추진하기 위해서였는데, 예를 들면 레일의 보수와 개량 등에 인력의 종신고용 등에 부담이 없는 민간의 운영회사를 만들고, 운영회사와 인프라회사의 부채를 탕감해 주어 민간이 쉽게 이를 인수할 수 있도록 한 것이다.

메이저 총리의 추진에 대해 하원 교통분과위원회 위원장인 보수당의 Robert Adley의 반대와 노동당의 반대가 있었다. 민영화안은 1993년 11월에 국회를 겨우 통과하였고, 정부는 다음 총선거 전까지 민영화를 추진하는 것으로 민영화안을 발표하였다. 이러한 절차에 의해 1996년 4월에 첫 번째 프랜차이즈 회사가 탄생하였고, 마지막으로는 총선거 한 달 전인 1997년 4월에 마지막 프랜차이즈 회사가 결정되었다. 이와 함께 인프라회사는 1996년 주식시장에 상장되었다.

민영화를 추진하는데 주축이 된 그룹은 보수당과 함께 민영화에 적극적이었던 재무관료, 매각으로 이익을 얻을 수 있는 은행 등이었다. 이론적인 자문 역할을 한 Sir Christopher Foster와 당시의 교통부 장관인 John MacGregor는 상하 일체는 조직의 규모가 커서 비효율적이며, 지역분할의 경우도 현재 영국 철도 노선은 인프라의 부족으로 밀도가 높고 공동으로 노선을 사용할 수밖에 없어 지역분할이나 노선분할이 의미가 없다고 주장하였다.

---

61) BBC, 20, October, 2000

또한 역사적으로도 19세기의 빅토리아시대의 경우에도 회사 간의 담합으로 경쟁이 발생하지 못하였다고 언급하였다.[62] 그리고 프랜차이즈 규제기구(OPRAF)는 프랜차이즈 계약관계를 그리고 ORR은 레일트랙의 독점을 규제하는 것으로 양 조직의 설립배경을 설명하였다.

당시 영국 철도 민영화과정에서 정치적인 공약과 이로 인한 시간적인 제약이 민영화추진이 좀 더 용이한 방식을 채택하도록 작용했다는 것이 여러 면에서 발견되고 있다. 예를 들면 기능별 민영화방식으로 작은 회사 단위로 매각하는 것은 민영화추진에 좀 더 용이하였다 . 또한 정부는 프랜차이즈 회사에 적자를 보전하도록 보조금을 주고, 이윤을 남기고 프랜차이즈권을 팔 수 있도록 배려하였다. 또한 인프라를 몇 개의 회사로 나누지 않은 이유도 정부 통제 하에 이를 용이하게 추진하기 위한 것이었고, 민간의 주식매입에 부담을 주지 않기 위해 인프라관리회사의 부채도 모두 탕감해 주었다.[63]

(2) 일본

일본 경제는 1973년 오일쇼크 이후 매우 불안정한 상태로 접어들었는데, 이를 회복하기 위해 1975년에 국채를 발행하였다. 국채의 상환기한이 다가옴에 따라 부담문제가 표면화되었고, 이에 경제 발전을 위한 새로운 모델로 행정, 재정개혁이 중요한 추진과제로 등장했다. 재정 파탄에 이른 국유

---

62) Sir Christoper Foster(1994), 'The Economics of Rail Privatisation' CRI(Centre for The Study of Regulated Industries)
63) 이러한 사실은 Bill Bradshaw(2000), 'New Direction for Britain's Railways', 'British Railways Privatisation', McGraw-Hill Company pp.229-241에서도 발견되며, 철도민영화에 관여한 교수들과의 인터뷰를 통해 확인할 수 있었다.

철도와 함께 여러 공기업의 부실경영이 중점적인 개혁의 대상이 되었다.

1980년 7월 17일, 총선거 후 안정 다수를 확보해 출범한 자민당 스즈키(鈴木善幸內) 내각은 행정 및 재정개혁을 정권 목표로 정하고 1980년 8월에 행정관리청 내에 추진기구인 임시행정조사회를 발족시켰다. 이어 출범한 제1차 임시행정조사회는 주로 향후의 운영방향 논의와 보고서작성 등에 대한 책임을 맡았고, 2차 임시행정조사회가 공기업의 구조개혁을 본격적으로 추진하였다.

한편, 수상이 임명한 도코(土光敏夫) 2차 임시행정조사회 회장(일본 경제단체 연합회 명예회장)은 행정개혁의 4가지 항목에 대해 수상으로부터 동의를 얻어냈다. 주요내용은 증세 없는 재정개혁, 중앙과 지방의 개혁, 국유철도 등 3개의 공사 개혁 등이다.[64] 국유철도개혁 배경에는 국유철도의 재정파탄에 근본적인 원인이 있었다.

일본의 철도사업은 1872년부터 민간회사에서 운영하였는데, 1906년에 도시철도를 제외하고 철도가 국유화되었다. 국유화 전후의 철도 운영형태를 비교해 보면, 국유화 직전인 1905년에 민영철도 5,231km, 국영철도는 2,562km였는데, 1906년에는 국영철도는 4,978km, 민영철도는 2,722km로 국영철도 위주로 변화하였다. 제2차세계대전 전인 1944년까지 일본의 육상교통기관 중에서 철도가 독점적인 위치를 점하고 있었기 때문에, 이 기간 중 국영철도의 경영 상태는 흑자 기조를 유지하였다. 1920년부터 1940년까지 20년간 운임 인상이 한 차례도 없었던 것은 이를 반증하고 있다. 1949년 국영철도는 공공성의 보장과 아울러 기업성의 발휘라는 관점에서 정부 전액 출자의 공공기업체인 일본국유철도(공사)로 경영형태가 바뀌었다. 철도의

---

64) 草野厚(1989), '国鉄改革', 中公新書, pp.46-48

독점성이 유지되었고, 전후의 인플레이션 시기에도 국유철도의 요금 인상은 한 차례도 없었고, 국유철도는 전쟁 피해 및 전후 경제회복에 크게 기여하였다.

전후 10년째인 1955년에 국유철도의 국내 수송점유율은 여객에서 인·km 기준으로 55%, 화물에서 톤·km 기준으로 52%를 차지하였다. 그러나 그 후 자동차, 항공, 해운의 발달에 의해 철도의 점유율은 감소하여 민영화 전년도인 1986년에는 여객이 24.7%, 화물이 8.4% 수준으로 하락하였다.[65] 경영 상황은 1964년에 처음으로 단년도 300억 엔의 영업 순손실을 기록하였고, 이후 매년 적자폭이 확대되었다. 1987년 민영화 이전까지 정부는 5년에 걸쳐 인원감축, 운임개정, 지방 적자선 폐지, 채무 이자에 대한 정부지원 방안 등을 강구하였지만, 이데올로기적 성향을 띤 노동조합의 반대와 시기를 놓쳐 적자 규모는 계속적으로 증가하였다.

실제로 1974년~1986년에 걸친 13년간에 11회의 운임 인상이 있었음에도 불구하고, 1980년의 경영성적은 1조 6억 엔의 적자를 기록하였고, 1985년에는 2조 201억 엔으로 적자폭이 크게 증가하였다. 부채의 경우도 민영화되기 전년도인 1986년에 차입금 25.4조 엔, 건설공단채무 5.1조 엔, 연금 부채 5.0조 엔, 경영안정기금 1.3조 엔, 고용대책비 0.3조 엔 등 총 37.1조 엔의 막대한 장기부채를 안고 있었다.[66]

결국 정부와 국철은 1983년 만들어진 국철재건감리위원회의 민영화 건의를 받아들일 수밖에 없었다. 국철구조개혁의 추진에는 2차 임시행정조사회와 국철재건감리위원회가 가장 중심적인 역할을 하였기 때문에 이들 조직

---

65) 角本良平(1989), '国鉄改革の検証', 白桃書房, p.60
66) 国土交通省(1996), '運輸白書', p.68

의 주장 내용을 중심으로 추진과정을 살펴보고자 한다.[67] 제2차 임시행정조사회가 제출한 당시의 공기업 민영화안에 대한 노동조합 등의 초기 반대와 실시과정에서 부분적인 수정이 있었지만, 정부의 강력한 의지와 여론의 지원을 받아 1985년에는 일본전신 · 전화공사, 1987년에는 일본 국유철도가 민영화되었다. 당시 국영방송인 NHK의 조사에 의하면, 철도 민영화를 반대하는 여론은 12.6%에 불과하였다.

민영화 추진에 큰 역할을 한 제2차 임시행정조사회는, 1982년 7월 현재 국유철도는 전국적으로 여객과 화물수송 확보에 공헌을 하였으나 엄청난 누적적자를 안고 있어 기업성 발휘가 어렵고 공사제도의 기본이념인 공공성조차 확보하기 어려운 상황이라고 지적하고, 기업성과 공공성의 조화라는 공사체제에 대해 근본적인 의문을 다음과 같이 제기하였다.

첫째, 경영에 대한 국회 및 정부의 규제 때문에 책임감이 결여된 안이한 경영을 하고 있다. 국철 임원은 1년에 200일 정도 국회에 출석해야 할 정도로 정부와 국회(정치)로부터 많은 영향력을 받았다. 아울러 그간 노동조합의 임금인상 요구에 대하여, 공사는 당사자 능력이 없고 직원 급여의 자주적인 결정권이 없어, 임금인상 이외의 다른 근무조건을 완화시켜 주는 등 안이한 경영으로 일관하여 왔다.

두 번째로 국유철도노동자 측도 경영에 대한 최종 책임을 국가가 지기 때문에 결코 도산할 수 없다는 공사의 제도적 특성에 안주하여, 수송량이 감소함에도 불구하고 빈번하게 위법 노동행위를 하는 등 공사 직원으로서의 자각, 의무감을 상실하고 있다. 1975년에는 국철의 파업으로 8일간 철도운행이 정지된 경우도 있다.

---

67) 草野厚(1989), '国鉄改革', 中公新書, pp.10-12

세 번째로 사업의 독점성으로 경쟁을 통한 서비스 향상과 효율성 향상, 서비스 개선은 기대할 수 없다. 이러한 문제점을 해결하기 위해서는 현행 제도의 보완 차원이 아닌 민영화 혹은 그것에 가까운 형태로 전환할 필요가 있고, 경쟁원리가 기능할 수 있는 체제로의 전환이 시급하다.

이에 제2차 임시행정조사회는 국유철도의 관리운영체계가 지역의 교통 수요, 경제수준 및 요금과는 유리된 채 전국을 획일적으로 운영하는 문제점을 내포하고 있으므로, 여객과 화물을 7개 그룹으로 지역분할해 각각을 민영화하는 안을 제안하였다. 구체적으로는 분할된 회사에 대하여 정부 규제는 사설철도에 대한 규제 수준으로 완화하고, 국유철도 채무 중 분할된 회사가 승계해야 할 채무에 대해서는 분할회사가 합리적 변제 능력을 갖는 것을 전제로 해 그 원금 및 이자를 지불할 수 있는 범위로 하고, 그 외에는 국유철도 청산회사가 처리하도록 하였다. 구체적인 분할, 자산, 채무 변제 등의 방안 마련을 위해 새로운 기구인 국철재건감리위원회를 만들어 추진하도록 제안하였다.

이러한 임시행정조사회의 제안을 정부가 받아들여 1983년 국철재건감리 위원회가 설치되었고, 구체적인 실천방안이 검토되었다. 국철재건감리회원회는 2년 이상의 조사, 심의 결과 국유철도의 분할·민영화를 축으로 하는 국철 개혁에 관한 의견을 내각 총리대신에게 제출하였고, 정부는 이것을 받아들여 국유철도 개혁을 실시하였다. 국철재건감리위원회의 분할·민영화 의견에 대해 기존의 국유철도는 전국을 1개 회사로 통합 운영하는 특수회사를 주장하기도 하였지만, 정부는 이를 주장하던 국유철도 총재를 경질하고 국철재건감리위원회와 여당인 자민당의 찬성으로 분할·민영화 주장을 수용하였다. 국철재건감리위원회의 국유철도개혁에 관한 의견은 대부분 제2차 임시행정조사위원회의 내용을 수용하고 이를 보다 구체화한

것이었다.[68]

장기채무 처리방법은 새로운 사업체가 최대한 효율적인 경영을 하는 것을 전제로 해서, 단기 수지가 균형이며 또한 장래, 사업경영을 건전하게 유지할 수 있는 한도만으로 장기채무 등을 부담하도록 하였다. 신칸센을 보유하는 기구는 자산 가격을 저가로 하여 장기 채무를 인수하고, 여객회사는 자산과 함께 부채를 인수하도록 하였으며, 그 이외의 장기채무 등은 국유철도 용지를 최대한으로 매각하여 채무를 변제하고, 나머지 장기채무 등은 국민 부담으로 하였다.

잉여인력 처리대책으로 민영화 이행 전에 희망퇴직자 모집 등에 의해 가능한 한 직원 수를 감소시키고, 민영화회사 출발시 여객회사의 경영에 과중한 부담이 되지 않도록 일부만을 이적(고용승계)시키고, 나머지 인원은 일정기간 내에 집중적으로 대책을 강구해 전원을 재취업이 가능하도록 하였다. 이로 인해 국철 직원 277,000명 중 새로운 JR 각사에 200,000명이 재취업하고 나머지 77,000명은 민간회사에 취업하도록 하였다. 이러한 과정을 통해 1987년 4월 국유철도는 해산되었고, 새로운 철도회사, 신칸센 보유기구 및 국철청산사업단이 발족하였다. 국철 민영화의 구체적인 내용을 보면 다음과 같다.

첫 번째, 경영형태 면에서 특수회사 형태로 전환하여 6개의 여객회사와 1개의 화물회사로 분할되었으며, 그 외에도 신칸센 철도보유기구, 일본국철청산사업단, 철도통신(주) 등 새로운 법인이 출범하였다.

두 번째, 출자는 정부 전액출자로 하고, 여객철도회사 및 화물철도회사의 경영기반의 확립 등 제 조건이 정비됨에 따라서 주식을 처분해, 가능한 빠

---

68) 国鉄再建監理委員会(1985), '国鉄に関する意見'

른 시일 내에 민간회사로 전환하도록 하였다.

세 번째, 업무범위는 종전의 공사보다 확장하여 철도사업, 철도사업과 연계하는 해운사업과 자동차사업, 철도사업 용지에 설치한 석유파이프라인사업, 앞의 사업을 수행하기 위한 송·발전, 전기사업과 기타 부대사업, 기타 수탁사업이 가능하도록 하였다.

네 번째, 정부 규제면에서 보면 공사형태인 국유철도시대에는 예산의 국회의결, 국유철도 총재의 내각임명, 감사위원의 운수대신 임명 등 재정, 인사의 규제와 새로운 노선건설의 인·허가에 대한 규제가 있었다. 그러나 새로운 민영화안에서는 사업계획의 인가, 대표이사 및 감사의 선임·해임의 인가는 철도사업법에 기초하여 사철과 같은 수준의 인·허가 수준으로 하여 정부간섭을 대폭적으로 축소하였다.

다섯 번째, 운임의 경우 종전에는 운임의 법정제를 고수하였으나 인가제로 전환되었다.

여섯 번째, 노동에 관련된 사항을 보면 종전의 공로법(公勞法)의 적용에서 노동 3법의 적용으로 전환되어, 대폭적으로 노동에 관한 근로자의 권한이 강화되었다.

정부는 국철재건감리위원회의 의견서에 기초해 1986년 관계 법률안을 국회에 제출하고, 법률안을 통과시켰다. 그 결과 일본 국유철도개혁법, 여객철도주식회사 및 일본화물주식회사에 관한 법률, 신칸센 철도 보유기구법, 일본 국유철도 청산사업단법, 일본 국유철도퇴직희망직원 및 일본 국유철도 청산사업단 직원의 재취업촉진에 관한 특별조치법, 철도사업법 등이 제정되었다.

1987년 국철 민영화에는 노동조합 반대 등 여러 가지 어려움이 있었으나 민영화가 성공적으로 추진되었는데, 여기에는 다음과 같은 요인이 작용하였다.

첫째로 국철재건감리위원회와 정부의 계획적인 추진활동을 들 수 있다. 예를 들면 1980년 이후 7년간의 임시행정조사연구회, 5년간의 국철재건감리위원회의 활동 등이다. 두 단체의 끊임없는 연구와 노동조합에 대한 설득, 국민홍보 등이 철도를 민영화시키는데 큰 역할을 하였다. 이 조직들은 민영화 지지 작업을 사전에 철저하게 진행시켰다.

두 번째는 나카소네(中宗根) 수상의 신보수주의에 입각한 리더십을 들 수 있다. 일본의 경우 관료집단은 막강한 권력의 상징으로, 정당, 이익집단과 함께 일본을 이끌어 가는 삼두마차 중 하나인 핵심적인 권력집단이다. 관료는 일본 사회를 이끌고 가는 엘리트집단으로 정책결정의 심장부라고 할 수 있는데, 이러한 관료집단의 이해관계(특히 운수성)가 달려 있는 민영화 정책은 나카소네 정권의 정책 소신과 언론의 끊임없는 민영화 필요성 주장으로 그들의 저항을 막을 수 있었다. 언론도 국철의 자기 책임과 시장경쟁의 효율성을 주장하였다.

세 번째로는 이미 국철 이용으로부터 멀어진 여론도 정부와 언론의 철도민영화 추진 내용을 지지하였다.

네 번째로는 국철 자체도 결국 철도 민영화를 수용하고 노동조합도 이를 수용하는 태도로 변화하였다. 이는 국민들이 이미 노동조합의 파업 등에 대해 지지하지 않고 있다는 것을 노동조합 측이 전면적으로 인정하고 수용한 결과라 하겠다.

4. 민영화 이후의 변화

(1) 영국

1994년 민영화 이후 적자경영은 흑자로 전환되었고, 순조로운 출발을 보였다. 1997년 선거에서 승리한 노동당은 철도 민영화에 대한 기본적인 골격을 유지하되 민간보다는 정부의 역할을 강조하는 쪽으로 철도정책을 수정하였다. 노동당은 교통정책의 목표를 안전과 수익성 이외에 환경과 교통수단간의 유기적인 통합이라는 항목을 추가하고 장기계획을 수립하였다.

이러한 계획의 수립과 함께 조직상의 변화가 있었는데, 이는 규제기관인 프랜차이즈 규제 기구(OPRAF)를 대신해서 SRA가 출범하게 되었다. 2001년에 OPRAF가 SRA로 바뀌게 되었는데, 이는 그간에 미흡한 것으로 지적된 철도 계획기능을 보완하기 위한 조치였다. 이는 레일트랙이 장기 계획수립에 필요한 운영회사의 자료를 가지고 있지 못한 반면, 이를 소유한 OPRAF가 계획기능을 수행하는 것이 합리적이라는 판단에 따른 것이다. 이와 함께 몇 번의 대형 철도사고 발생도 정책변화에 큰 영향을 미쳤다.

결정적으로 2000년의 Hatfield사고로 민간에서 운영한 인프라 회사인 레일트랙은, 추가적인 비용으로 6억 파운드를 지출하게 되어 재정적으로 압박을 받은 레일트랙은 정부에 보조금을 요청했고, 정부는 2001년 10월에 레일트랙을 정부관리 하에 두었고, 2002년 10월에 비영리회사로 네트워크 레일이 탄생하였다. 노동당은 철도를 다시 국영화하려는 의도도 가지고 있었으나 재정적인 부담이 너무 커서 포기하고 말았다.

이어 노동당은 2004년의 철도 백서를 기초로 하여 그간의 독립된 안전담당 기관인 건강안전청(The Health and Safety Executive : HSE)으로부터 안전

기능을 ORR로 이전, SRA를 폐지하고 그 기능을 교통부(DfT)에서 직접 관장하도록 하였다. 이 결과 SRA가 폐지되면서 주요 계획기능은 교통부로 이관되었고, 작은 규모의 투자계획과 열차 운영계획은 네트워크레일이 담당하게 되었다. 철도 투자문제에 있어 ORR과 SRA의 중복을 없애고, 철도 투자를 직접 교통부에서 담당하는 체제로 바뀌었다.[69]

그간의 민영화의 추진에 대한 평가를 보면, 1999년 10월의 페딩톤(Paddington) 사고 후 여론조사에서는 73%가 인프라회사인 레일트랙의 국영화에 찬성하였고, 2006년 7월 보수당은 "상하 분리와 함께 추진된 민영화는 너무 작은 회사로 분할되어 철도 비용이 상승했다. 그리고 이로 인하여 사고 등 여러 가지 문제점이 발생했다"면서 영국의 민영화 정책에 대한 과오를 인정했다.[70]

(2) 일본

1987년 새로운 체제로 출범한 JR그룹 7개 회사의 경영성적 합계는 흑자로 좋은 출발을 보였다. JR그룹 전체의 흑자 기조는 그 후에도 계속되고 있다. 당초는 흑자계상은 국철 개혁정책이 만든 공정 그대로의 결과라는 평가도 있었지만, 국철시대 말기에 당시의 연간 2조 엔이 넘었던 거액의 영업손실의 발생이 해소된 성과는 대단한 것이었다.

자립채산을 운영원칙으로 하는 혼슈(本州) 3개 회사가 첫해부터 흑자경영을 실현한데 이어 계속되는 건전 경영이 국철 개혁의 성공을 인상 깊게 하는 결과를 가져왔다. 특히 혼슈(本州) 3사의 경우 민영화 전에는 매년 반

---

69) The White Paper on the future of rail, 15, July, 2004
70) The Times, 17, July, 2006

민영화된 일본 철도(나고야 부근)

복되어온 운임인상이 민영화 후에는 실시되지 않았고(소비세 관련의 운임
개정을 제외) 지금까지 좋은 경영성적을 유지하고 있다.

　3개 섬 회사의 경우는 새로운 체제의 발족 직후에 JR홋카이도(北海道)가
경영적자가 되는 등 불안정한 양상을 보였지만, 경영안정기금으로 영업 손
실을 보전하여 경상이익을 나타내는 운영방식이 점차 정착되었다. 대량 고
밀도운송시장의 혜택을 입지 못하는 3개 섬 회사의 경우는 일본 경제의 버
블현상이 붕괴된 1990년대에 경영흑자 달성이 곤란하다는 판단 하에 1996
년에는 운임개정이 실시되었다(운임 인상률은 각 회사마다 다르다).

　JR화물의 경영은 그룹 가운데에서 선로사용료를 경감하기 위해 회피가능
비용 원칙이라는 운영원칙이 적용되었음에도 불구하고, 거품경제가 붕괴
된 1990년에는 영업수익이 감소하고, 흑자경영의 달성은 어렵게 되었다.[71]

---

71) JR화물은 1987~1992년도까지 5년에 걸쳐 흑자경영을 계속하였지만, 1993~1997년에는 적자를 기록하
　　였다. 그 후 경비절감 효과가 발휘되어 2000년도 이후에는 흑자를 계속 기록하고 있다.

1989년에는 7년간에 걸쳐 추진되어 온 특정지방교통선의 폐지가 완료되었다. 폐지된 83개 노선 3,158km의 지방선 중 38개 노선은 제3섹터사업 등으로 양도되어 지방철도로서 다시 출발하였다.

JR 발족 직후부터 표면화된 철도 정책의 초점은 신칸센 리스방식을 둘러싼 문제였다. 혼슈(本州) 3개 회사는 신칸센 자산을 보유하고 있지 않은 것 때문에 감가상각비의 비계상으로 기업 내부의 자산 축척이 불가능한 점을 들어 문제를 제기하였고, 이에 대하여 정부 측도 신칸센 매각수입을 이용한 국철 채무를 상환하고 철도정비에 저리로 융자하는 기금을 만드는 것을 결정하였다. 이에 1991년에는 신칸센 4노선(東海, 山陽, 東北, 上越)은 혼슈(本州) 3개 회사에 매각되어, 그 매각수입 9.2조 엔을 이용하여 철도정비기금이 설립되었다.[72] 이를 통하여 일본은 실질적인 상하 일체의 운영체계를 완성했다.

국철시대 규제로 제한되었던 부대사업의 전개와 사철업과 같은 다각적 사업 전개가 JR 각 회사에 의해 급속하게 전개되어 철도 운영에 큰 변화를 가져왔다. JR 각 회사는 주식공개에 의한 민영화(민유화)가 실시되기 전에 경영 면에서 사기업화가 진행되었다. 현재 JR 여객회사는 여행업, 호텔업, 역 빌딩업, 터미널을 이용한 대규모의 소매업, 부동산업, 정보산업 등 여러 분야에 진출해 그룹 회사 수는 2004년을 기준으로 JR동일본의 경우는 100개 회사 이상, JR서일본의 경우는 60개 이상, JR동해의 경우는 약 30개 회사의 규모까지 확대되고 있다.

한편, JR 본사 3개 회사의 소유 면에서의 민영화가 개시된 것은 JR동일본

---

72) 철도정비기금은 1997년에 선박정비공단과 합병하여 '운수시설정비사업단'으로 조직을 개편하였고, 2003년에는 일본철도건설공단과 합병하여, 독립행정법인 '철도건설 · 시설정비지원기구'로 다시 개편되었다. 국철청산사업단은 현재까지 국철청산사업본부로서 이 기구에 속해 있다.

의 주식이 상장된 1993년으로, 1주에 38만 엔의 회사 주식매출 가격이 시장에서는 60만 엔으로 자리매김하였다. 1996년에는 JR서일본의 주식 상장이, 1997년에는 JR동해의 주식상장이 실시되었고, JR동일본의 완전 민영화는 2002년 6월에, JR서일본의 완전 민영화는 3월에 달성되었다.

5. 영국과 일본의 철도 민영화 비교

앞에서는 양국의 민영화 배경, 과정, 그 후의 변화를 각각 설명하였는데, 여기서는 양국의 민영화 배경, 과정, 성과 등의 직접적인 비교를 통해 양국 민영화의 특징을 좀 더 자세하게 살펴보고자 한다.

<표 2-34> 영국과 일본의 철도 운영경험 비교

구분	영국	일본	비교
철도 개통	1825년 9월 27일	1872년 10월 14일	–
철도 운영	1825년~1947년 : 민간운영	1872년~1906년 : 민간운영	–
		1906년~1947년 : 국가운영	일본 : 1900년 사설철도법에 의해 사철 운영
	1947년~1994년 : 국가운영	1947년~1987년 : 국영기업	–
	1994년~2006년 : 민간운영	1987년~2006년 : 민간운영	민영화 이전 영국은 122년의 민간 운영경험, 일본은 34년 민간 운영이 있으나 사철을 포함 하면 114년의 민간 운영경험을 가지고 있음

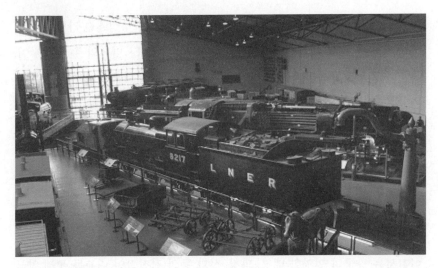

초기 영국의 증기기관차(요크 국립 철도박물관 소재)

(1) 철도 운영 경험의 비교

민영화 이전 양국의 철도 운영경험을 비교해 보면 영국은 1825년 철도가 개통된 이래 민간 운영경험이 약 122년, 일본은 1872년 개통된 이후 초기에 민간이 철도를 운영하여 약 34년의 경험이 있기는 하지만 초기부터 사설 철도가 운행되어 약 114년의 민간 운영경험을 가지고 있어 철도 민영화에 대한 학습은 충분하였다고 할 수 있다.

(2) 추진배경

양국의 철도 민영화 추진배경을 비교해 보면 영국은 국유철도로부터의 정치적인 간섭, 규제 등으로 인한 운영의 경직성으로 경영적자가 발생하였고, 일본의 경우도 자율적이기보다는 정부와 국회의 간섭 등으로 책임감

<표 2-35> 영국과 일본 철도의 민영화 추진배경 비교

구분	영국	일본	비 고
추진 배경	- 철도 운영의 적자 - 정치적인 간섭	- 철도 운영의 적자 - 정치적인 간섭 - 강한 노조	일본 민영화 직전 누적적자 37.1조 엔(1986년)

<표 2-36> 영국과 일본 철도의 경영적자 비교

구분	영국(A)	일본(B)	B/A(당시 달러로 환산)
1985년	1,406백만 파운드	2조 201억 엔	4.6
민영화 직전	265백만 파운드 (1993년)	1조 7,001억 엔	20.9

주) 1파운드는 2.5달러, 1엔은 0.008달러로 계산
자료 : Department for Transport(1991), 'Transport Statistics Great Britain, 1991 Edition', Department for Trans-
port (2004), 'Transport Statistics Great Britain, 2004 Edition', 운수성(1987), '철도통계연보'

없는 운영으로 일관하여 적자운영이 계속되었다. 특히 강한 노동조합은 일
본적인 특색이라 할 수 있다.

양국의 경영적자를 1985년을 기준으로 비교해 보면 일본이 약 4.6배에
달하는 경영적자 그리고 민영화 직전의 경우는 일본이 약 20배에 달하는
경영적자를 시현하고 있어, 일본의 경영상태가 더욱 좋지 않았다고 할 수
있다.

(3) 추진과정 및 방식

양국의 민영화 추진과정을 비교해 보면 영국은 보수당의 선거공약으로
약 2~3년이 소요되어, 상하 분리의 프랜차이즈방식, 기능별 민영화방식을
채택하였고, 일본의 경우는 민영화 추진기간이 약 6년이 소요되었고, 상하
일체방식의 지역별 분할방식을 채택하였다. 일본의 경우 국철 민영화시에

<표 2-37> 영국과 일본 철도의 민영화 추진과정 비교

구분	영국	일본	비고
추진 과정	- 1980년대 대처 수상이 이끄는 보수당의 국영기업의 민영화 추진 - 1987년 Adam Smith 연구소 민영화안을 제안 - 1992년 민영화를 보수당의 선거공약으로 추진 - 1993년 민영화법 통과	- 나카소네가 이끄는 자민당의 신보수주의로 국영기업의 민영화 추진 - 1982년 임시행정조사회 민영화 제안 - 1983년 국철재건감리위원회 발족 - 1985년 국철 총재 경질 - 1986년 8개 민영화법안 통과	본격적인 법안 추진 등은, 일본은 1982~1987년까지 6년 소요 영국은 1992년 ~1994년까지 2~3년 소요
추진 방식	상하 분리의 프랜차이즈방식, 기능별 민영화방식	상하 일체의 지역별 분할방식	

<표 2-38> 영국과 일본 철도의 민영화 추진주체 비교

구분	영국	일본
적극적 추진	보수당, 재무부, 은행	자민당(국철재건감리위원회), 언론, 여론
소극적 입장	교통부, 국유철도	교통부, 국유철도
반대 입장	노동당, 국유철도(초기)	공산당, 사회당(초기)

8개의 법률을 만드는 등 영국에 비해 착실한 준비를 했다고 할 수 있다.

추진과정에 있어서 주된 역할을 한 그룹을 비교해 보면, 영국의 경우 보수당과 재계를 들 수 있고, 일본의 경우는 자민당과 언론, 여론이 주된 역할을 하였다. 특히 상하 일체 민영화에 대해서는, 일본의 철도계는 상하 일체를 적극적으로 주장했지만, 영국에서는 그러한 입장을 견지하지 못해 양국은 결국 다른 민영화방식을 채택하게 되었다. 영국 국철은 초기에 철도 민영화안을 반대하였지만, 소극적인 입장으로 일관하였다.[73]

---

73) Terry. Gourvish,.(2002), 'British Rail', 1974-97, Oxford University Press, p.370

(4) 성과

양국의 철도 민영화의 성과를 보면, 영국은 민영화 이후 10년째인 2004년에 여객은 48%, 화물은 62% 증가하였고, 일본은 민영화 이후 15년간 여객은 18%, 화물은 10% 정도 성장하였다.

경영성적은 영국이 2004년의 경우 273백만 파운드의 흑자, 일본은 6,172억

<표 2-39> 민영화 성과 비교 1(수송량)

구분	영국		일본	
수송량 변화 (여객)	1993/4년	304억 인 · km(100)	1986년	1,982억 인 · km(100)
	2004/5년	424억 인 · km(148)	2000년	2,407억 인 · km(118)
수송량 변화 (화물)	1993/4년	130억 톤 · km(100)	1986년	201억 톤 · km(100)
	2004/5년	210억 톤 · km(162)	2000년	219억 톤 · km(110)

자료 : Department for Transport(1995), 'Transport Statistics Great Britain', Department for Transport(2005), 'Transport Statistics Great Britain', 운수성 (1987), '철도통계연보', 국토교통성 (2001), '철도통계연보'

<표 2-40> 민영화 성과 비교 2(경영성적)

구분	영국		일본	
경영성적	1993/4년	265백만 파운드 적자	1986년	1조 7,001억 엔 적자
	2004/5년	273백만 파운드 흑자	2000년	6,172억 엔 흑자

자료 : Department for Transport(1995), 'Transport Statistics Great Britain', Department for Transport(2005), 'Transport Statistics Great Britain', 운수성 (1987), '철도통계연보', 국토교통성 (2001), '철도통계연보'

<표 2-41> 민영화 성과 비교 3(철도 투자)

구분	영국		일본	
철도 투자	1993/4	2,342백만 파운드(100)	1986	6,555억 엔(100)
	2004/5	5,136백만 파운드(219)	2000	1조 76억 엔(154)

자료 : Department for Transport(1995), 'Transport Statistics Great Britain', Department for Transport(2005), 'Transport Statistics Great Britain', 운수성 (1987), '철도통계연보', 국토교통성 (2001), '철도통계연보'

엔의 흑자를 기록해 양국은 각각 적자경영에서 흑자경영으로 전환하였다.

한편, 철도 투자는 영국이 2004년의 경우 민영화 당시보다는 2.19배 증가하였고, 일본의 경우는 2000년에 약 1.54배 증가하였다.

6. 향후 과제 및 시사점

(1) 영국

영국의 경우 민영화 이후 수송량 증가, 경영흑자, 투자 증가 등 여러 가지 면에서 성과를 보이고 있지만, 민영화 이후 아직도 해결해야 할 과제가 남아있다. 첫째로는 상하 분리, 기능별로 분리되어 철도 운영 책임이 분산되어 있는 점이다. 사고가 발생했을 경우 운영상에 있어 최종적인 책임을 지는 기관이 명확하지 않다.

둘째로는 철도 운영의 정시성과 신뢰성의 문제이다. 민영화 이전과 동일한 수준을 유지하고 있어, 전반적으로 정시성과 신뢰성에서는 민영화 효과가 나타나고 있지 않다. 특히 Hatfield사고 이후 정시성과 신뢰성을 합쳐 계산한 PPM(Public Performance Measurement) 수치는 1999/2000년부터 계속 떨어지다가 최근에 약간 증가하였으나, 아직 예전의 수준을 회복하지 못하고 있다(표 2-17 참조).

세 번째로는 보조금과 비용의 변화이다. 비용과 정부의 철도에 대한 보조금의 변화를 보면 <표 2-22>와 같이 Hatfield사고 이전에는 비용과 보조금이 감소하였으나, 그 이후 비용과 보조금이 증가하였다.

정부의 철도에 대한 보조금의 변화를 보면, 민영화 이전인 1985년 이후

1993/94년까지 계속 증가 추세에서 민영화 이후 감소 추세로 1993/4년의 경우 여객 인 · km당 보조금은 6.46펜스에서 1999/2000년의 경우에는 3.62펜스까지 감소하였다. 그러나 Hatfield철도사고 이후 다시 증가하기 시작하여 2002/2003년의 경우에는 5.49펜스까지 증가하였다.

이러한 철도에 대한 보조금의 증가는 Hatfield사고 이후 비용 증가에 크게 영향을 받은 것을 알 수 있다. <표 2-23>과 같이 전체 철도 비용은 사고 이전에 비해 사고 후인 2001/02년에 전체적으로 47%가 증가하였으며, 특히 인프라 관련 비용이 53%나 증가하였다.

네 번째로는 대형사고의 발생과 새로 탄생한 네트워크레일의 운영문제이다. 민영화 이후에 중대사고인 충돌, 탈선과 사상자 발생률은 감소하고 있으나, 그간 발생한 몇 번의 대형 사고로 안전에 대한 평가는 반감된 면이 적지 않다. 또한 대형 사고로 2005년에 인프라를 소유한 민간회사인 레일트랙 대신에 정부 공기업 성격의 네트워크레일이 탄생하였는데, 현재 이 조직의 공기업적인 성격으로 향후 운영의 인센티브를 어떻게 부여하는가도 하나의 과제이다.

(2) 일본

민영화 이후의 일본이 안고 있는 과제는 다음과 같은 점들을 들 수 있다. 첫째, 지역 회사 간의 수익성 차이의 문제이다. 민영화 이후 수익성이 좋은 3개 회사(JR동일본, JR동해, JR서일본)의 경우 단 한 번도 운임을 인상하지 않은 것에 비해, 3개의 섬 회사 및 화물회사의 경우 채무 면제조치 및 신칸센 임대료 차등지급에도 불구하고 계속적인 적자를 기록해 보조금 지급(경영안정기금)과 함께 몇 번에 걸쳐 운임을 인상하였다. 현재 시점에서 과연

3개의 섬 회사와 화물회사가 과연 진정한 민영화를 달성할 수 있을지에 대한 의문이 제기되고 있다. 그러나 지역 분할에 의해 각 회사 간에 어느 정도 경쟁(yard sti-ck competition)이 작용해 생산성이 전반적으로 향상되었다는 평가결과도 나타나고 있다.

두 번째는 잘못된 경기예측과 부채 청산방식의 문제이다. 일본의 경우 민영화 당시 총부채 37조 1천억 엔 중 3사(JR동일본, JR동해, JR서일본) 부담은 14조 5천억 엔, 국철청산사업단이 22조 6천억 엔을 부담하였는데, 국철청산사업단은 토지매각, 주식매각, 국민 부담으로 이를 해결하는 계획을 가지고 있었으나, 경기가 호황이었던 1980년대 말과는 달리 1990년대 이후 버블경제 해체에 따른 토지 및 주식매각의 부진과 매년 1조 엔의 이자부담으로 부채 규모는 1998년에 28조 엔으로 다시 증가하였다.

일본은 1980년 말 경기호황에 힘입어 화물수송량 증대 등 민영화 추진에 있어 환경적으로 좋은 여건이었으나, 1990년대 초의 경제하락은 결국 민영화 성과를 반감시키는 여건이 되고 말았다. 결국 부채의 증가로 1998년 10월 23일 국철청산사업단은 해산되었고, 그 임무는 철도건설공단이 승계하였다. 부채처리는 나머지 재산의 매각(1,273ha)과 함께 60년 동안 담배 특소세 형태로 처리되고 있다. 이러한 과정에서 정부는 청산사업단이 가지고 있는 부채를 영업성적이 좋은 JR동일본 등에 부담시키려 하였으나 각 회사의 거센 반발로 실패하고 말았다.

세 번째는 지방 적자선의 문제이다. 일본의 경우 1987년 민영화 당시 지방 적자선을 일부 정리하였으나, 지방자치단체 등의 역할 등을 정확히 규명하지 못하고 이를 그대로 운영하고 있다. 현재 신칸센 등의 수요가 많은 노선에서 발생한 수입으로 지방선의 적자를 보조하는, 이른바 내부 보조가 행해지고 있는데, 이는 소득분배의 공평성의 관점에서는 어느 정도 설득력이 있지만 자원의 효율적 배분면에서는 문제가 있다. 교통경제학에서도 일반적으로 '내부 보조'는 바람직하지 못한 것으로 평가하고 있다. 1998년 3월에는 결국 아오모리현의 구로이시(黑石)선이 폐지되는 등 지방 적자선의 문제가 최근에도 쟁점사항으로 제기되고 있다.

네 번째는 고용과 관련된 문제로, 민영화 당시에 해고된 인력에 대한 처리가 아직도 소송에 계류 중이다. 일본 정부는 1990년 4월 1일까지 국철에서 해고된 후 미취업 인원인 1,200명을 민영화된 각 회사에 재취업하도록 행정지도를 하였으나, 민영화된 각 회사는 이를 거부하고 있으며, 결국 이 문제는 소송으로 제기되어 노동위원회의 구제명령과 철도회사들의 취소소송 등이 현재까지도 계속되고 있다.

다섯 번째로, 2005년 4월 27일 후쿠지야마 선에서 107명의 사망자가 발생한 사고도 민영화 이후 수익성에 초점을 둔 회사 운영방식에서 비롯되었다는 주장도 제기되고 있다. 앞으로 이에 대한 사고 재발방지의 대책도 향후 하나의 과제라고 하겠다.

일본의 경우는 이러한 문제점을 안고 있음에도 불구하고 현재 국유철도의 민영화에 대한 평가는 국철시대보다 나아진 서비스, 종업원을 30만 명에서 18만 명으로 감축, 지역별로 분권화된 철도 운영, 협조적인 노사분위기, 종업원의 근로의욕의 증진과 적극적인 부대사업 개발 등으로 결과적으로 본토의 3개 회사는 사철 못지않은 높은 노동생산성을 기록하는 등 긍정적인 평가를 받고 있다.

(3) 민영화 정책

양국의 민영화정책에서 영국의 경우는 보수당, 일본은 자민당 등이 중요한 정치적인 추진 주체였다. 영국이 민영화를 추진한 기간은 약 2~3년에 불과해 일본에 비해 매우 빠르게 진행되어 추진이 용이한 민영화안이 나왔으며, 이러한 시간적인 제약이 민영화 추진에 있어 상당한 영향력을 미쳤다고 할 수 있다. 따라서 운영체계의 근본적인 전환을 가져오는 중대한 정책인 민영화는 충분한 시간을 가지고 추진할 필요가 있으며, 가능하면 정치적인 일정보다는 착실한 철도 발전계획 하에서 추진되어야 할 것이다.

또한 추진 주체에 있어서도 영국은 주로 재무나 경제계의 영향력을 받았고, 일본의 경우는 여론과 함께 철도 운영자들의 상하 일체 등에 어느 정도 영향을 미쳤다고 할 수 있어, 민영화 정책에 있어 다양한 의견수렴 특히 여론, 소비자 그리고 철도 운영자 등의 참여가 필수적이라고 하겠다. 영국의 경우 소비자 입장이나 운영자 입장에서 보면 그들에 대한 배려가 부족했다는 것이 열차 운영의 정시성과 신뢰성면에서 발견되고 있다.

(4) 철도 투자

양국의 철도 투자액을 비교해 보면 영국이 일본에 비해 1960년에 5배나 많았으나, 1970년에는 일본이 2.4배, 1980년에 6배나 많은 투자를 해 왔다. 이러한 투자액의 차이는 결국 인프라 규모의 차이로, 양국의 철도 운영에 큰 영향을 미쳤다고 할 수 있다. 양국의 투자 규모의 비교는 영업거리로도 비교될 수 있는데, 영국은 1900년에 30,079km에서 민영화 직전에는 16,700km로 감소하였으나, 일본의 경우는 1900년의 6,202km에서 민영화 직전에 27,900km로 약 4.5배나 증가하였다. 전철화율도 2003년 일본은 61%에 비해 영국은 31%에 머무르고 있다.

영국은 민영화 이후에 노후화로 인해 높은 유지보수 비용을 지불하고 있

<표 2-42> 영국과 일본의 철도 영업거리 비교

구분	영국(km)	일본(km)	비고
1825년	43		
1872년	21,558	29	
1900년	30,079	6,202	일본은 사철 포함
1960년	29,579	27,909	일본은 사철 포함
민영화 직전	16,700(1994)	27,900(1986년)	일본은 사철 포함

자료 : Department for Transport(1995), 'Transport Statistics Great Britain', Department for Transport(2005), 'Transport Statistics Great Britain', 운수성 (1987), '철도통계연보'

다. 일본은 인프라 투자를 철도에서 부담하여 이 투자액은 경영부담이 되었고, 이로 인한 적자운영은 국철이 민영화로 전환되는 주된 요인이 되기도 하였다. 따라서 철도 투자는 민영화 이전에 추진할 필요가 있으며, 일본의 부채 처리방식에서 알 수 있듯이 결국 국민의 부담으로 귀착되기 때문에 부채는 철도 운영자로부터 분리하여 국가에서 이를 부담하는 체제로 운영하는 것이 바람직하다고 하겠다.

철도 투자와 함께 철도 민영화 정책에서 중요하게 고려되어야 할 요소는 기술이다. 양국의 철도 능력 중 가장 큰 차이는 고속철도의 운영에 있다. 일본은 1964년부터 고속철도를 운영하여 철도가 타 교통수단에 비해 결코 뒤지지 않는 경쟁력을 가지고 있는데, 이것이 민영화를 뒷받침하고 있다.

일본의 경우 고속철도망을 2007년 2,387.5km에서 장래 6,860km까지 확장하는 것으로 확정하고, 이중 정비신칸센 5선 1,173km는 1970년의 정비신칸센법에 의해 현재 착실하게 추진되고 있다. 장기 기술개발 계획으로는 1964년에 신칸센이 개통된 직후 초전도 자기부상열차 계획을 세워 현재까지 추진하고 있는데, 현재 최고속도 552km/h를 기록하고 있으며 최근 상용화가 결정되었다.

한편, 영국의 경우는 1975년에 디젤을 고속화하는 HSDT를 도입하여 시속 200km의 철도를 운영하고 있다가, 1993년에 유로스타를 고속철도로 도입하여 운영하고 있다. 영국은 최근 철도기술 부문의 30년 계획을 마련하고 있다.

기술개발은 영국과 일본의 철도 민영화 구조를 결정하는데 매우 중요한 요소로 작용하였다. 1987년 시행된 일본 민영화의 경우, 철도 관계자들은 도쿄와 오사카 구간의 속도향상 270km/h를 위해 차량과 인프라와의 유기적인 관계를 강조하여 상하 일체방식을 관철시켰다. 그러나 영국의 경우엔 이러한 유인이 없었다.

(5) 정부 계획

양국의 철도 민영화 정책에서 정부의 철도발전계획이 수립되고 그 틀 안에서 민영화가 추진되었는가를 살펴보면 다음과 같다.

일본의 철도 정책은 10년에 한 번씩 작성되는 '운수정책심의회'에 의해 그 방향이 정해진다. 2004년의 '중장기적인 철도 정비의 기본적 방향과 철도 정비의 원활화 대책에 대하여'의 제목 하의 심의회 보고서에서 장래 10년간의 일본 철도의 방향이 제시되었다. 주요 내용은 지구 환경문제가 중요하게 부각됨에 따라 환경친화적인 교통수단으로서의 철도 위상을 높이기 위해 일본 철도 정비를 간선철도와 도시권철도의 2개 권역으로 나누어 그 계획을 구체적으로 제시하고 있다. 현재는 1970년에 제정된 '전국신칸센철도정비법'에 의해 수요가 적음에도 불구하고 국토의 균형발전과 지역개발차원에서 새로운 신칸센 건설이 추진되고 있다.

철도 계획의 기본 방향은, 주요 도시를 3시간 이내 도달 가능하게 하고, 재래선 구간에서 120km/h 이상, 신선 구간에서 200km/h 이상의 속도(최고속도 260km/h)로 운행하는 것을 목표로 하고 있다. 재원은 중앙정부 1/3(신 칸센양도수입금, 공공사업비에서 부담), 지방정부 1/3(지방교부세에서 부담), 회사 부담 1/3이 되고 있는데, 정비 신칸센의 경제성은 지역 개발효과 등을 감안하여 B/C 2.4~ 2.6에 이르고 있다. 주요 추진지역은 홋카이도지역, 규슈지역, 동북지역 등이다. 재래선의 고속화 사업을 추진하기 위해서 국가로부터의 보조금 교부나 '철도건설 · 운수시설정비지원기구'에 의한 무이자 대부제도가 활용되고 있다.

한편, 영국의 경우는 2000년에 'Transport 2010'을 수립하여 2010년까지 여객 50%, 화물 80%의 증가와 6,000량의 새로운 차량의 도입, 동부와 서부간 선의 개량 등의 계획을 발표하였으나, 그 후 재정문제로 이를 포기하였다. 2004년의 미래 철도에 대한 계획인 'Future of Rail'을 발표했는데, 주요 내용은 정부의 역할을 강조하고 있으나 장기 철도망 계획이나 재원조달 문제에 대해서는 구체적인 언급이 없는 문제점이 있다.

(6) 민영화 방식

그간의 성과를 볼 때 영국의 경우 상하 분리와 과도한 분할로 인하여 비용 증가와 정시성과 신뢰성면에서 문제점이 발생하고 있으며, 선로의 유지보수와 운영회사간의 계약 관계 그리고 운영회사간의 의사소통도 원활하지 못하다. 영국은 최근 이러한 문제점에 대해 정부의 역할 강화와 유지보수 기능의 내부화, 인프라회사와 운영회사간의 유기적 협조관계의 구축 등으로 새로운 변화를 모색하고 있다.

한편, 일본은 상하 일체로 정시성과 신뢰성의 확보가 가능하고, 특히 각 회사의 비용절감 노력이 결국은 자사의 이익으로 환원이 가능한 구조로 운영되고 있다. 그러나 최근 수요가 적은 일부 지방의 노선에서는 상하 분리 제도가 도입되고 있다. 이 제도는 고정 자산세 등의 부담이 없고, 지방자치 단체의 인프라 부담으로 경영효율이 높다는 장점을 가지고 있다.

한편, Preston(1999)은 영국의 경우 기능별 민영화로 1993년부터 1998년의 민영화의 성과를 민영화 조직의 정착, 생산성 향상, 보조금의 감소 등의 성과를 제시하면서, 1996년 회계감사원의 자료를 인용하여 복잡한 추진과정으로 인해 약 10억 파운드의 추가비용이 소요되었다는 문제점도 함께 지적하고 있다.[74]

<표 2-43> 양국의 철도 민영화 추진과 성과에 대한 흐름

민영화 추진 변수	민영화 추진방식과 성과
철도 투자 정치적인 영향력 ➡ 양국의 철도 민영화방식의 차이 ➡ 양국의 철도 민영화 성과 민영화 추진 주체 (직접적인 이해당사자) 기술적인 조건	

일본은 지역별 민영화로 철도회사가 지역과의 일체감 형성과 지역발전에 크게 기여하고 있다. 그러나 철도 회사는 지역 철도 수송을 담당해야 하기 때문에 지역 정치의 영향을 받아 내부 보조를 할 수밖에 없는 상황으로, 수요가 많은 신칸센의 수입으로 지역 철도를 운영하고 있는 문제점도 안고 있다.

---

74) John Preston and Amanda Root(1999), 'Changing Trains', Ashgate, pp.71~74

(7) 결론

결론적으로 양국은 철도 투자와 정치적인 영향력, 일정 그리고 이를 추진한 그룹의 차이에 의해 양국은 철도 민영화방식에 차이가 생겼고, 이 때문에 양국은 성과면에서 다른 결과를 가져왔다고 할 수 있다.

이러한 추진과정은 영국 철도의 사고 발생과 정시성문제, 비용 증가의 문제가 연관이 있다고 할 수 있다.

양국의 비교를 통해 우리는 민영화 추진에 있어 바람직한 요소로서는 첫째 철도 투자가 선행되어야 하는데 이는 정부 투자로 시행되고, 두 번째로는 민영화 추진에 있어 정치적인 영향력이 최소화되어야 하며, 세 번째로는 민영화 추진 주체의 경우 철도 운영자, 이용자 등 직접적인 이해당사자의 참여가 중요하다는 결론을 얻을 수 있다. 마지막으로 장기적인 기술과 발전계획이 철도의 경쟁력을 좌우하기 때문에 장기 철도 발전 계획이 뒷받침되어야 한다는 시사점도 아울러 얻을 수 있다.

제6절 최근 영국 철도의 발전

1. 철도 정책과 기술발전 계획

 2005년 말 영국 교통부는 몇 가지의 중점 추진정책을 발표하였다. 먼저 교통을 경제성장과 생산성 향상에 중요한 요소라고 전제하면서 향후 물동량 증가에 대응하는 교통 투자를 대폭 늘린다는 것이다. 2005년에 교통 투자 규모는 104억 파운드 규모에서 2007년에는 128억 파운드로 약 23% 확대할 계획이다. 아울러 선로를 소유하고 있는 네트워크레일과 운영회사의 긴밀한 협조관계를 통하여 보다 향상된 철도 서비스를 제공하도록 공동의 열차통제센터를 운영하는 것이다. 두 번째로는 도로혼잡 요금의 확대이다. 도로혼잡 문제를 해결하기 위해 혼잡요금제도의 적용범위를 확대하는 것을 검토하고 있다. 이를 위해 Transport Innovation Fund 중에서 2억 파운드 규모의 재원으로 도로의 혼잡 요금을 지원하는 새로운 시스템 도입을 검토하고 있다.

 현재 영국에서 시행되고 있는 혼잡 요금은 런던의 중심부에 들어오는 차량에 대해 부과되고 있는데, 2005년 7월 4일부터 1회 혼잡지역 진입시 부과하는 요금이 5파운드에서 8파운드로 인상되었다. 지불방법은 전화와 핸드폰, 인터넷과 개인적으로 정해진 지불창구에서 납부할 수 있다. Drive pass는 주에 25파운드, 한 달에 110파운드, 1년에 1,250파운드에 구입할 수 있다. 감시카메라가 있어 위반시에 벌금을 부과하고 있다. 혼잡 요금은 오전 7시부터 오후 6시 30분까지, 월요일부터 금요일까지 시행하고 있으며, 주말에는 부과되지 않는다. 혼잡 요금의 면제대상 차량은 택시, 긴급차 등이다. 또한 거주자는 일부 면제되고 있다.

2003년 도입된 혼잡요금제도는 그간 도심지역 내 교통량의 18% 감소, 30%의 혼잡을 완화하는 효과를 가져왔다. 그러나 문제점으로 혼잡 요금이 교통량에 관계없이 일률적이며, 혼잡구역 안에 머무르는 시간에 관계없이 요금이 부과되고 있다는 것이다. 이에 혼잡지역 내에서 장기적으로 정차하는 것에 의해 혼잡이 추가적으로 발생하고 있으며, 혼잡이 비교적 적은 낮 시간에는 부과 효과는 높지 않다.

또한 요금의 계산방식이 복잡하며, 현재 혼잡 요금의 지불에 대한 감시 모니터로 약 75%만이 추적이 가능한 문제점을 안고 있다. 따라서 나머지는 인력으로 이를 통제하고 있어 비용이 추가적으로 발생되고 있다. 이러한 문제점을 해결하기 위해 싱가포르나 유럽에서 도입하고 있는 새로운 기술인 차량 자동인식시스템을 도입하여 자동차가 혼잡구역에 들어가면 자동적으로 이를 인식하는 시스템의 도입을 적극 검토하고 있다.

현재 영국은 2035년까지 기술발전계획(HLOS : High Level Output Specification)을 수립하고 이를 단계별로 추진하고 있다. 향후 30년 계획은 2단계로 나누어 추진되는데, 1단계는 10년, 2단계는 나머지 20년 동안 추진되도록 하고 있다. 주된 전략은 수송능력, 승객의 만족, 안전, 비용 등의 면에서 획기적인 발전을 꾀하는 것이다.

주요 내용을 보면, 첨단화된 이동식 신호, 지능형 인프라체계의 구현, 경량 차량 개량, 연료전지와 재생에너지를 사용한 에너지 절약형 차량개발, 2층 열차 등 대용량의 차량개발, 인터페이스가 용이한 철도시스템과 동력분산식 차량개발 등이다.

그리고 철도 전체적으로 표준화된 공통 용도(multi-use)의 부품개발, 계층화되고 차별화된 기술개발체계 등에 대한 내용의 발표가 있었다. 이는 철도기술을 고속철도와 중량의 화물열차, 그리고 나머지를 일반열차 등 3종류의 기술로 집약하고 이를 서로 연계시키는 계획이다. 구체적으로는 360km/h의 고속열차, 160~250km/h의 고속열차, 160km/h의 화물열차, 120km/h의 지역 내 열차, 그리고 100km/h의 중량 화물열차, 80km/h의 트램 등으로 분류하고, 철도기술을 360km/h의 고속열차와 중량의 화물열차를 차별화된 기술로 분류하고 나머지를 공통 기술로 분류하고 있다. 또한 기술개발에 대해서도 반드시 경제성 분석을 하도록 하여 그 기술개발의 사회·경제적 효과를 측정하도록 하고 있다.

최근의 철도 연구의 주요 내용을 보면, 소음감소와 의자의 안락함을 최대한 향상시키는 승차감 향상 연구, 비용절감을 위한 최적의 발라스트 형상 연구, 고속화물열차의 개발 연구, 트랙과 휠의 인터페이스 연구, 선로용량을 증가시키는 스케줄 최적화 연구, 고속철도의 공력을 줄이는 전두부 형상에 관한 연구, 고속열차 주행 중 자갈비산을 방지하는 연구, 틸팅열차의 승차감을 향상시키는 연구, 온도에 민감한 환경친화적인 차량 연구, 승객의 만족도에 대한 연구, 최적의 재질에 대한 연구 등이다.

특히 정보화 사회에 맞추어서 철도 이용에 대한 정보화 발표 내용도 주목을 받고 있는데, 현재 17종의 티켓을 단순화시키는 방안과 차량 내에서 더 많은 정보를 승객에게 제공하는 방안에 대한 논의가 진행되고 있다.

영국은 향후 이 철도기술 30년 계획을 바탕으로, 철도를 영국 교통체계에서 중요한 간선 교통수단으로 발전시키고자 다양하고 구체적인 실행 계획을 계속적으로 수행할 예정이다.

2. 철도기술의 변화

영국 철도는 새로운 전환기를 맞이하고 있다. 2007년 개통된 108km의 신설노선을 통하여 유로스타가 런던(St. Pancras)에 연결되었고 프랑스 파리까지는 2시간 15분이 소요되어 본격적인 고속철도시대에 들어서게 되었다. 이러한 고속철도 운행은 장래 런던에서 북쪽으로 스코틀랜드까지 확장될 예정이다. 현재 영국에는 틸팅차량인 '펜돌리노(Pendolino)'가 최고속도 200 km/h로 글래스고우에서 런던까지 운영중이다.

향후 영국은 경제성장으로 철도 수요는 2004/5년에 1,088백만 명에서 20년 안에 약 1,300백만 명으로 증가될 것으로 예상되어, 이에 대한 여러 가지 대책을 마련하고 있다. 증가하는 수송수요에 대처하기 위해서 네트워크의 확장과, 2층 열차의 도입도 검토하고 있다. 또한 승객 위주의 서비스를 위해서는 편리한 환승체계, 정시율 향상 등을 위한 대책을 마련하고 있다. 특히 인프라를 소유하고 있는 네트워크레일과 운영회사와의 긴밀한 관계를 통해 안전성과 정시성을 확보할 수 있도록 노력하고 있다.

한편, 철도의 환경친화성을 고려하여 도로의 혼잡요금제도를 확대함과 동시에 철도 발전의 장기계획을 마련 중이다. 이 계획은 2005년 철도법에 근거해서 만들어지는 것으로 'HLOS(High Level Output Specification)'로 명명되고 있다. 이 계획에는 장기적인 30년 철도 발전계획은 물론 투자재원,

현재 문제점으로 제기되고 있는 급증하는 인프라 건설비용의 통제, 선로사용료, 차량의 경량화, 수요증가에 대처하는 지방정부와의 협력관계 등을 담고 있다. 이러한 내용은 2004년의 미래 교통계획에서도 언급되었으며, 철도투자에 대한 지방정부의 참여시 인센티브를 부여하는 방안 등이 강구되고 있다.

철도기술에 있어서도 안전과 선로용량의 증가를 목표로 하는 ERTMS의 본격적인 도입과 연료전지, 수소연료 등이 개발될 예정이다.

도시철도에서도 현재 공공부문과 민간부문의 협조관계(Public Private Partnership) 하에 도시철도부문의 투자가 본격적으로 진행 중에 있다. 주요한 내용을 보면, 2020년까지 런던 지하철의 모든 차량을 교체하거나 개량된 차량으로 투입하고, 선로의 80%를 교체하며, 249개 역을 개량하며, 2012년까지 선로용량을 12% 증가시켜 정시율을 높이는 계획을 가지고 있다. 아울러 런던을 중심으로 한 도시철도의 경우에도 2015년을 목표로 새로운 노선

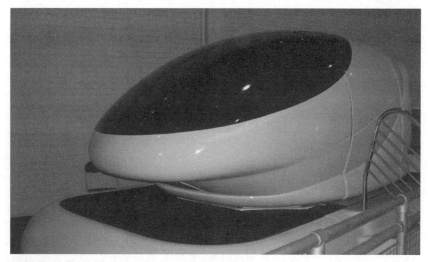

미래형 철도의 개념도(영국)

으로 런던을 통과하는 지하철을 건설하기 위해 재원조달에 대한 구체적인 검토를 하고 있다.

도시철도에 관해서는 경량전철(Light Rail)의 보다 적극적인 도입이 검토되고 있다. 버스보다는 많은 수요에 적합한 경량전철 도입을 위해 정확한 수요예측을 바탕으로 비용을 절감하는 방안 등이 모색되고 있다.

한편, 2005년 6월 1일 일본 차량회사인 히다치사는 영국의 SRA와 2009년부터 운행되는 고속철도 차량의 공급계약을 체결하였다. 운행 예정구간은 유로스타가 달리는 영국 측 구간인 애쉬포드와 런던 사이인데, 이 차량은 기존선 구간에서도 운행될 예정이다. 앞으로 이 차량은 2012년 영국의 올림픽 개최시 승객수송에도 크게 기여할 것으로 예상되고 있다. 히다치사는 이를 위해 약 5년 동안 준비해 온 것으로 전해지고 있다.

차량제원은 평균속도 225.3km/h로 6량 편성이며, 정원은 354명, 그리고 12개의 장애인용 휠체어, 그리고 차량당 화장실 1개, 장애인용 화장실 1개로 구성된다. 또한 1량당 2개의 팬터그래프, 4개의 모터가 달린 동력 분산형 차량형식이다. 이 차량은 수요가 많은 시간대에는 2편성의 연결운행이 가능하고, 슬라이딩도어를 통하여 정시성 확보 , 직·교류 겸용으로 설계되어 다양한 구간에서 운행이 가능하도록 되어 있다. 이 차량의 차체는 알루미늄으로 만들어져 경량화와 재생사용이 가능하도록 하고 있으며, 강도를 유지하면서도 터널소음을 낮추는 설계를 도입하고 있다. 또한 차량 디자인이나 성능면에서 영국의 규제조건 등을 만족시켜야 하는데, 이 차량의 대차는 새로운 인프라와 많은 커브에서 어떻게 성능을 발휘하느냐가 차량제작의 포인트로, 현재 영국 철도의 인프라 데이터를 바탕으로 설계되고 있다.

첫 번째 4편성은 2007년 여름 일본으로부터 영국으로 인도 되었고, 2007년부터 2009년까지 현지 시험을 거쳐 그 성능이 검증된 후 2009년 말 상업

영국 요크 철도박물관에서 열린 철도기술 발전회의 모습

운전에 들어갈 예정이다.

　유지보수의 경우도 현재 일본과 영국 기술자가 유지보수에 관한 기술을 공유하고 있는데, 현재 유지보수의 기본 개념은 예측된 예방유지보수(predictive maintenance)로 비용을 최소화하는데 그 초점이 맞추어져 있다.

3. 고속철도 건설계획

　영국은 2007년 유로스타 신선이 런던까지 완공됨에 따라 향후 고속철도 확장에 대한 논의가 활발하게 진행되고 있다. 2006년 5월 영국 철도 연구자들의 모임인 RRUK(Railway Research UK)에서도 이와 관련한 주제발표와 활발한 토론이 진행되었다. 필자는 그곳에 참가하여 청취한 내용과 문헌을 통해 영국의 고속철도 추진에 대한 내용을 정리해 보았다. 현재 계획은 런던까지의 고속철도를 연장하여 히드로 공항, 그리고 중부와 북쪽지방까지 연결시키는 구상이다. 현재 영국의 교통체계는 도로 중심으로 극심한 혼잡과 이로 인한 자동차 배기가스 문제에 시달리고 있는데, 현재의 런던지역의 혼잡 요금징수와 징수지역 확대만으로는 문제가 해결되지 않을 것으로 전망하고 있다.

고속철도 추진 논리는 자동차교통에서 철도교통으로의 전환과 함께 런던의 집중 완화와 중부와 북부의 지역개발, 그리고 환경친화적인 국토개발 등이 집중적으로 거론되고 있다. 특히 지역간의 격차는 남쪽과 북쪽이 심한 편인데, 1994~2004년까지 10년간의 인구 성장을 보면 런던 주변은 6~20%인데 비해 북쪽의 에딘버러는 3% 미만에 그치고 있다. 또한 서비스업의 인구도 2003년을 기준으로 런던 주변은 32.7%인데 비해 에딘버러는 10%에 머무르고 있는데, 고속철도의 도입으로 지역간 격차가 해소되고 런던의 혼잡이 완화될 것으로 기대하고 있다. 고속철도가 영국에서 추진된다면, 경제와 인구 등의 이동을 통해 국토의 균형적인 개발과 지역간의 통근시간과 히드로 공항까지의 이동시간 단축으로 높은 편익이 발생할 것으로 예상하고 있다. 아울러 새로운 교통체계가 형성되어 간선 교통 인프라의 구축이 가능해질 것이며, 기존선의 성능 향상과 기존선의 선로용량으로 화물수송이 활성화될 것으로 기대하고 있다. 특히 이동시간이 크게 단축될 것인데, 런던~에딘버러까지는 현재 5시간 56분에서 2시간 30분으로 단축될 것으로 전망하고 있다.

한편, 각국의 고속철도 건설로 인한 효과도 영국에 큰 영향을 미치고 있다.

영국은 지역개발 사례로 프랑스의 릴 지역이 고속철도의 정차로 인해 크게 발전한 것에 주목하고 있다.

고속철도는 영국처럼 남북이 긴 나라가 특히 유리한데, 고속철도가 항공

<표 2-44> 영국의 고속철도 대안별 편익

(단위 : 십억 파운드)

구분	대안 1 북서부(Stafford)	대안 2 북동(Yorkshire)	대안 3 중부(Edinburgh, Glasgow)
수입	4.9	8.5	20.6
총 편익	29.6	44.5	89.8
자본비용	8.6	10.6	27.7
운영비용	5.7	8.3	20.5
총 비용	14.3	18.9	48.2
NPV	13.3	27.3	40.9
B/C Ratio	2.07	2.59	2.04

자료 : SRA(2004)

영국 고속철도의 북동부노선도(런던-에딘버러)

등 타 교통수단에 비해 유리한 구간은 400~800km로, 영국의 경우 런던에서 에딘버러까지 약 650km, 리즈까지는 312km로, 리즈 이북 지역인 뉴케슬, 카리슬리 지방에서 경쟁력이 큰 것으로 전망되고 있다. 고속철도가 운행되면 이 지역 지방공항의 국내선 수요는 감소할 것으로 전망되고 있다.

고속철도의 개통으로 영국 전체가 큰 편익을 받을 것으로 전망되고 있는데, 특히 스코틀랜드 지방의 에딘버러와 글래스고우 지역의 경제 활성화, 웨일즈 지방

과 런던 히드로공항과의 직접연계가 가능해지고, 런던을 중심으로 한 동부와 서부지역에서 히드로공항의 연결이 편리해져 높은 시간 단축 편익이 발생할 것으로 기대하고 있다.

향후 고속철도 추진시 고려 요소로는 다음과 같다. 고속철도 노선은 가장 환경편익이 높아야 하고, 시내중심까지 고속철도가 연결되고, 현재의 교통체계, 특히 기존 철도와의 효율적인 연계가 가능해야 한다. 또한 지역의 발전계획, 물류 거점시설과의 연계, 영불터널과의 연계가 가능해야 할 것이다.

기술적인 요소로는 비용, 신뢰성, 에너지 소비, 소음, 이산화탄소 배출, 내구성, 승차감, 유지보수, 모델의 발전 가능성 등이 고려되어야 할 것이다.

가장 중요한 재원조달은 고속철도 건설에 드는 많은 비용과 높은 사회경제적인 파급효과를 고려해 정부재원이 중심이 되고 있다.

제3장
영국 철도의 화물정책

제1절 서론

1947년 이후 영국의 철도화물 수송은 국철(British Rail)이 담당하였으나, 1960년대 초 철도 운영의 합리화를 위해 재정 목표가 제시되고, 1968년 교통법에 의해 컨테이너 사업부문은 국유철도공사(National Freight Corporation)로 이관되어 Freight Linear사가 담당하였다. 그러나 이 회사는 1976년, 1978년에 교통법에 의해 다시 합병되어 영국 국철의 일부분으로 전환되었다.

영국 철도는 1994년 이후 민영화에 의해 선로와 운영이 나뉘어 상하 분리 체계로 운영되고 있으며, 민영화된 화물회사는 여객회사와 함께 네트워크 레일 소유의 선로를 함께 이용하고 있다. 민영화 초기에는 7개 화물회사로 운영되었으나 통폐합으로 현재는 대부분의 철도화물은 EWS(English Welsh & Scottish Railway)와 Freight Linear의 두 회사가 담당하고 있다.

그간의 철도화물 분담률 추이를 보면 1953년의 경우 ton · km 기준으로 전체 화물수송량의 42%를 차지해 당시 영국의 산업과 경제활동에 큰 기여를 하였으나, 그 후 분담률은 계속 감소하여 민영화 직전인 1994년에는 6%까지 감소하였다. 이 결과 화물부문은 경영상 어려움을 겪어왔는데 1988/9년에는 65백만 파운드, 1990/91년에는 152백만 파운드, 1993/4년에는 62백

만 파운드의 영업적자를 기록했다.[75]

그러나 최근 영국 정부는 철도의 높은 환경편익, 대량수송의 장점 등을 고려하여 보다 적극적인 철도화물 육성 정책을 수립하는 등 새로운 시도를 하고 있다.

2005년 제정된 철도법에는 철도화물에 대한 정부의 역할을 더욱 명확히 함과 동시에 철도화물의 경쟁력 향상으로 영국 경제가 성장할 것이라고 전제하고, 최근의 철도화물 증가 현상을 매우 긍정적인 것으로 평가하고 있다. 철도화물 수송량은 민영화 직전인 1994년에 130억 ton·km에서 10년이 지난 2004년에는 210억 ton·km로 약 62%나 증가하였다. 수송 분담률도 ton·km 기준으로 1993년에 6.6%에서 2004년에 11.5%까지 증가하였다(표 2-29 참조).

이러한 철도화물량의 증가는 도로혼잡으로 트럭 수송이 시간과 비용이 많이 소요되고, 또한 2004년부터 시행된 트럭운전사의 운전시간 규제로 운행비용이 늘어나게 되었고, 영국 정부의 철도화물 보조금을 중심으로 한 일련의 철도화물 육성정책 등에 기인하고 있다. 실제로 1997년 이후 영국 정부는 2003년까지 223백만 파운드의 보조금을 철도화물운송회사 등에 지급하였다. 매년 지불된 보조금 규모는 철도화물 운송회사 매출액의 약 7% 수준인데, 특히 2000년의 경우에는 영국 철도회사 총 수입은 약 507백만 파운드, 철도화물 보조금은 53백만 파운드로 보조금 규모는 수입의 약 10% 수준에 이르고 있다. 이에 따라 영국 철도화물 수송량은 도로혼잡과 철도 보조금 등의 영향으로 다른 나라에 비해 높은 성장률을 보이고 있다. 실제로 1995년과 2002년의 철도화물 수송량을 비교해 볼 때 ton·km 기준으로

---

75) Department of Transport(1982), 'Transport Statistics Great Britain 1972-1982', Department for Transport (2004), 'Transport Statistics Great Britain, 2004 Edition', p.60

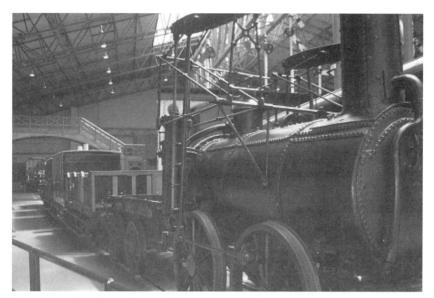

여객과 화물을 같이 수송한 초창기 영국 철도

영국은 44%가 증가한 반면, 독일은 12%, 프랑스는 2%에 머무르고 있다.

여기서는 영국의 철도화물 정책의 내용과 특히 발전을 거듭해 온 철도화물 운송기업과 화주에게 지급되고 있는 보조금제도를 자세하게 분석하여 철도화물 정책이 실제적으로 어떻게 구현되고 있는가를 살펴보고자 한다. 아울러 최근 이 정책이 어떤 변화를 보이고 있는가를 분석해 보았고, 결론

<표 3-1> 주요 국가의 철도화물 성장률 비교

(단위 : 억 ton · km)

국가	1995(A)	2002(B)	B/A
영국	130	187	1.44
프랑스	490	500	1.02
독일	695	780	1.12
일본	243	219	0.90

자료 : Department for Transport (2004), 'Transport Statistics Great Britain, 2004 Edition', p.60, UN(2005), 'Economic Survey of Europe', p.59, UIC 자료

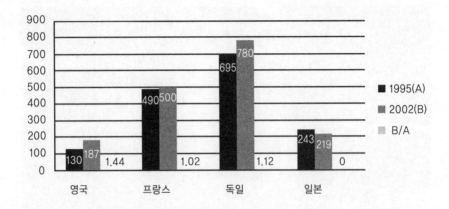

부문에서는 영국 철도화물 활성화를 위한 몇 가지 제안을 추가하였다.

제2절 주요 철도화물 정책과 보조금

영국 철도화물의 주요 정책은 1974년부터 수립되었다. 당시 제정된 교통법은 국철이 채산성이 낮은 노선을 유지할 경우에는 공공서비스의무(Public Service Obligation : PSO) 규정에 의해 정부로부터 보조금을 받도록 명문화하였고, 정부는 이러한 법적인 토대를 바탕으로 정책적으로 화물운송을 도로에서 철도로 전환하고, 인프라 이용비용을 지불하지 않는 도로교통과의 동등한 경쟁을 위해 철도에 보조금을 지급하기 시작하였다.

<표 3-2>와 같이 1975년 철도화물에 대한 보조금은 66백만 파운드, 1976

<표 3-2> 철도에 대한 보조금과 수지 현황(1971~1976)

(단위 : 백만 파운드)

연도	PSO	철도화물 보조금	손익(이자 이전)	손익(철도화물 보조금 이전)	손익(철도화물 보조금 이후)
1971년			30	- 15	- 15
1972년			25	- 26	- 26
1973년			6	- 52	- 52
1974년			-86	-158	-158
1975년	324	66	-28	- 61	5
1976년	319	28	14	- 30	-2

자료 : Department of Transport(1982), 'Transport Statistics Great Britain 1972-1982'

년에는 28백만 파운드로 철도화물보조금으로 인해 경영수지가 많이 개선된 것을 확인할 수 있다.

그 후 영국 철도는 보조금을 비롯한 철도화물정책에는 큰 변화가 없었으나, 최근 환경문제가 심각해지면서 철도화물 육성에 대한 정책적 관심이 더욱 높아지고 있다. 2000년에는 당시 환경 · 교통 · 지역부(Department of the Environment, Transport and the Regions : DETR)가 철도에 관한 10개년 계획을 수립하였는데, 주요 내용을 보면 2001년~2010년까지 10년 동안 철도화물 수송량을 80% 증가시키고, 2010년에는 2001년에 비해 약 2배 수준인 320억 ton · km를 수송하여 철도화물 분담률을 2000년 7%에서 10%까지 향상시키는 목표를 수립하고, 이를 위해 철도화물 수송부문에 약 40억 파운드를 투자하는 안을 마련하였다. 실제로 2004년에 철도화물 수송 분담률은 11.5%까지 향상되어 이 목표는 이미 달성되었다.

당시의 SRA도 철도화물에 의해 도로혼잡이 해소되고, 도로의 유지관리비, 사고비용이 줄어들고, 소음과 대기오염, 기후변화 등의 환경문제가 해결될 것이라고 전망하였다.

SRA는 이러한 장점을 가진 철도화물의 육성을 위해 구체적으로 다음과 같은 전략을 수립하였다. 첫 번째로는 인프라 향상을 위한 투자와 화물시설보조금(Freight Facility Grants : 이하 FFG)을 증액하여 화물수송을 도로로부터 철도로 전환하고, 두 번째는 터미널 건설을 위한 자금을 지원하며, 세 번째로는 화물열차의 속도 향상과 40피트 대용량 컨테이너를 적극적으로 활용한다는 것이다.

영국 정부는 이와 같은 철도화물의 육성과 이의 핵심내용인 보조금 지급의 근거를 철도가 가진 환경친화성에서 찾고 있다. 이를 구체적으로 살펴보면, 환경면에서는 ton · km당 이산화탄소 배출량은 철도는 트럭의 약 1/8

<표 3-3> 수송수단간의 이산화탄소 배출량 비교

구분	ton·km당 이산화탄소 배출량(g)
철도	23(1)
트럭	178(7.7)

자료 : SRA(2003), 'Everyone's railway', p.22

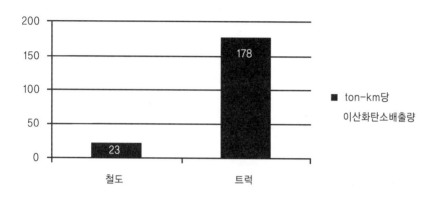

에 불과하다.

한편, 철도화물과 보조금의 운영은 그간 SRA가 담당하였으나, 이 조직이 2005년에 폐지되고 현재 그 기능과 역할이 교통부로 이관되어 운영되고 있다. 교통부는 철도화물의 정책수립과 보조금 등 자금을 지원하고, 철도화물

<표 3-4> 영국 철도화물 관련 조직과 상호관계

조직	기능
교통부	철도화물에 대한 자금 지원
네트워크레일	비영리의 선로 보유기관으로, 교통부로부터 보조금과 철도화물회사의 선로사용료를 기반으로 선로의 개량과 유지보수
ORR	네트워크레일에 대한 규제, 철도화물회사에 대한 사업면허와 규제
철도화물회사	네트워크레일에 선로사용료 지불, 교통부로부터 보조금을 받음
오퍼레이터	철도화물회사와의 협력관계, 교통부로부터 보조금을 받음
화주	철도화물회사와의 협력관계, 교통부로부터 보조금을 받음

회사와 오퍼레이터, 화주 등이 보조금을 받아 철도화물 운송을 담당하고 있으며, ORR이 철도화물 운송에 대한 사업면허와 선로사용료 등의 규제를 하고 있다.

다음으로 영국 철도화물 육성정책의 가장 핵심내용이라고 할 수 있는 보조금제도에 대해 좀 더 구체적으로 살펴보고자 한다.

제3절 철도화물 보조금제도

영국 정부는 철도화물에 대한 보조금을 지급하고 있는데, 정부의 기본 철학은 국민이 낸 세금으로 그만큼의 편익이 발생하기 때문이다. 다시 말하면 보조금 규모는 편익이 발생한 정도에 따라 결정되며, 그 이상의 보조금은 지불되지 않는다(value for money). 영국 정부는 철도화물 보조금의 편익을 납세자가 향유하는 환경친화적 효과를 주된 내용으로 하고, 추가적으로 소음, 혼잡방지 등을 제시하고 있다.

현재 영국 정부가 시행하고 있는 영국 철도화물의 보조금은 3종류가 있는데, 첫 번째로는 1974년에 도입되어 철도 관련 시설의 신축과 개량시에 지급되는 화물시설보조금(Freight Facility Grants : FFG)과 민영화 이후 제도화되어 화물운송회사에 보조하는 선로이용 보조금(Train Access Grants : 이하 TAG), 그리고 2004년 이후 Intermodal 컨테이너를 이용하는 철도 운송업자, 철도 이용고객에 대한 수입보조금제도(Company Neutral Revenue Support : 이하 CNRS) 등이다. 다음에서 이를 자세하게 살펴보고자 한다.

1. 보조금 제도의 종류

(1) 화물시설보조금(FFG)

FFG는 1974년 철도법에 의해 제정되었으며, 1993년 철도법에 의해 개정되었다. 영국 정부는 국철의 경영 악화와 환경문제에 적극적으로 대처하기 위해 1974년 철도법을 제정하였는데, 8조에 이 보조금제도를 명문화하였다. 보조금은 교통부가 일반회계 예산으로 운영하고, 사용 규모도 교통부가 정하도록 하였다. 보조금의 지급대상은 주로 철도 관련 시설을 가지고 있는 운송회사와 화주이며, 지급 내용은 철도화물 수송에 관한 자본재로 신규시설과 기계도입에 대한 비용, 기존 시설·기계의 보수 및 개량비용, 그간 쓰지 않았던 시설이나 기계에 대한 보수 및 개량비용 등이다. 또한 철도 화물 취급역의 측선, 고가교, 벨트컨베이어, 조명시설 등과 화차, 컨테이너 등과 하역 장비인 포크리프트, 리치 스테커, 보관시설인 창고 등도 대상이 되고 있다.

<표 3-5> FFG의 예산 규모와 보조금액

(단위 : 백만 파운드)

연도	예산	보조금액	신청건수
1994/5	3.30	2.80	2
1995/6	3.40	4.00	3
1996/7	5.40	2.77	3
1997/8	12.70	6.96	10
1998/9	22.50	9.45	12
1999/2000	23.30	5.81	19
2000/01	32.00	19.88	29
2001/02	40.00	32.69	27
2002/03	45.00	27.56	23

자료 : SRA

보조금 규모는 원칙적으로 전체 비용의 50%를 상한선으로 하고 있지만, 특히 환경편익이나 경제적 효과가 높은 프로젝트에 대해서는 50%를 초과 해서 보조하고 있다. 그간의 보조액 규모를 보면, 1994/5년의 2.8백만 파운 드에서 2002/03년도에는 23건에 27.56백만 파운드 규모로 증가하였다.

(2) 선로이용보조금(TAG)

TAG는 철도화물 운송사업자가 지불하는 선로사용료에 대한 보조금으로, 이는 FFG와는 달리 철도화물 운송사업자에게만 지불되는 제도이다. 이는 트럭의 경우 도로 이용료를 지불하지 않기 때문에 철도가 트럭과 동등한 경쟁이 가능하도록 마련된 제도이다. 이 제도의 보조금 규모는 수송실적, TAG에 의한 사회적 편익(환경 면), 철도화물 사업자의 선로사용료 지불 능 력을 고려해서 결정되고 있다. 이 제도는 수송실적을 기반으로 하여 지불 되는 제도이기 때문에, 보조금은 신청 1년 후에 지급되고 있다. 1994/5년 이 후 규모는 계속 증가하여 2002/3년에는 20.77백만 파운드의 보조금이 지급

<표 3-6> TAG의 예산 규모와 보조금액

(단위 : 백만 파운드)

연도	예산	보조금액	신청건수
1994/5	11.00	0	0
1995/6	11.00	0	0
1996/7	7.00	12.23	7
1997/8	18.40	21.34	9
1998/9	17.10	18.91	13
1999/2000	16.70	16.74	21
2000/01	20.00	13.88	15
2001/02	27.00	19.89	22
2002/03	30.00	20.77	16

주) 1996/7년과 1999/2000년도에는 Freight Linear 보조액은 제외
자료 : SRA

되었다.

(3) 수입보조금(CNRS)

2004년 4월에 도입된 CNRS제도는 철도의 높은 환경편익과 단거리 구간에서 철도가 트럭보다 많은 비용이 드는 문제점을 보완하기 위해 마련되었다. 그간 TAG제도로 컨테이너 화물에 대해 보조금이 지불되었는데, 철도운송회사에만 지급되어 형평성의 면에서도 문제가 없지 않았다. CNRS는 철도화물회사와 고객 모두 수혜가 가능하고, 인터넷상에서 어느 구간에 어떤 화물을 철도로 수송하면 얼마만큼의 보조금을 받을 수 있다는 정보검색이 가능하여 매우 투명하게 운영되고 있다.

이 제도는 컨테이너, Swapbody, Piggy back 트레일러 등 20피트 이상의 복합운송용기를 대상으로 항구에서 내륙의 목적지까지 철도를 이용하거나 국내 거점간의 컨테이너를 이용하는 복합운송 컨테이너 사업자에게 보조금을 지급하는 제도로, 주된 수혜자는 철도 수송 용기를 소유하고 있는 오퍼레이터이다. 보조금 규모는 거리에 따라 차이가 있는데, 예를 들면 유럽으로부터의 컨테이너 화물의 경우 영국 동부의 Felixstowe에서 Birmingham까지 약 250km 구간에서 20피트 컨테이너의 경우 개당 59파운드의 보조금이 지급되고 있다.

선로사용료 보조금의 경우는 선로사용료를 상한으로 하고 있지만, CNRS의 경우엔 환경편익을 최고 한도로 하고 있어 더 많은 보조금과 철도화물 수송 이외의 고객도 수혜자가 되어 보조금의 대상과 금액이 확대되었다.

2. 보조금 계산방법

FFG와 TAG의 경우 보조금은 기본적으로 철도화물 수송으로 인한 환경 부담의 경감정도를 기초로 하고 있다. FFG 보조금 계산방법은 철도 수송량, 수송거리, 수송구간을 먼저 설정하고, 그 구간에서 철도를 이용함으로 인해 감소되는 트럭 수송량과 그로 인한 환경편익을 통하여 보조금을 산출하고 있다. 계산방법은 다음과 같다.

| 1. 시설, 장비의 정비 및 개량에 따라 철도로 전환되는 화물 (수송량, 수송거리, 수송구간) |

| 2. 감소된 도로 수송의 화물 (기 사용된 도로의 형태, 해당 도로의 환경편익 기준치, 운행횟수) |

| 3. 환경편익 액 산출 환경편익 액 = 수송거리(마일) · 환경편익기준치(SLM : Sensitive Lorry Mile) · 운행횟수 |

보조금 계산에서 필요한 것은 먼저 환경편익 기준치(SLM)인데, 이는 트럭 1대, 1마일 당의 환경편익 금액으로, 1차선 도로의 경우 지방은 1파운드, 도시의 경우는 1.5파운드, 2차선 도로의 경우는 1.5파운드, 고속도로의 경우는 0.20파운드로 계산되고 있다.[76] 이는 2004년에 개정되어 대도시부의 경우는 1.74파운드로 철도를 이용할 경우 더 많은 편익이 발생한다.

먼저 환경편익 계산의 예를 보면, 1년~4년 사이에 고속도로는 10마일에

---

76) 2003년 10월 시점

<표 3-7> 환경편익 계산방식

도로 분류	수송 마일	SLM(트럭 1대 1마일당 단가) (파운드)	환경편익(파운드)
(1) 1년~4년	-	-	-
1차선 도로(지방)	5	1.00	5.00
1차선 도로(도시)	3.5	1.50	5.25
2차선 도로(지방)	2	1.50	3.00
고속도로	10	0.20	2.00
(1) 합계	20.5	-	15.25
(2) 5년~10년	-	-	-
1차선 도로(지방)	1	1.00	2.00
1차선 도로(도시)	3.5	1.50	5.25
2차선 도로(지방)	2	1.50	3.00
고속도로	10	0.20	2.00
(2) 합계	21.5	-	12.25

자료 : Rail freight grants 자료(http://www.dft.gov.uk/stellent/gropus/dft_freight/document/page/dft)

<표 3-8> FFG 계산방식

구분	수송 톤 (톤)(A)	운행횟수 (회)(B)	수송거리 (마일)·SLM (C)(파운드)	환경편익 (D)=(C)·(B)	할인계수 (E)	FFG 보조금 (F)=(D)·(E) (파운드)
0					1.000	
1	40,000	4,000	15.25	61,000	0.943	57,523
2	60,000	6,000	15.25	91,500	0.890	81,435
3	75,000	7,500	15.25	114,375	0.840	96,075
4	100,000	10,000	15.25	152,500	0.792	120,780
5	120,000	12,000	12.25	147,000	0.747	109,809
5년 합계						465,622
6	120,000	12,000	12.25	147,000	0.705	103,635
7	120,000	12,000	12.25	147,000	0.665	97,755
8	120,000	12,000	12.25	147,000	0.627	92,169
9	120,000	12,000	12.25	147,000	0.592	87,024
10	120,000	12,000	12.25	147,000	0.558	82,026
10년 합계						928,231

자료 : Rail freight grants 자료(http://www.dft.gov.uk/stellent/gropus/dft_freight/document/page/dft)

<표 3-9> TAG 계산방식

구분	수송톤수(톤) (A)	운행회수(회) (B)	수송거리(마일) · SLM (C) (파운드)	철도화물 이용가치 (D)=(C)·(B) (파운드)
0	-	-	-	-
1	40,000	4,000	15.25	61,000
2	60,000	6,000	15.25	91,500
3	75,000	7,500	15.25	114,375
4	100,000	10,000	15.25	152,500
5	120,000	12,000	12.25	147,000
합계	-	-	-	566,375

자료 : Rail freight grants 자료(http://www.dft.gov.uk/stellent/gropus/dft_freight/document/page/dft)

서 5마일이 더 건설되어 5~10년 사이에는 15마일이 되고, 1차선 도로는 1년~4년 사이에 5마일에서 5~10년 사이에 1마일로 감소한다고 가정하면, 환경편익은 15.25파운드에서 12.25파운드로 변화한다.

할인율은 6%, 평균 적재량을 20톤으로 가정하고, 운행횟수는 수송톤수/평균 적재량×2(귀로 공차)로 계산한 결과 10년 동안의 FFG의 보조금은 928,231파운드가 된다.

선로사용료 계약은 보통 5년이므로 TAG에 의한 금액은 566,375파운드가 된다.

3. 보조금제도의 특징

이상의 내용을 통해 본 영국의 철도화물 보조금제도는 다음과 같은 특징을 가지고 있다.

첫째로, 영국 정부는 명확한 목표를 가지고 이를 추진하고 있다는 것이다. 보조금을 통해 철도화물을 육성하는 명확한 목표를 가지고 있는데, 보조금 계산에서도 알 수 있듯이 환경편익이 보조금의 기본적인 지표가 되고 있다. 향후 영국 정부는 트럭의 수송거리에 비례하는 세금을 도입하여 트럭 운송을 감축시킬 계획도 가지고 있다.

두 번째로, 보조금제도는 철도의 경쟁력 향상을 위한 제도이다. 단거리 컨테이너화물의 경우는 철도운임이 트럭보다 비싸기 때문에 철도부분의 경쟁력을 보조금을 통해 향상시키고 있다. 장거리의 경우는 철도가 경쟁력이 있어서 보조금 지급 대상이 되지 않는다. 또한 선로사용료에 대한 보조는, 트럭은 도로 이용료를 지불하지 않는 것에 비해 철도는 선로사용료를 지불하기 때문에 동등한 경쟁을 위해 보조금을 지급하고 있다.

<표 3-10> 각국의 철도화물 보조금 비교

(단위 : 백만 유로)

연도	영국	프랑스	일본
2000년	53	79	-
2001년	83	76	-
2002년	72	17	19

주) 영국의 경우 보조금은 예산책정 금액 기준
자료 : SRA(2003), 'National Rail Trend', SNCF, 'Rapport annuel 2001-2002', 일본 자료는 JR화물 자료

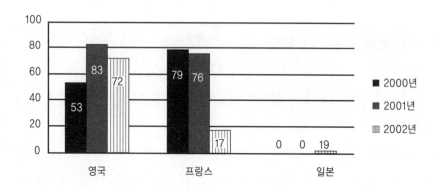

세 번째로, 보조금이 매우 신속하게 결정, 지급되고 있다. 보조금 신청으로부터 FFG는 6개월, TAG는 6주만에 심사결과가 나오며, FFG는 5개월 이내에 보조금의 90%가 지출되고 있다.

네 번째로, 보조금의 규모면에서도 다른 나라에 비해 적지 않은 규모이다. 프랑스의 경우는 2000년에 복합수송에 대한 보조금으로 79백만 유로, 2001년에 76백만 유로, 2002년에 17백만 유로를 지원한 것에 비해, 영국의 경우는 2000년에 53백만 유로, 2001년부터는 프랑스보다 더 많은 금액인 83백만 유로, 2002년에는 72백만 유로를 지원하고 있다.[77] 일본의 경우는 2002년에 이산화탄소 배출억제를 위해 철도로 전환하는 기업에 대한 보조금으로 1.9백만 유로만을 지급하였다.

---

77) SNCF, 'Rapport annuel 2001-2002'

제4절 철도화물 정책과 보조금제도의 변화

1. 화물 활성화 종합정책의 수립

최근 영국은 철도화물 활성화를 위해 기본적으로는 2005년 철도법에 정부가 철도화물을 육성할 것을 명문화하고 여러 가지 정책을 추진하고 있다. 첫 번째로는 현재 여객회사와 화물회사가 선로를 공동으로 사용하고 있는데, 철도화물의 경우 경제성과 환경친화성을 고려해 선로 이용을 확대하는 안을 검토하고 있다. 영국 교통부는 2004~2005년 사이에 철도 수송에 의해 700만 대의 트럭운행이 감소하여 혼잡완화와 환경개선이 있었다고 발표하면서, 히드로 공항 5터미널의 건설에 필요한 자재 등의 공급에 철도가 주요한 역할을 하고 있다고 설명하고 있다.

구체적인 정책수단으로, 철도화물 운송회사가 부담하는 선로사용료를 인하하여 철도의 경쟁력을 향상시키며, 여객회사와 화물회사의 경제성의 재검토를 통해 선로를 동등하게 사용하는 권한을 부여하는 안을 적극 검토하고 있다. 또한 화물회사의 경우에도 최고 10년에 걸친 선로사용 계약을 체결할 수 있도록 하고, 만약 선로를 사용하지 못할 경우 여객회사로부터 보상을 받도록 하는 안을 검토하고 있는데, 이러한 내용은 ORR과 협조 하에 추진되고 있다.

또한 영국 정부는 철도화물의 국제운송을 감안하여 유럽연합의 철도화물 육성과 자유화 정책에 보조를 맞추고, 2007년에 영국 내에 유로스타의 신선 2단계 구간이 완성됨에 따라 기존선 구간에서의 철도화물 증가에 큰 기대를 걸고 있다.

2. 보조금의 증가

그간의 보조금 변화 추이를 살펴보면, 1975년에는 1974년의 교통법을 근거로 해서 보조금액은 66백만 파운드였다. 그 후 보조금은 명맥만을 유지해 오다가 민영화 이후 보조금액은 증가하여 2001/02년에는 57백만 파운드, 2002/03년에는 49백만 파운드로 증가하였다.

3. 새로운 보조금제도의 도입

영국 정부는 현재 1년에 약 20백만 파운드가 넘는 보조금의 규모를 확대할 목적으로, 현재 운영중인 교통부문의 보조금을 통합하여 우선순위가 높은 부분에 집중적으로 지급할 계획이다.

이를 구체적으로 보면, 2007~2008년부터 현재 운영중인 철도화물보조금과 도로와 해운의 보조금을 통합한 'cross-modal sustainable distribution fund'를 만들어 가장 우선순위가 높은 부문에 중점적으로 보조금을 배분한다는 것이다. 이 철도의 편익이 매우 높게 나타나고 있어(영국의 경우 철도화물 보조금의 비용편익 분석의 결과인 b/c 비율이 8.16에서 1.81까지 계산되고 있다) 철도화물에 대한 보조금이 확대될 전망이다.

<표 3-11> 철도에 대한 보조금과 수지 현황(1971~1976)

(단위 : 백만 파운드)

연도	보조금	관련 내용
1975	66	1974년 교통법에 의해 화물 적자 보전
1976	28	
1977	5	
1985/86	7	
1986/87	6	
1987/88	2	
1988/89	2	
1989/90	1	
1990/91	4	
1991/92	1	
1992/93	2	
1993/94	4	
1994/95	3	민영화 시작
1995/96	4	
1996/97	15	TAG 보조 시작
1997/98	29	
1998/99	29	
1999/00	23	
2000/01	36	
2001/02	57	
2002/03	49	

자료 : Department of Transport, 'Transport Statistics Great Britain 1972-1982',
SRA(2003), 'National Rail Trend'

4. 환경편익 규정(SLM)의 강화

최근 새로운 환경편익 기준(SLM)이 도입되어 환경편익이 더욱 강화되었다. 2003년에 대도시지역의 경우는 기존 1.5파운드에서 1.74파운드로, 혼잡한 고속도로의 경우는 0.2파운드에서 0.69파운드로 증가하였다. 이에 따라 환경편익은 구간별로 크게 증가하였는데, 예를 들면 동부지역의 Felixstowe에서 중부의 Birmingham구간의 환경편익은 기존의 2.45백만 파운드에서 새로운 기준치를 적용하여 6.07백만 파운드로 148%가 증가하였고, Felixstowe에서 Glasgow 구간은 216%나 증가하였다.[78] 이에 따라 새로운 환경편익 기준치의 도입으로 철도화물 보조금은 더욱 증가되었는데, 2002년까지 CNRS의 경우 영국 동부의 Felixstowe에서 Birmingham의 약 250km구간에서 20피트 컨테이너의 경우 개당 28파운드에서 59파운드로 2배 이상 증가하였다.

5. 보조금 수혜범위의 확대와 민간투자의 활성화

그간 철도화물 보조금의 수혜대상은 철도 운송회사가 중심이었으나, 이제는 철도로 화물을 이용하는 고객도 철도화물의 보조금 수혜 대상이 되어 그 범위가 확대되었다. 또한 보조금으로 인하여 민간에 의한 철도 투자도 확대되고 있다. 그간의 주요 사례를 보면, 2001년의 경우 Harvest Infrastructure Ltd사는 철도화물 수송을 위한 자사의 철도화물 터미널을 건설하는데 자사 비용 17.9백만 파운드(25%)와 53.6백만 파운드(75%)의 보조금을 사용

---

78) SRA 자료 참고(WWW.railfreightonline.com)

하였다. 2002년 Tilbury Container Services사는 철도 수송용 컨테이너의 상하역 장비의 도입을 위해 1.1백만 파운드(25%)의 자사 비용과 보조금 3.2백만 파운드(75%)를 사용하였다.

제5절 철도화물의 발전을 위한 제언

　영국 정부는 철도화물의 육성을 위해 발전 목표를 명확히 하고 매년 50백만 파운드 이상 규모의 보조금을 철도화물을 이용하는 화주, 철도운송회사, operator 등에 지급하고 이를 통해 철도화물의 성장을 유도하고 있는데, 이러한 사례는 우리나라에도 시사하는 바가 크다고 하겠다.

　한편, 현재 시행되고 있는 영국의 철도화물 보조금제도는 철도 분담률이 향상되는 등 큰 효과를 거두고 있지만, 보조금 계산에 있어 적지 않은 전문가 비용이 소요되고 있어 이를 쉽게 매뉴얼화 하는 방법으로 개선되어야 할 것이다. 현재 환경편익을 계산할 경우 방식이 복잡하여 10년간의 편익계산에 2만 파운드~3만 파운드가 소요되는데, 이는 보조금을 받으려는 회사나 고객이 부담하고 있다. 아울러 다음과 같은 점들이 철도화물의 발전을 위해서 개선되어야 할 것이다.

　첫 번째로는 인프라의 혼잡문제로 런던 부근의 레딩(Reading)에서는 여객열차와 화물열차가 빈번하게 교차되는 등 혼잡이 발생하고 있는데, 이러한 문제를 해결하기 위해 인프라에 대한 투자가 확대되어야 할 것이다.

　두 번째로는 철도 화물열차의 다이아 확보문제이다. 현재 열차의 다이아 조정은 시각표위원회(The Timetabling Sub-Committee)가 구성되어 8명으로 구성된 위원회에서 결정하고 있는데, 여객회사에서 4명, 화물회사에서 2명, 네트워크레일에서 임명된 2명으로 구성되어 있다. 다이아 조정의 최종적인 권한은 네트워크레일이 가지고 있다. 만약 시각표위원회에서 의견이 상충될 경우에는 분쟁조정위원회에서 이를 조정하는데, 위원 수는 네트워크레일 2명, 철도회사 4명(여객회사 3명, 화물회사 1명), 그리고 독립된 의장 등 7명으로 구성되어 있다. 만약 이 분쟁위원회에서도 해결이 안 될 경우에는 ORR에서 결정하는데, 최근 2~3년간 철도화물의 다이아 조정관계로 분쟁위원회가 20회 정도 개최되었고, 해결되지 않은 2건은 ORR에서 결정되었다. 그런데 열차 스케줄의 조정에 있어 여객회사의 영향력이 화물회사보다 큰 것이 일반적인데, 이는 네트워크레일의 수입 중 여객회사 수입이 약 60%, 화물회사는 크게 못미치고 있기 때문이다.

세 번째로는 선로사용료 계약기간의 문제이다. 화물회사와 네트워크레일의 계약기간은 통상 5년이며, 1년 6개월의 짧은 계약도 있다. 철도 화물회사는 가능하면 장기간의 선로 사용계약을 체결하고자 하지만, 선로 사용률을 정하는 ORR이나 네트워크레일의 입장에서는 장기간 계약을 할 경우 선로사용료를 인상하지 못하기 때문에 이해가 상반되고 있다.

한편, 유럽연합의 경우 철도화물에 대한 지원책을 구체적으로 규정하고 있는데, 이 또한 영국 철도화물 발전에 시사점이 되고 있다. 주요 내용은 시설, 운영 등에 대한 보조뿐만 아니라 소음방지를 위해 지역주민에 대해서도 보조금을 지급하고, 트럭 운송에 대해 도로통행료 징수, 환경세 징수, 배출가스 기준 강화, 우회도로가 있는 지역의 트럭통행 금지, 스피드미터의 의무적 부착 등이다.

제4장
철도 발전을 위한 제언

제1절 영국 철도 민영화의 교훈

영국 철도는 최근 급격한 변화를 경험하고 있다. 변화의 핵심은 정부가 철도 발전의 주도적인 역할을 하고, 그동안의 복잡한 규제체계를 단순화하였으며, 철도 관련 각 기관의 책임을 분명히 하였다. 또한 안전체계도 외부 주도형에서 철도 관련기관이 이를 담당하도록 하였는데 주요 변화 내용은 다음과 같다.

첫 번째 변화는 2005년 말에 SRA를 폐지하고 그 기능을 교통부로 이관하였다. 따라서 영국 교통부가 철도 투자와 전략을 주도적으로 수립하도록 하였다. 교통부는 운영회사와 프랜차이즈 계약을 직접 체결하고 이에 보조금의 수준과 정부의 투자규모를 직접 정하고 있다. 이러한 변화를 통해 교통부는 네트워크레일과 운영회사(TOC)에 대하여 실질적인 관리 리더십을 발휘할 수 있도록 되었다. 아울러 인프라회사에 직접적인 보조금을 출연하도록 하였다. 이는 초기 민영화시에 정부는 철도 업무에 관여하지 않고, 보조금의 규모를 줄이고, 인프라회사에 직접적인 보조를 하지 않는 등 정부의 관여를 줄이는 것이 목표였던 것에 비하면 큰 변화라고 하겠다.

두 번째로는 인프라관리회사가 성과에 대한 직접적인 책임을 지도록 하였다. 그동안은 철도의 성과에 대한 책임이 분산되어 있어 이에 대한 책임이 모호하였다. 예를 들면 열차 지연에 대한 책임도 인프라회사와 운영회사 그리고 유지보수회사, 정부 당국 등으로 책임이 분산되어 있어 실질적으로 책임을 담당하는 기관이 없다고 해도 과언이 아니었다. 이러한 문제점 때문에 대형사고가 발생했다는 지적이 많았다. 이에 네트워크레일은 운영회사간의 긴밀한 관계를 형성하여 그동안의 상호 관계가 책임을 떠넘기는 관계에서 동반적인 발전 관계로 변화를 유도한다는 것이다. 이를 위해 워털루(Waterloo)의 통합사령실을 공동으로 운영하거나 상호 교대근무, 공동 기술 개발 등이 추진되고 있다. 그리고 그동안 유지보수를 외주한 것에 대하여 네트워크레일에서 직접 담당하도록 내부화하여, 그동안 실질적인 선로 유지에 대한 정보와 수준 파악이 어려운 문제점을 해결하도록 하였다.

세 번째로는 규제체계를 단순화하였다. 그동안 공정한 철도 시장의 형성을 위해 규제업무가 교통부, ORR, SRA 그리고 안전에 대해서는 HSE, 인프라회사, ORR 등으로 분산되어 복잡한 체계로 운영되어 실질적인 안전기준보다는 형식적인 안전기준으로 비용 상승의 주 요인이 되었다. 이러한 문제에 대해 규제 업무를 ORR로 단순화시켜 경제적 규제와 사회적 규제를 함께 담당하도록 하였다. 이러한 조직상의 변화를 통하여 영국 철도 민영화는 새로운 국면에 접어들고 있다. 변화의 큰 축인 영국 교통부와 인프라회사 그리고 규제기관이 어떻게 서로의 역할을 충실하게 수행하며 협조관계를 유지하면서 철도를 발전시키느냐가 앞으로의 관건이라고 하겠다.

제2절 영국 철도의 사회적 영향력

2006년 5월 24~25일 영국 요크에 있는 영국국립철도박물관(National Rail Museum)을 방문하는 기회를 가졌다. 영국국립철도박물관은 철도의 고장 영국뿐만 아니라 세계 철도박물관 중에서 규모가 가장 크고 역사가 오래된 것으로 유명하다.

2일 동안 박물관 내에서 개최된 영국 철도 발전 세미나에 참석, 박물관을 천천히 보면서 소중하게 보전된 작은 공구 하나하나에 담긴 철도에 대한 열정과 혼을 느낄 수 있었고, 철도의 역사와 문화에 대해 많은 생각을 하게 되었다.

철도는 영국에서 1830년에 개통된 이래로 산업과 문화 발전, 변화에 큰 기여를 하였다. 철도의 개통으로 영국은 산업혁명이 가속화되었고, 근대화된 의식과 문화가 형성되기 시작하였다. 영국을 비롯한 유럽은 철도를 중심으로 근대적인 교통망과 도시가 형성되었다. 영국의 경우 1830년~1900년 사이에 29,000km의 철도망이 건설되었고, 프랑스는 같은 시기에 38,000km, 독일은 51,000km가 건설되어 철도는 산업발전의 견인차이자 기술 발전, 문화 전달의 주요한 수단이었다.

우리나라도 1899년에 철도가 개통되어 그간 식민지 지배의 수단, 산업화의 주역 그리고 최근에 와서는 도시 교통의 핵심적인 이동수단으로 자리 잡고 있다.

필자는 일본에서 오랜 시간 공부하면서 우리 철도의 역사에 대한 관심을 계속 가져 왔다. 철도가 갖는 다양한 측면의 사회적인 공헌과 역할에 대한 자료 수집과 연구가 필요하다는 생각을 계속해 왔고, 그 후 뜻을 같이한 몇 명의 연구자들과 한국철도사와 관련된 자료를 수집하였다. 그리하여 식민지 시대의 자료를 포함, 1,000권이 넘는 귀중한 자료를 수집하였고, 이를 기초로 본격적인 연구를 시작하였다. 그동안 자료 수집과정에서 필자는 우리 철도사 자료가 제대로 보존되어 있지 않고, 체계화되어 있지 않다는 생각을 많이 하였다. 현재의 우리는 물론 후손에게 전해 주어야 하는 역사적인 사료와 증거물들이 소홀하게 다루어지고 훼손되고 있는 것에 필자는 안타

영국 요크의 국립 철도박물관, 외부 전경

요크 국립 철도박물관 내의 증기기관차

까운 마음을 갖지 않을 수 없었다. '과거와 현재를 소중하게 생각하지 않고 어떻게 미래를 준비할 수 있는가'에 대한 계속적인 의문도 머리를 떠나지 않았다.

본격적인 고속철도 시대, 국제화된 철도 시장에서 우리가 보여주어야 할 것이 선진화된 기술이나 빠른 차량뿐만 아니라 지난 날의 철도에 대한 잘 정리된 사료 그리고 이를 잘 설명해주는 각종 증거물도 포함되어야 한다는 생각도 함께 갖게 되었다.

이제라도 늦지 않았다. 앞으로 철도 역사는 200년, 300년 이후도 계속될 것이기 때문에 지금이라도 그간의 철도 관련 자료를 분류, 정리하고, 연구하는 노력이 필요하며, 내일부터의 철도 역사는 우리의 것이 아닌 우리 후손의 것이라는 평범한 진리를 명심해야 할 것이다.

제3절 독일 철도여행

2006년 부활절 휴가를 맞이하여 4박 5일 예정의 독일 여행길에 올랐다. 특히 이번 여행은 철도를 이용하였는데 다음과 같은 점들이 마음에 다가왔다.

프랑크푸르트(Frankfurt)로부터 마인츠(Mainz), 코브랜즈(Koblenz), 바드 엠스(Bad Ems)를 거쳐 림버그(Limburg)를 통해 다시 프랑크푸르트로 돌아오는 5일에 걸친 약 300km의 철도여행이었다. 독일은 철도로 유명한 나라이다. 독일 철도는 유럽에서 철도망과 수송량면에서 최고 수준을 자랑하고 있다. 철도 영업거리는 약 35,803km이며, 국토 면적 1,000km² 당 철도 연장은 약 100km로, 일본과 프랑스의 약 2배에 달하고 있다. 수송량은 2002년 기준으로 여객의 경우 71.4십억 인·km이며, 화물수송량은 76.3십억·ton으로, 여객의 경우는 유럽 국가 중 프랑스 다음이며, 화물은 유럽에서 가장 많은 양을 수송하고 있다. 독일은 장래 도로보다 철도에 더 많은 투자를 계획하고 있으며, 매년 철도 총 투자액 중 약 80%는 연방정부에서 투자하고 있다. 아울러 지방분권화법과 지역교통보조법에 의해 휘발유세 중 약 20%를 연방정부에서 지방정부에 보조하고 있어, 이를 기반으로 지역 철도가 운영되

19세기 중반의 독일 프랑크푸르트역 전경

고 있다.

우리 가족은 먼저 프랑크푸르트로부터 마인즈까지는 도시철도에 해당하는 S Bahn 노선인 S8을 타고 약 40분만에 도착하였는데, 운임은 약 5유로 정도였다. S Bahn은 DB에서 운영하는 도시철도로, 새벽 첫차는 3시 50분부터 막차인 밤 12시 43분까지 운행되었다. 지정석은 아니지만 편안하고 쾌적하게 여행을 즐길 수 있었다. 마인즈에서 코브랜즈까지는 그리고 바드엠스까지는 약 2시간 30분의 여행으로 역시 약 5유로 정도였다.

독일 철도를 이용하면서 느낀 점을 몇 가지 정리해 보면 다음과 같다.

첫째로 프랑크푸르트 중앙역이 도심의 가장 중심에 위치하고, 이를 중심으로 도시가 발달하고 있다. 중앙역은 19세기 후반에 세워졌는데, 이 역이 도심의 중심이고, 지금도 도심이 이를 중심으로 발달하고 있다. 현재 중앙역은 16개의 노선이 집중되어 있고, 오전 7시 ~ 8시 사이에 108개의 열차가 출발하고(고속열차 10개), 88개의 열차(고속열차 8개)가 도착하고 있다. 역에서 내리면 편리하게 버스와 노면전차를 이용하여 모든 목적지까지 편리

유럽에서 자전거와 철도는 환경 친화적인 교통수단으로 각광받고 있다.

하게 이동할 수 있다. 역에서는 자전거까지 대여해주고 있어 멀지 않은 거리는 자전거로 이동이 가능하도록 되어 있다.

두 번째로는 역 안내센터의 편리성이다. 안내센터에서는 영어로 자연스럽게 대응이 가능하며, 버스노선까지 자세하게 안내해 주고 있었다.

예를 들면 마인즈에서 바드 엠스까지 오후 3시경 기차를 안내센터에 문의하였더니 컴퓨터로 오후 3시부터 4시까지 4개 열차에 대한 안내가 상세하게 나와서 노선별로 선택이 가능하였다. 열차 시간표에는 출발시간, 도착시간, 총 소요시간, 운임, 환승 횟수와 환승역, 탑승 플랫폼, 열차 종별까지 자세하게 기재되어 있어 여행하는 목적에 맞게 편리한 선택이 가능하도록 안내되고 있었다.

세 번째로는 1일 승차권을 통해 1일 동안 구간 내의 여행이 가능하도록 되어 있어 편리했다. 아울러 5인 이내의 가족이나 단체승객을 위해 단체권은 저렴하게 여행을 할 수 있도록 해주고 있다. 승차권도 자동발매기를 통해 구매가 가능하며, 전국 구간의 구매가 가능하도록 되어 있다.

마인즈에서 바드 엠스까지 이용한 기차

네 번째로는 다양한 열차운행이다. 트럭의 트레일러를 그대로 싣고 달리는 화물열차, 수요에 따라 다양한 편성이 가능한 열차(2량을 기본으로 다양한 편성), 2층 열차, 여행의 편리성을 위해 자전거를 가지고 탈 수 있도록 한 열차, 관광의 즐거움을 위해 창문을 크게 한 열차 등 다양하게 승객의 요구에 부응하고 있었다.

다섯 번째로는 지선과 간선의 연계운행이다. 수요가 많지 않은 지역은 무인역(無人驛)으로 운영되지만, 1시간 당 2 편성 정도의 열차가 운행하며 간선을 통하여 도심까지 편리하게 이동할 수 있도록 하고 있다. 비교적 수요가 적은 노선인 Koblenz에서 Limburg 구간에서도 오전 4시 30분부터 밤 11시 6분까지 왕복 약 70회의 열차가 운행되고 있다.

이처럼 독일 열차는 철도를 통하여 편리한 여행이 가능하도록 노선망, 운임, 안내시스템, 쾌적한 차량 등을 구비하고 있어 여행자에게 질 높은 서비스를 제공하고 있다.

제4절 유럽 고속철도의 영향력

지난 2006년 7월 5일 당일 출장으로 옥스퍼드를 출발하여 프랑스의 릴 근처에 있는 유럽연합 철도국을 다녀왔다. 이것은 바로 유로스타 덕분에 가능하였다. 고속철도가 유럽 사람들의 생활 패턴을 완전하게 바꾸어 놓았다는 것을 다시 한 번 실감할 수 있는 기회였다.

필자가 탄 유로스타는 아침 8시 40분에 런던의 워털루역을 출발하여 다음 역인 애쉬포드역에는 40분 후인 9시 20분에 도착하였다. 2007년에 이 구간에 고속철도 신선이 개통되어 약 27분이 소요되고 있다. Channel Tunnel 구간 55km 구간을 약 20분 주행하여 프랑스의 릴에 도착한 시간은 런던을 출발한 후 1시간 40분만인 10시 20분이었다. 그날의 유로스타는 18량 편성으로 약 70% 정도의 탑승률, 그리고 운임은 인터넷으로 미리 예약하여 편도에 27파운드(약 50,000원 정도)였다.

유로스타는 여행, 출장 그리고 월드컵을 보기 위해 가는 사람들로 다양한 사람들이 타고 있었다. 국적도 다양하여 영국에 사는 프랑스인, 프랑스에 사는 덴마크 사람 등 여러 사람들이 마치 한 나라 사람들처럼 이야기를 나누고 있었다. 이러한 한가족 같은 기차 안 풍경이나 다른 나라의 문화를 자연스럽게 접하면서 먼 곳까지 여행을 즐길 수 있는 것은 철도가 가져다 준 또 하나의 문화적인 혜택이 아닌가 하는 생각을 하게 되었다.

서로간의 대화를 통해서 서로의 다름과 공통점을 느끼며 이해의 폭이 더욱 넓어지고 동시대를 같이 살고 있다는 것이 얼마나 기쁜 일인가 하는 것에까지 생각에 이르게 되자 철도의 매력을 다시금 생각하게 되었다. 도착한 프랑스의 릴역은 6년 전 출장으로 한 번 온 곳이었다. 당시에 비해 역 주변에는 호텔이나 상가가 더 많이 생겼고, 기존 역과 유로스타 역 사이에 있었던 광장은 시민의 휴식공원으로 깔끔하게 정리되었다. 이곳은 고속철도가 개통된 후 크게 변한 사례로 많이 소개되고 있는데, 특히 비즈니스를 위한 회의장이 많은 것도 또 하나의 특징이다. 각국에서 고속철도를 타고 와서 이곳에서 회의를 하고 바로 돌아가는 것이다. 영국, 프랑스 그리고 벨기에, 네덜란드, 독일까지 바로 연결되는 릴은 고속철도가 가져다 준 기회를 최대한 활용하고 있다는 생각이 들었다.

유럽연합 철도국에서 자료 수집과 의견교환을 하고 런던에 돌아온 시간은 오후 8시 30분이었다. 이처럼 프랑스와 영국 그리고 유럽 국가는 고속철도를 통하여 하루 생활권이 되었고, 파리에 있는 유로디즈니랜드는 영국 어린이들이 언제나 즐길 수 있는 놀이공원이 되고 있다.

언젠가 우리가 살고 있는 동아시아도 철도를 통해 지리적으로 가까워지고, 더욱 평화롭게 살아가는 시대가 올 것이라는 확신과 기대감으로 당일의 프랑스 출장을 마감하였다.

제5절 철도를 통한 시간여행

 2006년 여름휴가 때 스코틀랜드를 여행하는 기회가 있었다. 스코틀랜드 지방은 산과 호수가 많아 영국에서는 High land라고 불리는 지역이다. 이곳은 영화 헤리포터에 등장하는 호그워츠행 증기기관차로 또한 유명하다.

 영화에서 등장하는 호그워츠로 가는 열차는 실제로 Fortwilliam에서 Mallaig의 약 120km 구간에서 Jacobitte 증기기관차가 운행되고 있다. 영화에서 사용된 기관차는 1937년 Swindon에서 만들어진 Hall Class 4-6-0 No5972의 하나인 'Olton Hall'로 이를 디자인한 사람은 Charles Collett이다.

 북쪽지방은 자연을 그대로 즐길 수 있는 증기기관차가 많은 구간에서 운행되고 있는데, 1800년대 중반에 만들어진 가장 오래된 회사 중의 하나인 The Middleton Railways, Leed는 현재도 예전 모습 그대로 운행되고 있다. 이번 여행에서는 증기기관차를 타보기로 마음먹고 Wordsworth의 마을로 유명한 호수의 지방인 Windermere 근처에서 증기기관차를 탑승했다. 구간은 Lakeside에서 Haverthwaite로 왕복 약 40분 정도가 소요되는 구간이다. 열차는 20세기 초반에 만들어져 기관차와 5량의 객차로 구성되어 있었다. 각 객차는 8명이 함께 여행할 수 있도록 칸막이가 한 객실(compartment)로 구성되어 있었고, 객차 바닥은 나무로 만들어져 있었다.

증기기관차는 아름다운 산과 호수를 지났다. 자연환경과 이곳을 지나는 열차는 변함이 없고, 다만 이용하고 있는 사람들만이 달라진 것이 아닌가 하는 생각을 해 보았다. 예전 모습 그대로의 철도를 보면서 이를 잘 보존하고 있는 영국이라는 나라를 다시 한 번 생각해 보는 기회도 되었다. 영국은 철도가 처음 만들어진 나라이기도 하지만 철도를 가장 훌륭하게 보존하고 있는 나라 중의 하나이다. 어느 지역을 가더라도 박물관이 있고, 그곳에는 예전의 교통수단인 철도에 관한 자료와 흔적을 쉽게 발견할 수 있다. 머물렀던 옥스퍼드의 공원에는 주말이면 언제나 증기기관차 동호회가 열리고, 자신이 만든 기관차를 타면서 즐거워하는 영국 사람들의 모습을 보는 것은 어려운 일이 아니다.

영국 중부지방 윈더미어(Windermere) 근처의 증기기관차

우리나라의 철도도 100년이 넘었다. 착실하게 발전하고 있는 우리나라 철도의 모습 속에서 혹시나 우리가 잃어버리고 있는 것은 없는지, 시간이 흐르면서 귀중한 자료들이 역사의 뒤로 묻혀버리지나 않는지 하는 생각도 들었다.

첨단의 고속철도시대에 기억 속의 증기기관차가 다시 부활하여 과거와 현재, 미래가 조화롭게 달리는 모습을 상상해 본다.

제6절 철도의 새로운 현실주의

최근 Nicholas Stern은 'The Economics of Climate Change'에서 매년 세계 각국은 GDP의 5% 정도의 환경비용을 지불하고 있지만, 만약 적절한 환경 비용을 줄이는 노력을 하면 이는 1% 수준으로 줄어든다는 경제 분석의 내용을 발표하였다. 이와 같은 유럽 각국의 정책 방향과 노력은 우리나라에게 큰 시사점이 되고 있다.

20세기 중반 이후 자동차가 급격하게 발달하였는데, 이 시기에는 에너지 가격이 높지 않았고, 신속하게 경제 성장을 이룩해야 하는 상황에서 자동차는 아주 적합한 교통수단이었다. 도로를 중심으로 한 투자는 고용과 경제성장에 큰 영향을 미쳤고, 이러한 현상은 곧 세계적인 현상이었다.

이러한 자동차 위주의 교통체계는 1980년 이후 심한 교통정체, 환경오염 그리고 높은 에너지 가격으로 한계에 직면하고 있다. 교통정책도 이제 공급 위주에서 수요 억제로 바뀌었고, 혼잡요금, 주행세 도입 등 새로운 정책을 도입하기 시작하였다. 이제 철도는 새로운 환경 변화의 중심으로 부각되고 있다. 19세기의 철도가 사회를 철저하게 변화시킨 것처럼, 21세기 철도는 새로운 변화의 주인공이 되고 있는 것이다.

도심에서의 철도는 자동차와 조화를 이루고 있다.

　그러나 상황은 예전과 같지 않다. 이전과 다르게 철도가 사회를 변화시키기보다는 사회 변화에 철도를 어떻게 빨리 적응시키는가가 관건이 되고 있다. 여기에 100년 이상을 운영해 온 우리 철도가 변해야 하는 근본적인 이유가 있다.

　새로운 환경에 직면한 우리는 몇 가지 준비해야 할 것이 있다.

　첫째로 철도에 대한 환경과 안전, 혼잡, 접근성 등 종합적으로 판단할 수 있는 평가기준이 마련되어 철도의 위상이 새롭게 정립되어야 한다. 두 번째로는 철도 연구에 대한 다양한 개념이 도입되어 철도 연구가 좀 더 심층적으로 이루어져야 할 것이다. 이를 위해 역사적인 측면, 환경·지리적인 요소, 기술적인 요소, 정책적인 요소에 대한 다양한 학제간 연구가 필요하다. 세 번째로는 정보사회에 맞는 철도 운영의 변화가 필요하다. 마지막으로, 정책도 지속 가능한 사회를 만들어 갈 수 있도록 수정되어야 한다. 이러한 준비는 새로운 시대를 맞이하고 있는 우리들에게 또 다른 도전과 활력을 줄 것이다.

제7절 유럽의 교통정책

　최근 유럽 교통정책을 요약한 것이 2006년 EU연합에서 발간된 'Sustainable mobility for our continent'이다. 이 보고서는 2001년의 유럽의 교통정책의 내용을 검토한 것으로, 주요 내용은 다음과 같다. 첫째로 2001년에서 2006년의 성과로 철도화물 수송 개방, TEN계획의 현실적인 수정, 항공 이용객의 권리강화, 연계교통의 증진 등을 들고 있다. 이와 함께 최근에 변화된 환경으로는 교토협약의 철저한 이행, 시장 통합, 유가 상승 그리고 테러라고 지적하고 있다. 두 번째는 2000년부터 2020년까지 교통 수요는 화물 50%, 여객 35%, 그리고 GDP는 52% 증가할 것으로 내다보고 있다. 여객의 경우 승용차 36%, 철도 19%, 항공 108%의 증가를 예상하고, 화물의 경우 도로 55%, 철도 13%, 해운 59%, 국내 수운(Inland waterways)은 28%가 높아질 것으로 보고 있다.

　그런데 이러한 예측이 실현된다면 이산화탄소의 배출량은 1990년을 기준으로 2020년에 철도와 국내 수운은 감소하지만, 도로와 항공, 특히 항공은 약 2배 이상 증가할 것으로 예상된다.

　따라서 이러한 현재 상태가 지속될 경우(BAU : Business As Usual) 교토협

환경과 잘 어울리는 철도(독일의 프랑크푸르트)

약 내용인 온실가스를 2008년부터 2012년까지 EU 8%, 영국 12% 줄인다는 목표는 달성되기 힘든 상황이다.

　이러한 문제의 심각성을 인식하여 2006년의 Review 보고서에서는 환경보전, 교통부문에서의 지속 가능성을 주요 테마로 제시하고 있다. 주요 이행 과제로는 통합된 교통체계, 혼잡문제 해결, 연계교통체계를 제안하고 있다. 이행수단으로는 철도의 역할을 보다 높이는 것으로, 이를 위해 상호운전을 위한 기술 장벽의 제거(2006), 철도화물 네트워크의 개선(2006), 철도 인프라의 확장 – TEN계획(2007) 등이 추진되고 있다. 기술혁신도 혼잡문제 해결, 온실가스의 감축, 효율적인 연계교통체계에 초점이 맞추어 있는데, 모두 철도와의 연관성이 강조되고 있다.

　한편, 사회경제적 비용과 관련해서 유럽연합은 1990년을 기준으로 해서

2015년까지 BAU의 경우는 37%가 증가하지만, 만약 환경친화적인 지속 가능형 교통체계를 구축할 경우에는 1990년을 기준으로 해서 2015년에는 오히려 31%가 감소하는 것으로 예측하고 있다.

이와 같은 유럽 각국의 정책방향과 노력은 높은 환경비용과 혼잡비용을 지불하고 있는 우리나라의 정책방향을 정하는데 큰 시사점이 되고 있다.

제8절 지속 가능한 교통체계

2006년 4월 3일~6일까지 영국 옥스퍼드대학에서 국제 환경 세미나가 열렸다. '지속 가능한 사회'라는 주제로 각국의 학자와 도시 관련 공무원 등 약 200여 명이 모여 서로의 성과와 과제를 논의하는 장이었다. 필자는 4일 동안 참여하는 기회를 가졌는데, 세미나 참여와 옥스퍼드대학의 재생에너지 연구소를 견학하였다.

이번 세미나는 최근의 기후변화 영향력에 대해 우려를 표명하면서 크게 두 가지 방향에서 대안을 제시하였다. 하나는 에너지부문으로, 석유 등 화석에너지의 한계에 따른 새로운 에너지원의 개발과 또 하나는 이산화탄소 배출량 감축의 해답을 친환경적 교통수단에서 찾자는 것이었다. 두 번째의 논의에 대해 학자들은 일치된 견해로 자동차교통 증가의 문제점을 제기하면서 대중교통의 활성화, 자동차 수요 억제정책의 도입, 철도 등 환경편익이 큰 교통수단의 활성화, 자전거와 도보교통의 장려 등의 방안을 진지하게 논의하였다. 특히 런던 부시장의 사례발표에서는 런던 도심의 혼잡통행료의 도입으로 도심지역 내에서 18%의 교통량 감소, 30%의 혼잡을 완화하는 효과를 가져왔다고 보고하여 주목을 받았다. 그리고 콜롬비아 보고타시는 대중교통을 활성화하여 2015년부터 출퇴근 교통을 모두 대중교통으로 하는 혁신적인 방안도 발표되었다. 캐나다 밴쿠버시의 태양에너지를 이용한 LRT 역사 설계 등도 활발한 토론의 대상이었다.

철도에 대해서는 편익 산정에서 환경편익의 적극적인 도입 등의 논문도 매우 인상적이었고, 특히 환경에 대한 비용과 편익을 계량적으로 접근하는 Green Economics가 학문적으로 새롭게 자리를 잡아가는 모습이었다. 영국의 Cardiff대학의 Jone 교수는 각 지역별 이산화탄소 발생 지도를 만들고, 이를 토대로 교통과 환경정책을 수립하는 모형을 발표한 것도 주목을 끌었다.

이번 세미나 참석을 통해 각국의 환경을 위한 노력을 발견할 수 있었는데, 영국의 경우 대중교통 활성화를 위해 도심 무단주정차에 대한 높은 벌금 부과, 주말에 대중교통 이용을 장려하는 요금 할인제도, 철도화물을 이용하는 업체에 보조금 지급, 자전거도로의 확보와 이용 장려 등도 우리들이 향후 참고해야 할 사례로 판단되었다.

또한 영국, 일본 등 각국은 이산화탄소 부과금에 대한 대책을 이미 마련하여 이를 추진하고 있는 것과 옥스퍼드 시장이 "500년이 넘은 옥스퍼드대학의 강당에서 이러한 세미나를 열 수 있는 것처럼, 우리도 후손들에게 환경을 잘 보존하여 물려주는 것도 우리의 책임"이라고 역설한 모습도 인상에 남았다.

이번 옥스퍼드대학의 세미나 참석은 Green Economics에서 철도가 차지하는 역할을 다시 한 번 확인하는 소중한 기회가 되었으며, 앞으로 우리나라에서도 이러한 분야의 연구가 더욱 활성화되기를 기대해 본다.

제9절 유럽 철도를 통해 본 우리 철도의 방향

1. 유럽 선진국 수준으로 철도망 확충

현재 우리나라 철도망은 장래 유럽과 같이 확충될 필요가 있다. 현재 우리나라 철도 계획을 보면 2004년 기준으로 할 때 3,374.1km에서 2015년에는 3,816.5km로 약 1.13배 늘어나는 것으로 되어 있다. 복선화율은 2004년 기준으로 39.8%에서 2015년에 73.1%로 1.69배, 전철화율은 2004년에 39.8%에서 2015년에 73.1%로 높아지도록 계획되어 있다.

100km 이상의 수송 분담구조는 철도는 8.1%에서 15.2%로 증가하고, 도로는 2003년 기준으로 89.4%에서 80.3%로 감소한다는 것이다.

현재 이러한 장래 철도 지표는 2015년까지만으로 되어 있어 철도 계획과 건설기간의 장기적인 성격을 감안하여 향후 20년인 2027년까지 이를 연장하여 철도 계획을 수립할 필요가 있다. 개략적으로 2027년까지의 지표는 2015년까지를 감안할 경우 약 5,000km의 네트워크가 될 것이며, 북한이 2002년 현재 5,214km인데 북한의 경우는 거의 개량이 필요하여 현재 단선을 복선화하고 신선 수준으로 개량하는 것을 목표로 하여야 할 것이다. 영업거리는 거의 변함이 없을 것으로 보아, 2027년의 한반도 철도망은 약 10,000 km 수준이 될 것으로 예상된다. 향후 철도망의 확충을 위해서는 현재의 철도의 편익 산정방식에서 환경편익 등 사회경제적 편익이 좀 더 적극적으로 반영되어야만 적극적인 투자계획이 수립될 수 있을 것이다.

또한 철도 건설을 위한 새로운 정책을 도입하여야 할 것이다. 예를 들면 일본의 경우처럼, 신도시개발을 할 경우 철도를 함께 건설하도록 하는 법률 '가칭 신도시택지개발과 철도의 일체적 개발에 관한 특별법'을 만들어 사업자에게는 정부 지원과 세금면제로 원활한 철도 건설을 유도(일본은 1989년 관련 법률제정)하는 것도 한 방법이 될 것이다.

<표 4-1> 한반도의 철도 현황

	한국 철도(2004)	북한 철도(2002)
영업거리(km)	3,374	5,214
광궤구간(1,520mm) (km)	0	156
표준궤구간(1,435mm) (km)	3,374	4,557
협궤구간(762mm) (km)	0	523
복선화(km)	1,318	156
복선화율(%)	39	3
전철화(km)	1,586	4,132
전철화율(%)	47	79
전기공급방식	교류 25,000V	직류 3,000V
신호자동화구간(km)	657.2	60
화물수송량(백만 톤km)	10,641	9,137
여객수송량(백만 인km)	17,288	2,535
차량 수(량)	18,052	20,370
기관차 수(량)	2,869(16%)	1,119(5.5)
객차 수(량)	1,636(9%)	1,132(5.6)
화차 수(량)	13,528(74.9%)	18,119(88.9%)

자료 : 건설교통 통계 연보(2006), 북한 철도 현황(2002)

향후 남북철도 연결과 국제철도 연결은 한반도 철도망의 관점에서 이를 추진해야 할 것이며, 이를 통하여 국제적으로 연결하는 거시적인 네트워크

관점이 필요하다. 이와 함께 개성공단 개발, 나진선봉지구 개발 등과 함께 이러한 거점에서의 물류시설 건설(dry port)과 함께 이곳으로부터 수송이 가능한 철도 수송루트의 개발이 함께 고려되어야 할 것이다. 특히 대륙철도 연계운송에 대비하여 복잡한 수도권의 우회노선 건설과 동해선의 철도망이 연결되어야 할 것이다. 동해선의 제진역은 강릉역과 미 연결 상태에 있어 단기적으로 제진~강릉(약 110km)을 연결하고, 삼척~포항간(171km)의 추가 건설로 부산~제진~원산~나진~핫산을 연결하는 국제노선으로 활용해야 할 것이다. 이러할 경우 부산항, 나진선봉지구의 활성화, 그리고 일본의 대륙 수송물동량의 유치도 가능하다고 하겠다.

한반도 철도망의 하나인 경원선의 경우도, 현재 단절구간인 남측의 신탄리~군사분계선(16.2km), 북측의 군사분계선~평강(14.8km) 등도 복구되어야 할 것이다.

간선망으로는 동서고속철도, 수도권우회철도, 수도권순환철도, 그리고 한반도 철도망의 종축 중심으로 이를 보완하는 아산~삼척, 군장~포항 등의 횡축의 철도망과 교통네트워크가 취약한 춘천~진주 등의 간선망과 도시권의 광역철도 등이 추가적으로 건설되어야 할 것이다. 이러한 네트워크가 완성될 경우 2027년에는 주요 거점간의 이동은 약 1시간 30분으로 단축될 것이다.

2. 새로운 패러다임의 철도정책

우리나라에서도 이제 유럽과 같이 자동차교통을 억제하는 '교통 수요관리 중심의 신 교통정책'이 도입되어야 한다. 주요 정책으로는 혼잡통행료의 확대 실시, 주차 제한구역의 실시, 대중 교통형 도시 개발 등이 될 것이다. 또한 '새로운 철도 투자평가지표'가 제정될 필요성이 있다(철도 평가지표인 환경편익, 사업자편익이 보다 더 현실화되어야 할 것이며, 혼잡, 안전 등 자동차의 사회적 비용을 내부화해야 한다. 일본은 자동차 증가에 의한 혼잡비용, 안전비용, 환경비용을 계산하고 철도 투자의 근거로 삼고 있어 보통 B/C는 2 이상이다).

<표 4-2> 현행 철도사업 편익 항목에 대한 개선 제안

〈기존 편익 항목의 개선〉

– 차량운행비용 절감편익
 차량 운행비용의 원단위가 1999년으로 사회여건 변화에 따른 효과를 반영하지 못하고 있다. 이에 대한 개선이 필요하다.

– 통행시간 절감편익
 화물의 경우 화물 자체의 통행시간 절감편익을 미반영하고 있어 이에 대한 반영이 필요하다.

– 교통사고 감소편익
 철도 교통사고를 명시적으로 고려하지 않고 있다.

– 환경비용 감소편익
 대기오염물질 배출량을 고려하지 않고 있다.

〈새로운 편익항목의 제안〉

– 주차비용 절감편익(철도 이용 증가로 자동차 주차장이 불필요)
– 정시성편익의 계산
– 여객의 쾌적성편익의 계산
– 선택 가치의 계산(비상사태 혹은 천재지변)

또한 철도 건설에 있어 유럽과 같이 사회적 편익을 감안하여 자금지원과 세금면제 그리고 철도 이용 사업자에 대한 보조금 지원제도 등이 활성화되어야 한다.

<표 4-3> 새로운 철도 평가지표(예시)

주체 등		효과의 분류, 내용, 항목		
		효과의 분류	효과의 내용	주요 효과 항목
이용자 등		편리성	이용 편리성 향상	1) 여행시간 단축 2) 정시성 향상 3) 여행비용 절감 4) 대기시간 단축 5) 이동시간대 확대 6) 환승 편리 7) 교통수단 선택 폭 확대 8) 고령자, 장애자의 편리성 향상
		쾌적성	서비스 수준과 쾌적성 향상	1) 터미널 혼잡 완화 2) 차량 내 혼잡 완화 3) 도로혼잡 완화
		안전성	안전성 향상	1) 도로 교통사고 감소 2) 재해시 이동수단 확보
공급자	서비스 공급자	수요 증대	유발, 전환 등에 의한 이용자 증가	1) 철도 이용자 증대 (전환수요 증대, 이용자 증대)
		수익 개선	수익성 향상	1) 영업수입 증대
	접근 사업자	수익 변화	접근 사업의 이용자 증대 (버스, 택시)	1) 역 접근 사업자의 사업수익 증대
주민	주민	생활편리성 향상	철도 이용의 편리성 증대와 상업시설의 입지에 의한 편 리성 향상	1) 도심 등의 접근 편리성 개선 2) 철도 인근 인구의 증가 3) 생활 관련 시설 확충 4) 주택입지 증가
	기업	기업 활동 편리성 향상	주변 지역의 인구 증가에 따 른 서비스산업의 신규 입지, 사업현장 등의 편리성 향상	1) 철도로 인한 업무활동 편리성 향상 2) 업무활동 활성화 3) 기업 입지 촉진, 고용 증대
	지역사회	환경개선	자동차 감소에 의한 환경 개선	1) 이산화탄소 등의 배출량 감소
		토지이용의 적정화	통근통학의 편리성 증대에 의한 주거지, 업무지의 토지 이용 적정화	1) 토지자산가치 상승 2) 토지이용의 고도화, 도시발전 3) 주택, 업무, 상업시설배치의 적정화 4) 지역사회의 형성
		지역소득, 세수 증대	지역 활성화에 의한 지역소 득, 세수 증대	1) 지역소득의 증대 2) 세수증대(개인, 법인, 도시계획, 토지관 련세 등) 3) 기반시설의 투자 효율성 향상 4) 자치단체의 재정수지 개선

아울러 융자 등의 재정 투융자나 기채, 저리의 외채 등 자금조달 수단을 다양화해야 할 것이다.

구체적으로는 공단이나 은행 등에 의한 철도 사업자에 출자, 무이자 혹은 저리융자제도가 도입되어야 하며, 신도시개발 등에 의한 개발이익이 발생하는 것이 예상되는 철도노선에 대해서는 중앙정부나 지방공공단체가 개발이익을 흡수하여 철도사업자에 보조금(개발이익의 환수제도)을 지급하여야 할 것이다. 또한 토지소유자, 사업자 등에 과세되고 있는 특정의 지방세 세수의 일정 비율을 철도 정비촉진을 위해 특정 재원화하는 것도 검토해 볼 만하다.

<표 4-4> 향후 도입되어야 할 재원조달제도

분류	제도 등
이용자 부담	(가칭)철도건설적립금제도(운임에 장래 시설비를 포함하여 부담)
출자	은행 출자, 지방공공단체 출자
채권	지방채권, (가칭)교통채권, (가칭)철도건설채권
보조	신도시철도건설보조, 신교통수단건설보조
무이자 대부	(가칭)철도시설공단 무이자 대부 등
차입금	은행 차입금
개발이익의 환원 (원인자 부담)	신도시철도개발자부담금, 청원역(역 설치를 원하는 단체)의 원인자 부담

3. 기후변화 협약에 대응한 철도정책

2008년 1월 해양수산부는 최근 지구온난화의 영향으로 최근 10년간 우리나라의 해수온도는 0.67도 상승하였다고 발표하였다. 상승률은 전 세계 평균치의 두 배나 되는 속도로 상승하고 있으며, 이러한 추세가 계속된다면 2040년에는 해수면이 지금보다 22cm나 상승하여 우리나라 국토의 약 25km²가 침수될 것이라고 경고하고 있다.

한편, 유엔 기후변화에 관한 정부간 위원회 보고서에서도 2007년 보고서를 통해 온난화의 증거와 원인분석을 통해 해수면이 전세계적으로 연간 1.8mm씩 상승하고 있는데, 주요 요인은 온실가스이며, 그 중에서도 자동차의 화석연료 사용도 주요 요인으로 분석(지구온난화의 약 20% 원인 제공)하고 있다.

2006년에 개최된 제14차 UNCSD는 지속 가능한 발전을 위해 가장 관심

<표 4-5> IPCC(유엔 기후변화에 관한 정부간 위원회 보고서)의 지구온난화 자료

구분	주요 내용
온난화의 증거	1906~2005년 지구 표면 평균기온 0.74도 상승 1961년 이후 해수면 연간 1.8mm씩 상승 (1993년 이후에 연간 3.1mm 상승) 북극해 얼음 10년마다 2.7% 감소
온난화의 원인	화석연료를 태우면서 배출한 온실가스(자동차 등) 1970~2004년 온실가스 배출량 70% 증가 2005년 온실가스 농도 379ppm은 65만 년 지구역사 중 가장 높은 수치
향후 전망	2000~2003년 온실가스 배출량 최대 90% 증가 2100년 온실가스 농도 1550ppm으로 증가 2100년까지 기온 최대 6.4도 상승 해수면 최대 59cm 상승
온난화의 영향	강수량 증가, 태풍 증가, 홍수피해 증가 일부지역에선 물 부족 기온 1.5~2.5도 상승하면 생물종의 30%가 멸종위기 기온 3.5도 상승하면 상당수가 멸종
온난화 대책	기온 상승을 2도 이하로 억제 온실가스 농도는 445ppm으로 억제 2015년부터 온실가스 배출량 감소로 전환 2050년 온실가스 배출량을 2000년 대비 50~85%로 감소 2013년 감축계획 마련(2007년 12월 발리회의)

<표 4-6> 각국의 환경 관련 교통정책

- 미국은 휘발유소비세 부과로 연비 개선을 촉구(갤런 당 80마일 주행)
- 영국은 이산화탄소 배출량에 따라 4단계로 자동차세 부과. 특히 영국은 1996년에 교통정책에 자전거 활성화정책 도입, 2002년까지 2배로 이용률 증가, 2012년까지는 다시 2배로 늘리는 정책을 추진
- 독일은 유류세 인상 등 친환경적인 수단을 장려하고 있으며, 배출 기준에 따른 차량세를 부과
- 일본은 고연비 자동차를 개발
  운송부문의 이산화탄소량을 2020년까지 4,600만 톤 감소하는 대책 수립
  1) 저공해 차량을 개량하여 2,060만 톤 절감(저공해 차량 1,000만 대 보급)
  2) 교통 혼잡의 완화, 해소에 의해 자동차의 주행속도 향상(약 890만 톤)
  3) 철도와 해상운송 등에 의한 화물 수송의 전환(모달 시프트, 약 910만 톤)
  4) 도시철도 등 공공 교통수단의 이용 촉진(670만 톤)
- 싱가포르는 1975년에 이미 혼잡통행료의 도입과 자동차 소유 억제정책, 대중교통 육성 정책 도입(일정하게 자동차 증가율을 만들어 놓고 이 범위 내에서 증차를 허용) (자동차 쿼제제 : Vehicle Quoto System 시행)

<표 4-7> 교통부문의 환경 대책(일본의 21세기 종합교통정책의 기본방향 중에서)

방법	세부 시행계획	절감 목표(만 톤)
저공해 차량의 개발 보급	저공해 차량 1,000만 대 보급	2,060
교통흐름 대책	지체의 해소에 의한 속도 향상	890
모달 시프트, 물류의 효율화	철도 수송, 해상 수송의 확대	910
대중교통기관의 이용 촉진 등	도시철도, 철도 서비스 향상	670
국민운동의 전개	자전거 출퇴근 등	70
합계		4,600

자료 : 국토교통성 발표 자료 참고(http://www.milt.go.jp)

을 가져야 할 분야로 에너지, 산업발전, 대기오염 및 기후변화를 제시하고 있다.

이에 유럽을 중심으로 한 각국은 급속한 지구온난화와 기후변화 협약에 따라 '지속 가능한 교통정책'이라는 새로운 패러다임을 시도하고 있다.

우리나라의 경우 그간의 도로 위주 교통정책이라는 결과 2007년 우리나라 교통 혼잡비용은 총 24조 원에 달하고 있다.

교통부문은 전체 CO_2 배출량의 20%를 차지할 정도로 큰 오염원이지만,

철도는 교통 부문 전체 CO_2 배출량의 3%에 불과하다. 국가 경제의 장기적인 성장을 위해서는 국가적인 차원에서 철도의 위상과 기능에 대한 전면적인 재검토가 요구되고 있다.

따라서 우리나라도 기후협약 관련 교통정책을 추진하고, 특히 철도를 육성해야 할 것이다.

구체적으로는 첫째로 저공해 차량의 보급과 철도를 중심으로 한 모달 시프트 정책을 추진해야 할 것이며, 두 번째로는 도시철도와 신교통수단(경량전철, 자기부상열차, 노면전차의 확대를 통한 대중교통기관의 이용 촉진과 자전거와 도보 출퇴근 등 국민운동을 전개해야 할 것이다. 세 번째로는 저공해차 개발과 함께 승용차 판매 비율에 따른 할당제를 도입하고, 일정 면적 이상의 건물에 자전거보관소 설치를 의무화하며, 교통량을 줄이는 다양한 교통량 저감 프로그램을 운영하고 확대해야 할 것이다(특히 시민의 참여에 의한 강력한 교통량 줄이기 운동인 카풀 · 밴풀 장려). 네 번째로는 행정관청은 민원서류 배달제 등을 확대 실시하여 행정서비스를 편리하게 함과 동시에 교통량을 줄여나가는 방안을 강구해야 할 것이다. 다섯 번째로는 사회문화적인 시각에서 볼 때 대면 접촉을 중시하는 사회적 풍조를 시정해나가는 것도 장기적으로 교통량을 줄이는 좋은 방안일 것이다. 마지막으로는 이를 위한 법의 정비가 시급한데, 최근 추진되고 있는 '지속 가능 교통체계 구축을 위한 법'을 제정해야 할 것이다. 이 법의 주요 내용으로는 기본계획의 수립과 권역별 관리지표와 관리방안(가격, 부담금), 중량화물차와 일정 권역에서의 통행 제한, 부담금제도의 도입과 이를 다시 투자하는 선순환 구조의 마련, 보행권, 자전거 이용의 활성화, 저공해수단 이용자와 기업에 대한 지원 등인데, 이를 통해 대중교통 중심의 지속 가능형 교통체계가 구축되어야 할 것이다.

4. 지방의 책임과 역할을 확대하는 철도 정책(뉴 가버넌스)

외국은 철도에 있어서의 지방의 역할과 책임을 명확하게 하고 있다. 특히 유럽의 경우 독일은 모범적인 사례가 되고 있다.

독일의 공공 근거리 여객수송을 위한 철도 정비는 1971년에 제정된 '지역의 교통사정 개선을 위한 연방에 의한 조성에 관한 법률'에 근거하고 있다('지역교통 조성법 : Gemeindeverkehrsfinanzierungsgesetz' ; GVFG) 에 기초하는 것과 지방분권화법에 따른 조성의 2가지가 있으며, 재원은 모두 유류 세금. 이 2개의 법률에 근거하여 2001년엔 합계 83억 유로의 교부금이 연방정부로부터 주정부에 지원).

<표 4-8> 연방의 지방철도 보조액(독일)

(단위 : 억 유로)

구분	1996	1997	1998	1999	2000	2001
지방분권화법	45.0	61.9	61.7	63.2	64.9	66.5
지역교통 조성법	32.1	16.8	16.8	16.8	16.8	16.8
합계	77.1	78.6	78.4	80.0	81.7	83.2
유류세 수입	349.0	337.0	341.0	364.0	378.0	407.0

자료 : 독일 연방교통건설주택부, 연방교통건설주택부 종합정책부문 자료 참고

또 하나의 근거는 지방분권화법이다. 1996년에 DB – AG(철도 운영체)의 근거리 여객수송의 운영 책임이 주정부로 이관됨에 따라, 투자 및 운영비 보조로서 석유세 수입 중 일정액을 주정부에 교부하게 되었으며, 2001년에는 66.5억 유로가 교부되었다. 이 제도에 근거하는 조성금의 용도에 대해서는 주정부에서 맡고 있다.

프랑스의 경우도 철도 운영에 있어 철도의 역할을 명확하게 하고 있다. 지방 철도 운영은 지방과 철도 운영자와 맺은 계약에 근거하고 있다. 근거

법은 LOTI(프랑스 국내 교통기본법, 1982. 12. 30. 법률 제82-1153호. 제21-4
조)인데 주요한 내용은 지방 차원의 철도 서비스의 활용 및 재정 조건은 지
방과 SNCF 사이에 협약을 맺도록 하고 있으며, 국가는 지역권에 대하여 (1)
지역권 철도 여객수송 서비스 운영, (2) 차량 갱신, (3) 역 개량, (4) 사회적
운임의 보상에 대하여 보조금을 교부하고 있다.

이러한 사례를 통해서 우리나라도 철도 운영에 있어 지방의 역할과 책임
이 강화되어야 하는데, 이를 위해서는 첫 번째로는 '지방 재정제도와 자동

---

(1) 지방 양여세(2005년 폐지)
- 지방 양여세는 국가사업을 지방이 대신하는 것에 대해 보상의 개념으로 특정국세의 일부를 지방에 특정 목
  적의 사업을 위해 양여하는 재원으로, 양여 특정세목과 재원사용 대상사업을 지방 양여금법에 규정
- 세원은 전화세와 주세의 100%, 교통세의 14.2%, 환경개선특별회계세입을 제외한 교육세액, 농어촌 특별
  세액의 19/150
- 사업은 도로정비사업, 농어촌 지역개발사업, 수질오염방지사업, 청소년 육성사업, 지역 개발사업
- 도로정비사업의 규모는 1994년에 10,325억 원으로 총 지방 양여금 17,747억 원의 58.1%를 차지하였으며,
  2004년에는 총 지방 양여금 규모 43,972억 원의 43.5%를 차지하고 있어 총 규모의 50% 정도를 매년 도
  로사업에 투자

<표 4-9> 지방 양여금 대상사업과 세원

(단위 : 억 원)

사업	세원	규모(1994)	규모(2004)
도로정비사업	교통세 양여재원 전액 주세 양여 재원의 14.7% 전화세 재원 전액 농특세 전입액의6/10	10,325(58.1%)	19,134(43.5%)
농어촌 지역개발사업	주세 양여재원의14.1%	1,684	3,554
수질오염방지사업	주세 양여재원의40% 농특세 전입액의4/10	2,490	13,419
청소년육성사업	주세 양여재원의1.2%	147	303
지역개발사업	주세 양여재원의30%	3,101	7,562

주) ( )는 총 양여세 중의 비중
자료 : 행정자치부, '행정자치통계연보'

차 관련 세제 활용을 통한 철도 재원확보'이다.

두 번째로는 지방교부세를 활용한 철도 투자재원 마련이다.

- 지방교부세는 지방교부세법 1조에 의하면 지방자치단체의 운영에 필요한 재원을 교부하여 그 재정을 조정함으로써 지방 재정의 건전한 발전을 기하는데 목적이 있다.
- 지방교부세는 지방자치단체에 부여된 기능을 수행하는데 필요한 재원을 조달할 수 없는 경우 중앙정부가 자신이 확보한 재원 중 일부를 이전시킴으로써 재원 조달 능력이 열악한 지방정부의 재정 여건을 개선시킨다.
- 현재의 지방교부세는 내국세 총액의 19.24%로, 그 규모는 2006년에 20조 원. 지방교부세는 보통교부세(17.56%, 18.6조 원), 분권교부세(0.94%, 1조 원), 특별교부세(0.74%, 0.7조 원로 구분)이다.
- 보통교부세는 기준 재정 수입이 기준 재정 수요에 미달하는 지방자치단체에 재정 부족액을 기초로 교부, 특별교부세의 경우는 공공시설 설치, 재해대책 등 특별수요에 대하여 교부. 분권교부세는 국고보조금 이양사업(149개 사업)에 대한 재정 수요 보전을 위해 교부하고 있다.
- 지방교부세의 대부분을 차지하고 있는 보통교부세의 용도는 입법 및 선거관리비, 일반 행정비, 교육 및 문화비, 보건 및 생활환경 개선비, 사회보장비, 주택 및 지역사회 개발비, 농수산 개발비, 지역경제 개발비, 국토자원 개발비, 교통관리비, 민방위관리비, 소방관리비로 구분 집행. 이 중 국토자원 개발비는 상수도비, 하수도비, 도로비, 하천비로 나누어서 집행하고 있다.
- 따라서 도로 투자와 관련한 예산으로는 도로비와 교통관리비가 여기에 해당. 이에 지방 철도에서 예산배분이 가능한 항목으로는 교통관리

비 그리고 국토자원 개발비목 중에 지방 철도비를 신설하는 방안을 추진하여야 할 것이다(지역교통의 경우는 지역의 사회간접자본으로 지방재정 지출의 항목에 포함되어야 하며, 중앙정부 차원에서도 지역 경제 활성화와 국토 개발의 차원에서 이에 대한 지원이 가능할 것이다).

<표 4-10> 연도별 지방교부세 현황

(단위 : 억 원)

	2000	2001	2002	2003	2004	2005	2006
내국세	677,842	702,103	795,505	894,957	940,316	1,106,532	1,070,956
지방교부세	82,155	122,315	119,734	134,385	143,142	195,545	204,414
법정교부율(%)	15	15	15	15	15	19.13	19.24

자료 : 행정자치부, '행정자치통계연보'

세 번째로는 국고보조금을 활용하는 방법이다.

• 국고보조금은 지역의 특정사업이나 공공활동을 극대화하기 위하여 지방에 지원하는 사업이다(관련근거는 지방자치법 132조, 지방재정법 18조).

• 국고보조금은 지방자치단체 또는 그 기관이 법령에 의해서 처리하여야 할 사무로서 국가와 지방자치단체 상호간에 이해관계가 있을 경우에 그 원활한 사무 처리를 위하여 국가에서 부담하여야 할 경비를 국가가 전부 또는 일부 부담하는 경비이다.

• 주요 지출 대상은 생활보호, 의료보호, 전염병 예방, 직업 안정, 재해복구사업 등이다.

• 국고보조금의 일부인 교부금은 국가가 스스로 집행하여야 할 사무를 국민의 편리, 경비의 효율성 등을 이유로 지방자치단체 또는 그 기관에 위임하여 수행하는 경우 지출되는 경비이다. 이 교부금의 지출대상은 국민투표, 선거, 외국인 등록, 징병사업 등이다. 따라서 향후 지방

철도에 대한 보조의 경우 부담금의 성격을 고려하여 지역 교통, 지역 철도사업에 대한 투자가 가능할 것이다.

• 교통 관련 세제는 국세와 지방세로 구분되어 세입이 이루어지고, 지출 용도의 경우는 교통 이외의 항목으로 쓰이고 있는 경우가 많이 있어 향후 지방자치단체의 일반재원으로 쓰이고 있는 자동차 관련세는 지방 철도의 운영에 쓰일 수 있도록 해야 할 것이다(지방의 교통 재원은

<표 4-11> 자동차 관련 세금 수입과 지출 용도

세목별			지출 용도
국세	특별소비세	자동차 특별소비세	전액 교통시설 특별회계의 도로 계정 귀속
		교통세(휘발유 소비세와 경유세 특소세분)	전액 교통시설 특별회계 도로 : 51~59% 철도 : 14~20% 대중교통 : 6~10% 공항 : 2~6% 항만 : 10~14% 광역교통시설 : 2~6%
		LPG 특별소비세	국가의 일반회계 수입
	부가가치세	자동차 부가가치세	국가의 일반회계 수입
		유류 부가가치세	
	교육세	자동차 특소세, 교육세	지방 교육자치단체의 교육 양여금
		자동차 등록세, 교육세	
		자동차세, 교육세	
	농특세	자동차 취득세, 농어촌 특별세	전액 농어촌 구조개선 특별회계
	관세	수입 자동차와 부속	전액 교통시설 특별회계 (대중교통 계정)
지방세	자동차 취득세		지방자치단체의 일반재원
	자동차 등록세		
	자동차세		
	도시철도 채권		전액 교통시설 특별회계(대중교통계정)

자료 : 행정자치부 '행정자치통계연보'와 관련 법 참고

지방의 교통편익 증진을 위해 그리고 철도교통의 활성화로 도로교통의 흐름을 원활하게 할 수 있다는 논리).

마지막으로는 자동차 관련 세제를 통한 재원조달이다(표 4-11 참조).

5. 철도를 통한 물류비의 절감

우리나라는 연평균 4%의 높은 경제성장률(2004년 4.7%, 2005년 4.0%)에도 불구하고 경제성장을 선도하는 인프라 부족과 비효율적인 운영으로 과다한 물류비를 지불하고 있다.

2004년도 우리나라의 국가 물류비는 총 92조 4,590억 원으로, 2003년도의 90조 3,450억 원에 비해 2.3% 증가하였다. 국가 물류비의 GDP에 대한 비중은 11.9%로 전년도에 비해 약간 낮아졌지만, 국제부문을 포함할 경우는 123조 2,830억 원으로 2003년에 비해 약 9.9%가 증가하여 경제 규모가 국제화되고 있음을 알 수 있다.

한편, 물류산업의 부가가치는 59조 20억 원으로 전년도 55조 6,330억 원에

<표 4-12> 국가 물류비 지표

(단위 : 십억 원, %)

구분			2000	2001	2002	2003	2004
국가 물류비	국내	금액	77,119	80,792	87,032	90,345	92,459
		GDP 대비 비중	13.3	13.0	12.7	12.5	11.9
	국제 포함	금액	94,118	99,169	106,952	112,160	123,283
		GDP 대비 비중	16.3	15.9	15.6	15.5	15.8
활성화 지표	물류산업 부가가치	국내	42,302	45,471	48,995	55,633	59,002
		국제 포함	45,545	48,502	52,188	58,999	65,914

자료 :한국교통연구원 국가 물류비 자료

비해 6.0%가 증가하였고, 물류산업의 부가가치는 총 물류비의 63.8% 수준이다.

물류비의 기능성 구성비를 보면 2004년 기준으로 수송비가 76.5%, 재고유지관리비가 16.8%, 포장비 2.2%, 하역비 1.8%, 물류정보비 1.3%, 일반관리비가 1.3%를 차지하고 있다.

2001년 이후의 기능별 물류비 추이를 보면 수송비 비중은 증가하고 있으며, 재고유지관리비, 물류정보비는 감소하고 있다. 물류비 구성을 통해서 보면 물류비의 대부분을 차지하는 수송부문의 효율성 증대가 물류비 절감의 핵심 요소라는 것을 알 수 있다. 이에 향후 철도, 항만 등 대량수송이 가능한 수송수단으로 화물수송이 이루어져야 함을 시사해 주고 있다.

<표 4-13> 기능별 물류비 구성

(단위 : 십억 원, %)

구분	수송비	재고유지관리비	포장비	하역비	물류정보비	일반관리비	물류비 총계
2001	55,016 (68.1)	18,353 (22.7)	1,741 (2.2)	1,140 (1.4)	2,297 (2.8)	2,245 (2.8)	80,792
2002	63,265 (72.7)	17,793 (20.4)	1,817 (2.1)	1,348 (1.6)	1,393 (1.6)	1,415 (1.6)	87,032
2003	69,470 (76.9)	15,291 (16.9)	2,012 (2.2)	1,257 (1.4)	1,139 (1.3)	1,176 (1.3)	90,345
2004	**70,751 (76.5)**	**15,571 (16.8)**	**2,024 (2.2)**	**1,686 (1.8)**	**1,192 (1.3)**	**1,236 (1.3)**	**92,459**
연평균 증가율	9.1	▽5.8	5.3	10.2	▽15.7	▽14.0	4.6
전년 대비 증가율	1.8	1.8	0.6	34.1	4.7	5.1	2.3

자료 : 한국교통연구원

한편, 물류비와 직접적인 관련이 있는 운송비용을 비교해 보면 실제로 철도와 도로는 큰 차이가 없다. 예를 들면 서울과 부산간의 컨테이너 수송의 경우에 소요되는 비용을 비교해 보면 부산항(PERT)과 경인지역간의 항만 직반출의 경우 신고가격으로는 철도가 유리한 것으로 나타나고 있으나, 실제 육송은 대량 계약 덤핑에 의해 신고운임의 80%를 수수할 경우 철도 수송과 큰 차이가 없이 운송되고 있다.

따라서 물류비와 사회적 혼잡비용 등의 문제를 해결하는 방법은 대량운송수단을 많이 이용하면서도 운송비용을 줄이는데 그 초점을 맞추어야 할 것이다.

<표 4-14> 컨테이너 운송비 비교표(부산항 PECT ⇔ 경인지역)

(단위 : 원)

구분			적 컨테이너		공 컨테이너	
			'20	'40	'20	'40
			상·하행	상·하행	상·하행	상·하행
철도수송	부산지역	항만 구내 운반료	10,377	14,819	10,377	14,819
		적하비	5,274	8,112	5,274	8,112
	경인지역	철도운임	163,000	269,000	120,600	199,100
		적하비	9,200	11,500	4,600	9,200
		소운반비	106,000	118,000	106,000	118,000
	합계		293,851	421,431	262,502	349,231
도로수송	신고요금 대로 수수시		444,000	493,000	331,000	429,000
	-신고요금의90% 수수시		399,600	443,700	297,900	386,100
	-신고요금의80% 수수시		355,200	394,400	264,800	343,200
	-신고요금의70% 수수시		310,800	345,100	231,700	300,300
차액	신고요금 대로 수수시		△146,149	△71,569	△68,498	△79,769
	-신고요금의90% 수수시		△105,749	△22,269	△35,398	△36,869
	-신고요금의80% 수수시		△61,349	27,031	2,298	6,031
	-신고요금의70% 수수시		△16,949	76,331	30,802	48,931

주 : 1) 철도 수송은 소운송업체 이윤이 포함되지 않은 금액이고, 육상운임은 업체이윤이 포함된 금액임
2) 수송 위탁시 운송료율의 10%를 위탁료로 수수, 자가 운송시 운송료율의 15~20%를 이윤 및 비용으로 계상
3) 육상 운임은 업체별 계약방식, 운송거리, 이동화물 수량 등에 따라 운임을 달리 적용
4) 2004년 기준

또한 높은 물류비의 원인 중의 하나인 효율적인 복합운송을 위해서는 주요 항만에 철도 인입선이 설치되어야 하는데도, 현재 주요 항만 18개 중에서 아홉 곳에서만 인입선이 운영되고 있다. 더구나 부산 북항, 광양항 등은 인입선이 설치되어 있지만 선로 이외에 화물취급장(CY)이 확보되어 있지 않아 복합 일관수송이 불가능한 상태이다.

한편, 기존 항만 내의 철도 운송장은 국토해양부(컨테이너부두공단 또는 항만공사)로부터 사용 허가를 받은 민간업체가 운영하고 있는데, 항만 내의 물류수송은 24시간 가능한데 비해 철송장 운영은 비용 등의 이유로 주간에만 운영되어 철도 수송에 걸림돌이 되고 있다(예 : 신선대역 철송장, 광양항 철송장). 더구나 철도운송장 내의 화물취급 시설은 컨테이너 소운송업체가 독점으로 사용하는 등 철도 수송에 대한 주도권을 소운송업체가 가지고 있어 대량화물 운송의 활성화에 어려움이 있다.

산업단지의 경우에도 철도 인입선이 부설된 경우가 여수, 포항, 광양 3곳에 불과한 실정이고, 인입선이 있다고 하더라도 화물 취급장이 설치되어 있지 않아 철도 수송이 불가능하다.

향후 우리나라의 물류 문제를 해결하기 위해서는 다음과 같은 것들이 해결되어야 할 것이다.

첫째로 수송 수단간의 연계수송의 강화이다. 두 번째로는 철도 물류의 활성화를 위한 정책과 기술개발이 필요하다. 세 번째로는 물류 전반에 걸친 기본계획과 분야별 활성화방안의 마련이다. 예를 들면 일관수송과 함께 표준화의 추진이다. 네 번째로는 국제물류의 활성화이다.

이를 좀 더 구체적으로 보면, 물류의 활성화 목표는 장기적인 정책, 계획의 수립과 함께 기술개발을 통하여 물류비를 절감하고 상품의 국제 경쟁력을 높이는 것에 그 초점이 맞추어져야 한다.

물류 기술의 개발 방향에 대해서는 다음과 같은 사항들이 추진되어야 할 것이다.

첫 번째로는 먼저 물류 관련 하드웨어적인 시설 확충이 이루어져야 한다. 특히 복합수송의 활성화를 위해서는 항만, 공항, 철도 등이 효율적으로 연결될 수 있도록 시설 확충이 필요하다. 또한 항만 내의 철도 인입선의 확충과 함께 운영의 통합 일원화를 통해 효율성을 기하고, 철송장용 CY를 확보하여 공용화물 취급장으로 만들어 항만을 통한 수출입 화물이 내륙으로 대량, 신속하게 수송되도록 해야 한다. 아울러 철도 운영업체가 하역과 집 배송을 일원화하여 관리함으로써 물류비를 절감하는 방안도 강구해야 할 것이다.

이러한 노력과 함께 물류 기술이 적용 가능한 소프트웨어적인 절차도 개선되어야 한다. 예를 들면 인력에 의존하는 상·하역 체계, 비합리적인 다단계 보관, 유통, 수 배송 절차 등도 함께 개선되어야 한다.

두 번째로는 우리나라의 현실에 적합한 물류 기술의 개발이 필요하다. 현재 해외 등에서 개발되어 활용되고 있는 각종 물류시스템의 국내 활용을 위해서는 각각에 대한 사양 분석과 함께 비용편익 분석이 필요하다.

예를 들면 AGV 시스템, Modalohr 시스템의 경우는 투자비용과 함께 이에 대한 편익이 정확하게 계산되어야 할 것이다. 특히 Modalohr 시스템의 경우는 넓은 토지를 필요로 하기 때문에 경제성에 대한 면밀한 검토가 필요하다.

2단적재화차의 경우에도 저상화차와 통과시의 중량, 터널의 넓이 등을 감안하여 기존의 화물선에서 운행이 어려울 경우에는 새로운 화물선 설계시 이를 반영하여야 할 것이다. 현행 조건에서 2단적재화차의 운행이 가능하게 하려면 저상화차를 감안하더라도 전차선이 600mm~950mm까지 높게 조정될 필요가 있다. 터널의 경우에도 바닥 면에서 터널 천장까지 총 7,900 mm가 필요하기 때문에, 그 이하 규모의 터널도 확장될 필요성이 있다. 이와 함께 장대열차, 고속화차 등과의 비교를 통해 그 편익이 산정되어야 할 것이다.

<표 4-15> 레일 면에서 전차선까지의 높이

	현행 운행방식	2단적재 운행방식	추가 확보되어야 할 높이
일반구간	5,200mm	5,800mm	600mm
터널구간	4,850~5,200mm	5,800mm	600~950mm
입체교차 시설	4,850~5,200mm	5,800mm	600~950mm

출처 : 한국철도기술연구원 내부자료

세 번째로, 물류 기술에 대한 정부의 장기적인 계획이 수립되어야 할 것이며, 물류네트워크에 대한 정책도 수립되어야 할 것이다. 예를 들면 고속화차를 개발할 경우 어떤 선에서 운행될 것인지, 화물전용선을 어느 곳에 운행할 것인지, 고속화차를 통한 수송량의 증대, 그리고 수송 분담률 등의 변화 등이 함께 고려되어야 할 것이다. 특히 최근 해외의 물류수송체계가 철도 등 대량화물 중심으로 바뀌는 경향도 우리에게는 많은 시사점을 주고 있으며, 동북아에 있어서 각국의 물류 인프라 수준이 경제 발전을 좌우하기 때문에 이에 대한 구체적인 물류 계획이 수립되어야 할 것이다. 예를 들면 최근 일본은 1997년 교토의정서에서 정한 이산화탄소 절감을 목표로 에너지 절약을 위한 기계장비 도입을 교통부문에까지 확대하는 법안을 2006년에 도입하여 시행하고 있다(省에너지법).

네 번째로, 철도 물류 기술이 가지고 있는 사회경제적인 가치인 물류비용 절감, 환경보호, 에너지 절감 등의 편익을 감안하여 정부와 민간 모두 적극적인 기술 개발을 추진하여야 할 것이다. 기업도 적극적인 물류 기술 개발과 대량수송 수단을 이용하는 것이 사회적으로 공헌하는 것이며, 장기적으로 기업 발전과 상품의 국제 경쟁력을 높이는 주된 요소라는 것을 명심해야 할 것이다.

제10절 철도 역사 연구의 활성화[79]

　유럽 철도 연구에서 가장 부러운 것 중의 하나가 철도사에 대한 연구이다. 이웃 일본도 그렇지만 영국을 비롯한 유럽 각국은 철도 역사에 관한 많은 자료의 보존과 깊은 연구가 진행되고 있다. 그간 우리나라는 100년이 넘는 철도 역사에 대한 깊은 연구가 없었다. 향후 본격적인 연구를 위해 기본적인 자료를 정리해 보았다.

　우리나라도 철도 개통으로 많은 사회경제적인 변화가 있었다. 예를 들면 철도 개통에 의해 새로운 도시가 탄생하였고, 그간의 역원 제도에 의해 발전된 지역은 새로운 철도노선에 따라 발전 지역이 변화되었다. 역원은 중앙으로부터 지방에 이르기까지 30리마다 도로 주변에 설치되어 우편과 숙박기능을 담당하였다. 조선시대에는 약 520여 개의 역원이 있어, 역원은 중앙과 지방의 공문 전달, 세금 수송, 관료 등의 숙식 제공 등 중요한 기능을 담당하였는데, 철도가 개통되면서 철도 정차역 중심으로 이러한 기능이 변화하였다.

---

79) 서울의 전차 발전과정의 원고는 동국대학교 이혜은 교수가 제공해 주었다.

당시 철도 개통에 따라 여러 가지 변화가 일어났다. 예를 들면 당시 서울-부산축의 우역 노선은 서울~용인~음성~충주~문경~예천~대구~부산이었으며, 또 한 노선은 서울~용인~음성~충주~문경~김천~성주~창원~고령이었다. 동해안의 경우는 서울~팔당~원주~횡성~강릉~삼척~울진이었다. 철도의 개통으로 부산, 대전 등 새로운 도시가 탄생하였고 서울에서도 궤도 교통수단인 전차가 운영되었다. 서대문에서 청량리간의 운행으로 대중교통으로서 첫발을 내디딘 전차는 계층을 초월한 시민들의 운송기관으로 시민들의 필요에 의하여 노선 연장과 복선화가 지속적으로 이루어졌으며, 전차 수도 증가하여 서울의 대중교통수단으로서 그 위치를 확고히 하였다. 한편 궤도가 지닌 제한성으로 노선간 갈아타야 하는 불편함이 있고, 전차 요금이 상대적으로 비쌌던 탓에 한 번에 갈 수 있는 곳이 아니면 걸어 다녔다는 당시 사람들의 증언도 있었다.

그러나 1899년 전차가 처음으로 운행을 시작한 이후 전차노선은 지속적으로 노선이 신설되었고, 기존의 노선은 복선화가 이루어졌다. 전차의 개통 직후 1910년까지 서대문에서 청량리간, 종로에서 남대문, 구 용산을 거쳐 신용산까지, 서대문에서 마포까지 그리고 서대문과 남대문간을 연결하는 노선 등이 신설되었다. 이러한 노선의 신설은 성곽의 파괴를 유도하였고, 성밖까지 연결되는 전차노선은 서울의 공간구조를 변화시켰다. 1910년부터 1930년대 후반까지 약 30여 년에 걸쳐 본격적으로 전차노선의 연장과 복선화가 이루어졌으며, 이 기간 동안에 거주지의 연결을 목적으로 서울의 전차노선망은 대부분 완성되었다. 실질적으로 전차노선의 총 연장이 1945년에는 39,906m였으며, 전차노선의 총 연장이 가장 길었던 1960년대에는 40,575m였다. 이는 1930년대 후반 이후에는 단지 창경원[80]-명륜동-돈암동 간과 노량진에서 영등포역까지의 연장만이 있었기 때문이다.

서울의 전차노선의 확장 과정을 보면, 1901년에 부설된 서대문 – 남대문 간 노선과 1920년에 부설된 남대문역 – 서대문 우체국간의 노선은 같은 노선으로 간주된다. 이는 1920년에 부설된 남대문역 – 서대문 우체국까지의 노선이 1901년 남대문에서 시작하여 봉래 1가, 의주로 2가, 의주로 1가를 경유하여 서대문 밖까지 부설되었다가 경영 부진으로 곧 폐쇄된 노선과 일치하기 때문이다.

용산을 연결하는 용산선과 충무로 4가까지의 연장선은 그 지역에 거주하는 일본인들의 편의를 위하여 설치된 노선으로 판단된다. 일본인들의 거주지는 신거주지역인 용산 부근과 후암동에서 장충단공원까지의 퇴계로를 따라 분포하고 있었기 때문이다. 1917년 부설된 광화문에서 경복궁 내의 총독부 공사현장까지 연장선은 시민의 편의를 위해서가 아니고, 공사의 편리를 도모함이었다는 것이 타 노선과는 다른 점이다. 또한 1953년 한국전쟁 이후 신길동과 노량진간의 복선화 공사는 단선이 이루어진 후에 복선화가 이루어진 다른 경우에 비추어 볼 때 신설된 것으로 판단되며, 명륜동에서 돈암동까지의 노선은 1946년 전차노선의 조정시 이미 거론되었기 때문에 창경원 – 명륜동간 노선이 신설된 후 같은 해에 이루어졌을 것으로 유추된다.

1928년 서울에는 버스가 새로운 대중교통수단으로 등장하여 전차와 경쟁을 하였다. 버스노선은 주로 일본인들의 편의를 위해 이루어져 전차가 다니지 않는 지역간을 연결하도록 이루어졌다. 버스는 처음 전차가 지닌 공간적인 제한성을 탈피할 수 있는 장점으로 우위를 차지하였으나 무리한 운행으로 인한 경영적자는 버스의 운행정지를 초래하였다. 결국 버스는 1932

---

80) 창경궁을 지칭한다.

차고에 있는 운행이 정지된 전차들(이혜은 교수 제공) (1968년 11월 29일 동대문 밖)

년 시외버스로 전환되고, 시내 대중교통수단은 다시 전차가 유일하게 되었다. 1940년대 초 버스의 운행이 재개되었으나 운휴가 잦았고, 1945년 이후에도 연료 부족 등을 이유로 운휴되는 경우가 많았다.

　전차 노선망이 대체로 완성되었다고 간주할 수 있는 1930년대 후반까지 부설된 전차노선은 도시의 중앙부, 특히 조선시대 중심지였던 도성 안에 집중 분포하고 있었으며, 노량진 노선을 제외한 전 노선이 한강 이북에 분포되어 있었다. 이는 당시 서울의 남부를 흐르는 한강을 건너기 위한 다리가 용산에서 노량진으로 가는 것 하나밖에 없었고, 도시가 한강 이북에서 시작하여 그 지역을 중심으로 확장하였기 때문이라고 판단된다. 도시 남부로 향한 노선은 마포, 원효로 그리고 용산을 거쳐 노량진까지 세 노선이 있었으며, 동부로 향한 노선은 최초로 부설된 청량리까지 노선에 왕십리까지의 노선이 추가되었다. 그러나 이들 노선이 용산에서 노량진까지를 제외하면 모두 1935년 이전에 이루어졌다는 점에서 미루어볼 때, 1935년까지의 서울의 전차노선은 당시 시가지 지역 전체에 비교적 고르게 분산되었다고 할 수 있다.

사실상 광복 이후 인구의 급증은 당시 도시 교통수단의 수송능력을 훨씬 능가하였고, 전차나 버스, 인력거, 승합마차 등 모든 교통수단이 다시 등장 하였으나 도시 교통문제는 더욱 심각해졌다. 이러한 상황에서 전차와 버스 의 연간 승차인원을 고찰하면, 버스를 이용하는 연간 승차인원은 전차를 이용하는 연간 승차인원에 비하여 아주 적은 수였다. 예를 들면 버스 승차 인원의 비율은 전차 승차인원에 대하여 1945년에는 2.9%를 차지하였으나, 점점 감소하여 1948년에는 1.7%밖에 차지하지 못하였다.

한국전쟁 이후 이러한 현실은 바뀌기 시작하였다. 전쟁동안 전차를 운행 하기 위한 기간시설이 파괴되었고, 파괴된 시설의 복구는 늦어졌다. 버스도 운행은 되었으나 연료의 부족으로 운휴하는 경우가 많았다. 이러한 상황에 서 승합택시가 새로운 교통수단으로 등장하였고, 택시나 자가용 자동차의 이용도 많아졌다. 사회가 안정되면서 전차나 버스는 중요한 시내 대중교통 수단으로서 그 위치를 확고히 하였다. 서울로 유입하는 인구가 많아지면서 거주지가 확대되었고, 이는 공간상 제한을 지니고 있는 전차보다 버스의 이용을 더욱 촉진시켰다. 결국 1957년을 기점으로 연간 버스 승차인원이 전차 승차인원을 초과하게 되었고, 버스와 전차는 경쟁적으로 서울의 시내 대중교통수단으로서의 역할을 충실히 이행하였다.

그러나 서울의 인구 급증은 주거지의 확대를 유도하였고, 전차는 궤도로 만 운행해야 하는 문제점과 운행속도가 버스보다 상대적으로 느려 점차 전 차 수송 능력의 한계를 나타내기 시작하였다. 1960년대에 들어서면서부터 는 버스승객은 급증하는데 반하여 전차승객의 증가는 적어 1965년에는 1일 버스승객이 전차승객의 3배에 달하게 되었다. 더구나 버스나 자가용 승용 차가 급증하면서 전차는 시내교통의 장애가 된다는 여론이 대두되었고, 전차가 도로 중앙에 정차할 때 잦은 교통사고가 일어나면서 전차 폐지론이 등장하게 되었다.

1899년 한성전기회사에 의해 운영된 전차는 몇 차례의 사명이 바뀌다가 1961년 한국전력주식회사의 설립과 함께 운영권도 넘어갔다. 그러나 서울시의 지하도 건설과 계속된 시영화의 논의에 의해 1966년 전차의 경영권은 서울특별시로 바뀌었다. 그러나 서울특별시로의 경영권 귀속은 결국 전차의 폐지론을 더욱 부추기게 되었고, 광화문 지하도 공사로 인한 일부 구간의 운휴가 고려되다가 결국 1968년 11월 29일 마지막 전차가 운행을 마치고 동대문 밖 차고에 입고되면서 70여 년의 전차 운행은 막을 내렸다

한편, 이용상(2005)의 최근 연구에서는 우리나라 철도의 영향력을 인프라적인 측면, 국토 공간구조, 도시발전, 이동의 촉진, 근대화의 촉진, 산업구조의 변화와 발전으로 나누어 설명하고 있다. 이를 구체적으로 살펴보면 다음과 같다.[81]

1. 인프라적인 측면

철도 건설은 하나의 인프라 건설로서 당시에 건설된 철도 인프라는 현재에도 사용되고 있다. 이러한 측면에서 당시에 철도 투자액을 파악하는 것은 의미가 있다고 생각된다. 1910년~1944년간 재정지출액은 7,321백만 원이었는데, 그 중 철도 투자액은 1,390백만 원으로 약 19%를 점하였다. 철도 투자는 거의 대부분이 조선총독부가 부담한 금액으로, 국가 재정으로 투자

---

81) 이용상(2005), '한국 철도사에 관한 기초연구', '한국철도학회논문집 제8권 제1호', pp.63~81

<표 4-16> 철도 투자액 추이

구분	재정지출 총액(A)	철도 투자 총액(B)	B/A
1910년~1944년	7,321백만 원	1,390백만 원	0.19

자료 : 조선총독부 , '조선총독부통계연보', 각 년도, 선교회(1986), '조선교통사', p.735

<표 4-17> 조선총독부 철도 투자액

구분	철도 투자 총액(A)	조선총독부 부담액(B)	B/A
1906년~1943년	1,480백만 원	1,345백만 원	0.91

자료 : 선교회(1986), '조선교통사', p.735
조선총독부(1940), '조선총독부통계연보' , p.232

된 국철 위주의 철도 투자임을 알 수 있다. 구체적으로는 1906년~1943년 사이에 철도 투자의 재정 총액은 1,480백만 원으로, 이 중 조선총독부 지출액은 1,345백만 원으로 91%를 차지하였다.

시기별로 보면 철도 투자액이 특히 많은 것은 초기 간선철도인 경부선과 경의선, 호남선의 건설이 집중된 1910년대와 1927년 수립된 철도 건설 12년계획 후 철도 투자액의 비중이 다시 증가하였다. 1910년~1914년에는 재정에서 차지하는 비중이 16%였으며, 1935년~1939년에는 15%를 차지하였다.

<표 4-18> 조선총독부 철도 투자액

구분	재정(A)(천 원)	철도 투자액(B)(천 원)	B/A
1910년~1914년	224,764	35,137	0.16
1915년~1919년	322,695	40,700	0.13
1920년~1924년	705,327	68,604	0.10
1925년~1929년	1,014,516	95,094	0.09
1930년~1934년	1,128,575	83,456	0.07
1935년~1939년	2,196,051	335,465	0.15
1940년~1943년	4,837,082	378,045	0.08
합계	12,824,010		

자료 : 조선총독부, '조선총독부통계연보'

<표 4-19> 재정구조(1940년 : 조선총독부 특별회계세출 기준)

경상부		임시부	
철도국	46.5%	철도 건설과 개량	37.9%
전매국	12.1%	산업진흥과 관리비	13.2%
국채기금 특별회계	9.7%	임시군사 특별회계	11.5%
지방청	7.3%	보조 및 장려금	11.4%
체신비	6.3%	토목비	6.2%
산림관계	3.3%	재해비	3.2%
연금부담금	1.9%	시국대책 임시시설비	3.1%
총독부	1.8%	지방재정 조정비	2.2%
형무소	1.8%	영선비	2.1%
세무서	1.4%	전신전화 시설비	1.3%
재판소 및 공탁국	1.2%	토지개량 사업비	1.2%

자료 : 조선총독부(1941), '통계적요', p.59

당시 철도의 비중을 알 수 있는 것은 다음과 같은 사실에서 증명된다. 1940년 조선총독부 특별회계세출 기준으로 철도 관계 투자액은 경상부의 46.5%, 임시부의 37.9%를 점하고 있다. 다른 재정항목과 비교해 볼 경우에 전매부는 12.1%, 체신부는 6.3%, 임시부의 임시군사비 특별회계는 11.5%를 차지하고 있어, 철도에 대한 투자비중이 매우 높은 것을 알 수 있으며, 사회 인프라에서 차지하는 철도의 비중이 매우 높아 당시 건설된 철도노선은 현재에도 중요한 역할을 담당하고 있다는 의미에서, 철도 건설이 해방 이후에도 영향력이 있다는 고찰이 가능할 것이다.

2. 국토 공간구조 형성

현재 우리나라의 기본적인 공간구조는 20세기 초반에 건설된 철도와 무관하지 않다. 1905년에 개통된 580km의 경부선과 1914년 대전에서 광주까지 개통된 286km의 호남선, 그리고 1906년에 개통된 서울에서 신의주까지

의 706km의 경의선, 1914년에 개통된 서울에서 원산까지 226km의 경원선
이 바로 그것으로, 이를 중심으로 한반도는 X자 형상의 국토 공간구조가
형성되었다.

당시에 형성된 철도망은 서울을 중심으로 한 부산축, 광주축, 신의주축,
원산축의 발전이 이루어졌는데, 경부선과 경의선이 가장 먼저 건설되어 서
울과 부산을 중심으로 발전이 이루어졌다. 그리고 후에 호남지역이 발전되
었다. 재미있는 사실은 '식민지'시대에는 영남과 호남지역의 사회경제지표
차이는 심하지 않았지만, 1998년과 당시의 자료와 비교해 보면 해방 이후
양 지역간 많은 차이가 발생한 것으로 자료는 설명해 주고 있다.

<표 4-20> 인구의 변화

구분	1921년	1940년	1998년
영남지방	3,935,342명(100)	4,714,111명(120)	13,194,000명(335)
호남지방	3,171,368명(100)	4,288,149명(135)	5,523,000명(174)

자료 : 조선총독부 철도국, '조선총독부철도국연보'
鈴木武雄(1942), '朝鮮の經濟', 日本評論社, p.24
高橋邦周(1924), '朝鮮湾州臺灣實狀要覽', 東洋新報社, p.74

수송량의 변화를 지역별로 살펴보면, 1930년에 호남선은 경부선의 32%
수준이었는데 비해 2001년에는 9% 수준으로 저하하였다. '식민지'시대에
는 영남지역과 호남지역의 인구 격차는 크지 않았지만, 여객의 이동량은
경부선이 호남선의 약 3배에 달해 여객이동이 경부축에서 매우 활발하게

<표 4-21> 수송량의 변화(여객)

구분	경부선(A)	호남선(B)	B/A
1930년	7,389,833명	2,438,634명	0.32
2001년	66,406,063명	6,955,018명	0.09

자료 : 조선총독부 철도국(1930), '조선총독부철도국연보', 철도청(2002), '철도통계연보'

이루어져 경제의 중심이 서울 – 부산 구간임을 알 수 있다.

1일 열차 운행횟수의 경우에도 1930년에 호남선은 경부선의 57% 수준에서 2002년에는 28% 수준으로 더욱 감소하였다. 1930년을 기준으로 열차 운행횟수와 여객 수송량과 비교해 볼 경우, 경부선이 열차횟수는 1.5배임에도 수송량은 약 3배로 승객의 탑승률이 매우 높은 것도 경부선의 특징을 나타낸 것이라고 할 수 있다.

<표 4-22> 열차 운행횟수의 변화

구분	경부선(A)	호남선(B)	B/A
1930년	6	4	0.57
1940년	10	7	0.70
2002년	63	18	0.28

자료 : 철도국 편집(1930), (1940), '기차시간표', 철도청 시각표, 2002년

3. 도시 발전

철도의 개통으로 철도가 지나는 도시들은 발전하기 시작하였는데, 예를 들면 대전은 1938년에는 최초의 도시계획이 수립되어 시로서 본격적인 발전을 하게 되었다. 대전의 발전축도 대전역과 서대전역 중심으로 발전하게 되었다. 1905년에 대전역이, 1914년에 서대전역이 각각 생기면서 이 두 역을 연결하는 지역이 발전하게 되었다. 1932년 충남도청의 위치가 바로 두 철도역의 중간에 자리잡게 된 것도 이와 관련이 있다고 하겠다.

철도가 개통되어 인구가 급격하게 증가하였는데, 대전역 주변에는 철도 관련 시설이 들어오면서 철도 종사자의 숙소가 건설되어 주로 대전역의 동

쪽인 소제동 근처에 관사가 위치하였다. 1904년 인구가 불과 188명(최초 일본인)에 불과했던 대전의 인구는 1905년 경부선과 1914년 호남선의 개통으로 인구가 급격하게 증가하였다. 인구 규모는 1925년에 8,613명에서 1944년에는 76,675명으로 8.9배가 증가하였다.

<표 4-23> 대전의 인구변화 추이

연도	인구 수(명)	주요 관련 사항
1904	188(일본인)	1905년 경부선 개통 1914년 호남선 개통
1925	8,613	1914년 대전면 1917년 지정면으로 행정구역 확대
1930	21,696	
1935	39,061	1931년 대전읍으로 승격 1932년 충남도청 이전 1935년 대전부로 승격
1944	76,675	
1945	126,704	1949년 대전시로 승격
1950	146,143	
1960	229,393	
1970	414,593	1974년 대덕연구단지 설립
1980	651,642	
1990	937,119	
2000	1,390,510	2004년 고속철도 개통
2007	1,487,836	

자료 : 조선총독부, '조선총독부 통계연보' 각 연도, 대전시, '대전통계연보'

한편 공주의 경우는 철도노선으로부터 벗어난 이후 성장이 멈추었는데, 1911년 7,174명(1)에서 1925년 10,035명, 1940년 20,000명, 2001년 135,589명(18.9)으로 대전의 증가율에 비하면 매우 미미한 편이다.

철도노선의 선정과 관련하여 중요한 것은, 경부선의 경우 러일전쟁을 수행하기 위해 급속도로 추진되었기 때문에 건설하기 편리한 노선을 선택해

대전역 앞 상가의 모습(철도공사 제공)

일제시대 철도국장이 거주했던 관사(대전시 대흥동 소재)

굴곡 노선이 많았다고 할 수 있다. 예를 들면 대전의 경우도 대전역을 지나서 대전과 옥천 사이의 노선도 식장산을 우회하고 있어 매우 심한 곡선으로 구성되어 있다.

<표 4-24> 철도 건설 기간의 비교

노선	영업거리(km)	건설기간(년)	노선성격
경부선	450.5	1899~1904(6년)	단선곡선반경 : 300m
경의선	716.4	1904~1905(2년)	단선곡선반경 : 150m
도카이도선(일본)	556.4	1874~1899(26년)	단선곡선반경 : 400m
산요선(일본)	528.1	1884~1901(18년)	단선곡선반경 : 400m

자료 : 선교회(1986), '조선교통사', pp.214~297

이러한 선로 조건으로 인해 우리나라 철도의 최고속도가 다른 나라에 비해 낮은 것을 알 수 있다. 1920년 자료를 통해 보면 우리나라 철도의 평균속도는 28마일로 일본의 30마일, 만주의 33마일에 미치지 못하는 속도로 운행되었다.

<표 4-25> 각국의 속도 비교(1920년)

국가	평균속도	구간
영국	60마일	
미국	50마일	
만철	33마일	대련-장춘
일본	30마일	도쿄-시모노세키
한국	28마일(50km)	서울-부산

자료 : 조선총독부 철도국(1930), '조선철도론', p.317

또한 부산의 경우는 경부선의 개통과 함께 발전하였고, 1910년에는 무역량이 인천과 거의 같았으나 그 후 인천보다 무역량이 증가해 1939년에는 전체 무역량에서 부산이 차지하는 비중이 31%나 되었다. 이러한 부산의 발

초기 서울역 전경

전은 화물의 발착과 출발이 종단항에서 이루어지는 일본제국주의의 경제
권 내에서의 독특한 특성을 반영한다고도 하겠다.

<표 4-26> 무역량의 변화

구분	1910년	1939년
인천	28%	15%
부산	27%	31%

자료 : 인천시와 부산시 내부자료로부터 작성

또한 철도는 이동시간과 운임의 경쟁력을 갖추고 있어 이용객이 증가하
였다. 1인당 연간 철도 이용횟수는 1910년에는 0.15회에서 1944년에는 5.2
회까지 증가하였다. 특히 철도는 버스보다 운행시간, 운임, 운행횟수 등에
서 우위를 점하여 철도의 이용을 증가시켰다. 경인선의 경우 서울~인천간
에 철도의 운행시간은 버스의 1시간 26분보다 짧은 53분, 운임의 경우도 버

<表 4-27> 1인당 연간 철도 이용횟수

구분	1910년(A)	1944년(B)	B/A
회/명	0.15회	5.2회	34.7

자료 : 조선총독부 철도국, 조선총독부 철도국 연보

<표 4-28> 철도와 버스의 비교(1928년 경인선)

구분	운행시간	횟수	운임
철도	53분	13회/일	3등:66전 2등:1원 15전
버스	1시간 26분	12회/일	95전

자료 : 철도국 편집(1930), '기차시각표' / 교통부(1958), '한국교통 60년 약사', pp.62~63

스의 95전보다 싼 66전에 이동이 가능하였다.

4. 근대화의 촉진

열차를 이용할 때에는 먼저 운임을 지불하고 승차권을 구입하는 것으로 정했다. 이 경우 승차권을 구입하는 것은 여행하는 모든 사람을 대상으로 하고 있어, 이 규칙은 몇 사람에 한하지 않고, '누구나가' 라는 표현을 쓰고 있다. 이것은 중요한 의미를 가지는 것이다. 즉, 철도이용자는 '누구나' 라고 해서 예외를 인정하지 않는 입장에 주의할 필요가 있다. 근대국가의 입헌군주제에 있어서 군주와 그 직계가 그 의무를 부담해야 하는가에 대하여 법리상의 논의가 나누어져 있지만, 아무튼 정부공무원이나 의회 의원, 공무의 경우에 공적 기관에 의해 운임이 지불되는 부담을 포함해서, 모든 이동을 위한 승차권·승차증을 입수해 휴대하지 않으면 안 되었다. 이것이 근대시민사회에 있어서 철도에 의한 이동의 기본규칙이었다.

이 승차권은 근세에 있어서 여행 문서에 비하면 아주 다른 성격을 포함하고 있었다. 그 승차권에는 여행증명서에 기재되었던 여행자의 성명, 주소 등이 기재되어 있지 않았다. 즉, 승차권은 시민사회에 있어서 여행자의 불특정성을 반영해 승차구간, 등급, 운임, 발행기일, 운용기간, 발권번호만이 기재되어 있다. 정기승차권 등과 같이 사용자의 이름을 특정할 필요가 있는 것을 제외하면, 사용자를 특정하는 경우가 없다. 그래도 접어서 호주머니에 넣어도 끝이 나오는 정도의 크기였던 여행증명서에 비하면 6cm×4cm 정도 크기의 조각이었다. 그때까지는 증명서라는 명칭은 통용되지 않았다. 당시 우표라는 명칭이 생겨났지만, 그것은 우편에 사용되었으며, 승차권의 탄생으로 '차표'라는 용어가 정착하였다.

이 차표는 철도이용의 증명서인 동시에 운임 지불의 완료를 뜻하는 유가증권으로서의 성격을 가지고 있다. 즉, 법제상으로는 무기명 유가증권이다. 당시의 이 차표를 옷 호주머니에 넣으면 없어지고, 허리띠에 끼워 넣거나 지갑에 넣지 않으면 불안하였다. 이러하여 양복의 주머니(남성), 핸드백(여성)으로 휴대 장소가 정해져 가고 있었다. 승차권을 입수해서 열차에 승차하고, 개찰을 받고, 즉 정당한 승차권을 소지하는 여행자라는 것을 역무원에게 제시하고, 승차권은 가위로 끝을 잘랐다. 이렇게 가위로 승차권의 끝을 자르는 것은 인정의 증명이 되었다. 또한 당시 철도승차에 있어 부정승차의 금지, 운전 중의 승차 · 객실 이외의 승차금지, 이외 흡연, 음주, 불량행위, 철도시설에의 침입과 파손 등 이른바 공중의 안정을 저해하는 것과 철도시설의 침입금지 등을 정하고 있었다.

아울러 열차를 이용하는 사람들은 먼저 누구나 지장 없이 출입할 수 있도록 인정된 정류장의 방식이 그때까지의 건물 출입의 통념과는 다르다는 것을 알게 되었고, 더욱이 객차에 승차하는 경우 신발을 신은 채로 승차하는 것에 놀랐다. 그 가운데는 신발을 홈에서 벗은 채 객차에 탄 사람도 있었다. 이렇게 철도 이용자는 철도에 대해 '공공장소'의 방식을 인식하게 되었다. 이렇게 사람들은 철도를 이용하는 것에 의해 공공시설과 자신과의 관계를 하나씩 하나씩 몸에 익히게 되었다.

더욱이 하나 더 새로운 것이 시간 인식이었다. 그때까지는 계절에 의해 변화하는 부정시법(不定時法)에 의한 1일 12분할의 '각(刻)'을 최소 단위로 해서 12지(子, 丑, 寅 등)로 표시하는 시각표시에 비해 철도는 1년 중 변화 없는 정시법(定時法)에 의해 1일을 24시로 구분하고, 그 아래를 분과 초로 구분하는 근대유럽의 시각을 사용하였다. 이것은 말할 것도 없이 지구의 자전과 공전을 기준으로 만들어진 시간 인식에 의한 것으로, 우주와 지구 의 관계를 생활의 기준으로 응용한 자연과학의 성과였다.

근대의 여러 가지 사회시스템은 이러한 자연 인식에 기초해서 시간, 시각 의 제도에 의하지 않으면 합리적인 운용이 불가능하도록 되었다. 철도와 같이 어떤 지점에서 다른 지점으로 이동, 수송하는 시스템은 시간의 요소 를 무시하는 것이 불가능하다. 철도의 탄생은 이러한 시간 인식의 합리적 인 변혁을 전제로 하지 않으면 실현되지 못했을 것이다.

당시 사람들은 시계에 의해 시각을 아는 관습을 가지지 않았고, 절의 범 종이나 시중의 시종에 의해 (그것도 오전 6시와 오후 6시의 두 번뿐인 – 여름과 겨울에는 일출과 일몰이 1시간 이상 변화하였다) 그 나름대로의 자 연의 운행에 따르는 생활을 해왔다. 그러한 생활이 정시법의 도입에 의해 1 년 중 동일시간에 의해 규제되어, 분으로부터 장소에 의해 초까지 세분화 되는 생활의 변화를 겪지 않으면 안 되었다. 철도가 가져온 생활의 큰 변화 인 것이다.

이처럼 철도를 이용하는데 필요한 규칙이나 예절 그리고 시간 인식의 변화 등 사람들의 생활이나 인식은 철도를 이용하면서 크게 변화하였다. 사람들이 이동이나 수송을 근대사회에 있어서 기본적인 권리의 하나로 인식하는 체제가 이러한 것으로부터 출발하였다. 또한 철도는 통학, 수학여행 등으로 학교교육의 발달에 기여하였고, 교류의 촉진, 순회강연의 촉진 등으로 지식을 보급하였고, 신문과 잡지의 수송으로 지식의 전달과 함께 사회계몽에 큰 영향을 미쳤다고 할 수 있다. 이러한 여러 가지 면에서 우리나라에서 철도는 '근대화의 촉진'을 수행하는 중요한 수단으로 자리매김하였다.

5. 산업구조의 변화와 발전

철도의 개통은 사회경제적으로 많은 부문에 영향을 미쳤다. 먼저 철도는 신속한 물자 수송을 통해 산업의 구조를 점차 근대화시키면서 자급자족 경제에서 부가가치를 높이는 쪽으로 산업구조를 변형시켰다. 예를 들면 쌀,

개통 초기의 불국사역(1918년 개통)

새로 단장된 불국사역(2008년)

<표 4-29> 불국사역의 열차 운행횟수의 변화

연도	상행	하행
1928	7	7
1940	7	7
1943	8	8
1951	2	2
1956	5	5
1970	14	14
1980	12	12
1990	10	10
2007	8	8

자료 : 불국사역사 자료에서 발췌

잡곡 등의 철도 수송으로 생산지와 소비지를 신속하게 연결하여 상품화가
가능하게 되었다. 또한 축산업, 잠업, 수산업, 광산업이 생산지와 소비지를
직접 연결해 주는 역할로까지 발전하기 시작하였다. 특히 광산업부문에서
는 석탄, 채석 등의 원료 수송으로 산업이 크게 발전하였는데, 이를 통해 방
직업, 도자기업, 시멘트, 제지, 밀가루, 술, 간장 등의 부문이 발전하는 계기
가 되었다. 또한 소비자의 선택의 폭을 증가시켰고, 구매를 통해 국내 상업
이 발전하였다. 아울러 철도의 물자 수송에 의해 육상 수송수단이 철도 중

심으로 변화하였으며, 창고, 철도 구내 영업, 숙박과 음식점, 온천과 기타 관광지 등이 발전하는 계기가 되었다.

경주역과 불국사역의 경우도 철도를 통해 관광이 활성화된 사례이다. 경주역은 옛 신라의 도읍인 경주라는 문화적 특이성으로 관광객이 철도를 많이 이용했다. 특히 고등학생들의 수학여행이 많았다. 경주역 자료에 의하면 1970년~1990년까지 수학여행을 위해 3월~5월 말까지는 15량 편성의 2개 임시열차가 편성되었다. 1990년 이후 수학여행 이용객이 감소하였는데, 이 때문에 1979년 15명의 역무원이 2007년에는 5명으로 감소하였다.[82]

불국사역의 경우에도 1928년에는 열차 운행횟수가 상하행 7회에서 1951년에는 감소하였다가 1960~1970년대에는 최고 상하행 14회까지 늘었다. 주로 불국사 관광객과 수학여행단이 이를 이용하였다.

이처럼 철도는 수학여행과 관광을 위해 많이 이용되었고, 이를 통해 여행의 범위와 문화적인 접촉이 더욱 빈번해졌다고 할 수 있다.

---

82) 2007년 8월 경주역 인터뷰 조사

연표

유럽철도의 주요 역사

연도	주요 사항
1804년	영국의 트레비딕 세계 최초로 증기기관차 주행에 성공
1814년	영국의 스티븐슨이 증기기관차를 제작
1823년	영국의 스티븐슨이 기관차 제작회사를 설립
1825년	세계 최초의 상용 철도 개통(스톡튼 – 다링톤 40km 구간)
1829년	기관차 경주대회에서 스티븐슨 부자가 제작한 로케트호가 시속 22.5km/로 우승
1830년	영국 리버풀 – 맨체스터 개통(50km 구간)
1832년	프랑스에서 철도 개통
1835년	독일에서 철도 개통(뉘른베르크 – 퓌르스)
1835년	벨기에 철도 개통
1837년	영국의 로버트 데비이드슨에 의해 전기기관차 제작
1838년	러시아 철도 개통
1839년	이탈리아, 네덜란드 철도 개통
1841년	영국에서 최초의 신호기 고안
1863년	런던에서 지하철 개통
1879년	독일 지멘스사에서 본격적인 전기기관차를 제작 공개
1881년	독일 베를린에서 세계 최초의 전차(노면전차) 영업운전을 개시

1883년	독일 오리엔탈 익스프레스 운행
1891년	러시아가 시베리아 횡단철도 건설을 개시
1896년	헝가리 부다페스트에서 세계 2번째의 지하철 개통
1896년	스위스에서 세계 최초의 교류철도 개통
1900년	프랑스에서 지하철 개통
1901년	독일의 부퍼탈에서 최초의 현수식 모노레일 개통
1907년	독일 – 스웨덴 간 열차페리 개통
1912년	독일에서 디젤기관차 제작
1955년	프랑스 국철에서 당시 최고속도 기록(331km/h)
1981년	프랑스 고속철도 운행(최고속도 270km/h)(파리 – 리용)
1984년	영국 세계 최초의 자기부상철도의 영업 개시(버밍엄공항)(최고속도 54km/h)
1991년	독일 고속철도 개통(만하임 – 슈투트가르트)(최고속도 280km/h)
1992년	스페인 고속철도 개통(마드리드 – 세비야)(최고속도 270km/h)
1994년	영불해저터널 영업 개시(50.5km)
1995년	영국 자기부상열차 영업 중지
2007년	유로스타 영국 런던(팬크라스역)까지 연장운행

참고문헌

제1장 유럽 철도의 역사와 발전

제3절 고속철도의 발전과 영향력

1. 한국철도기술연구원(2002), '경부고속철도연계교통체계 구축 - 요약보고서', p.19

2. 石川達二郎(1985), '高速鉄道体系の地域への適応' 日本都市学界年報V'ol18

3. 角本良平(1995), '新幹線軌跡と展望', 交通新聞社, p.17

4. 佐藤芳彦(1998), '世界の高速鉄道', グランプリ出版, p.14, p.308

5. 須田寬(1989), '東海道新幹線', 大正出版社, pp.18~22, p.232, p.286

6. 平石和昭(2002), '新幹線と地域振興', 交通新聞社, pp.45~46, pp.92~104

7. 三菱総合研究所(1998), '整備新幹線をどうつくるか', 清文社, p.95

8. 湧口淸隆(2001), 'ヨーロッパの超特急', 白水社, pp.114~124

9. 日本運輸施設整備事業団(2003), '先進団の鉄道整備と助成制度', pp.12~22, pp.228~229

10. 日本国土交通省(2002), '2002数字でみる 鉄道', p.24, p.262

11. 日本国土交通省(2002), '第3回全国幹線旅客純流動調査'

12. 日本総務省統計省(2003), '2003世界の統計'

13. Banister D. and Berechman J.(2000), Transport Investment and Economic Development, UCL Press, p.19

14. Berechman J.(2003), Transportation-economic aspects of Roman highway development : the case of Via Appia, Transportation Research Part a 37(2003), pp.453-478

15. Cairns S & Newson C.(2006), Predict and decide, Environmental Change Institute University of Oxford

16. European Commission(2005), the economics cost of non-Lisbon, Occasional Paper, No.16

17. European Commission(2006), Sustainable mobility for our continent : Mid-term review of the European Commission's 2001 White Paper on Transport

18. ERF(2006), European Road Statistics

19. Givoni M.(2006), Development and impact of the Modern High-Speed Train : A Review, Transport Review, Vol.26, No.5, pp.593~611

20. Hiraishi KA(2002), Shinkansen and Regional Development, Kotsu Shinbung, p.92

21. INFRAS, IWW(2004), External costs of Transport

22. IRF(2002), World Road Statistics

23. Ishikawa(1985), the Regional Adaptation of High-Speed Rail System, the Annuals of City Studies of Japan Vol18

24. Japan Railway Construction, Transport and Technology Agency (2005), The Planning Subsidies for Railway Improvement in Europe and US

25. Michell BR(1975), European Historical Statistics 1870-1970, London Macmillan

26. The Nihon Bank, 2005. 5. 10(http://www3.boj.or.jp/kagoshima/)

27. Vickerman RW(1997), High-speed rail in Europe : experience and issues for future development, The Annals of Regional Science31, pp21~38

28. Vickerman RW(2001), Transport and Economic Development, ECMT Roundtable

29. Sands BD(1993), The Development Effects of High Speed Rail Stations and Implication for Califonia, Califonia high speed rail series working paper, pp.19~20

30. Sands BD(1993), The development effect of high-speed rail stations and implications for Japan, Built Environement, 19(3/4), pp.257~284

31. Stern N.(2006), the Economics of Climate Change, Cabinet Office-HM Treasury

32. SRA(2003), 'Everyone's railway' p.22

33. www.uic.asso.fr

34. www.mlit.go.jp

제4절 경쟁체제 도입

- Commission of the European Communities(2000), 'White Paper'
- ECMT(2001), 'Railway Reform', OECD, p.31
- European Commission(2003). 'Energy&Transport in Figure'
- European Commission(2003). 'EU-25 Energy and Transport Outlook to 2030'
- European Commission(2005). 'Energy&Transport in Figure'
- Glaister S and Travers T(1993), 'New Directions for British Railways?', IEA, pp59~61
- Holvad T(2006), 'Rail Reform Europe', University of Oxford Transport Studies Unit 세미나 발표자료(2006. 3. 3)
- Jack R(2005), 'Is public transport in Europe opening for business', Transit Europe(3 June 2005), pp.12~13
- Jensen M. C(1989), 'Eclipse of the Public Corporation', Harvard Business, Review, 67(5), pp.61~74
- Parker D(2003), 'International Handbook on Privatization', Edward Elgur, Publishing Limited, p.125
- Pietrantonio L. D. & Pelkmans J(2004), 'The Economics of EU Railway Reform', Bruges European
- Economic Policy Briefings, pp.13~14, pp.28~29
- Powell T(2001), 'The principle of Transport Economics', PRTC Education & Research Services Ltd. p.118
- Preston J(2000), 'INTEGRATED TRANSPORT POLICY', Ashgate Publishing Limited, pp.77~104
- 'Development of Market Models for Increased Competition in Railroad Passenger Traffic', University of Oxford TSU, pp2~4
- Sussman J(2000), 'Introduction to Transportation System', Artech House Inc., pp.11~31
- The Community of European Railway and Infrastructure Companies(2005), 'EU LEGISLATION ON PUBLIC SERVICES', pp.35~36

- UN(2005), 'Economic Survey of Europe', p.59

- Van de Velde, D(1999), 'Changing Trains', Ashgate Publishing Ltd, pp.346~347.

- Vickers, J and G. Yarrow(1988), 'Privatization : An Economic Analysis' Cambridge & MIT Press

- www.cer.be

- www.dft.gov.uk/transtat

- www.worldbank.org/transport/rail/rdb.htm

--- 제2장 영국 철도의 역사와 발전 ---

제2절 영국 철도의 구조개혁

- 구본환(2002), '철도산업 구조개혁 추진방향', 대한교통학회 20주년 기념학술대회 자료집
- 김연규, 양근율(1998), '철도산업의 구조개혁 방안연구', 교통개발연구원 연구총서 98-15
- 김성희(2000), '철도산업구조개편의 쟁점과 민영화 정책의 문제점', 한국노총 중앙연구원, 철도산업민영화에 대한 연구용역보고서
- 삼일회계법인(2000), '철도구조개혁 실행방안개발', 삼일회계법인
- 양근율(2001), '구조개혁을 통한 우리나라 철도교통의 경쟁력 제고방안', 교통개발연구원 월간교통(2001. 4)
- 양근율(2001), '외국 철도구조개혁의 최근 동향 및 한국 철도구조개혁에의 시사점', 철도학회 정책토론회 논문집(10. 25)
- 오건호(2001), '한국철도 민영화 정책 비판 : 철도공공성의 시각에서', 철도학회 정책토론회 논문집(10. 25)
- Bradshaw B(2000), 'Integrated Transport Policy', Ashgate, pp.129~154
- Department for Transport(1991), 'Transport Statistics Great Britain, 1991 Edition', p.3, p.38, p.114, p.180

- Department for Transport(1993), 'Transport Statistics Great Britain, 1993 Edition', p.53
- Department for Transport(2004), 'Transport Statistics Great Britain, 2004 Edition', p.16, p.17, p.26, p.29, p.30, p.52, p.60, p.101, p.103, p.128, p.146, p.147
- Department for Transport(2005), 'Transport Statistics Great Britain, 2005 Edition'
- Gourvish T(2002), 'British Rail 1974-97', Oxford University Press, p.515
- HSE(2002), 'Hatfield derailment investigation - Interim recommendations of the Investigation Board'
- Mathieu Gerard(2003), 'The reform of UK railway-privatization and its results', JRTR34, pp.16~31
- MIT and Cambridge University, 'Problems of De-regulation - The case of UK Railways' (http://www.econ.cam.ac.uk/electricity/index.htm)
- Nash C. A.(2003), 'Integrated Future and Transport Choices', Ashgate, pp.252~257
- OPRAF(1997/8), 'Annual Report', SRA(2003/4), 'National Rail Trends'
- Preston J. M., Root. A(1999), 'Changing Trains', Ashgate, pp.71~74
- Railways Act(1993)
- SRA(2002)(2004)(2005), 'National Rail Trend'
- SRA(2003)(2004), 'Customer Satisfaction Survey'
- Smith A. S. J(2004), 'Essay on Rail Regulation: Analysis of the British Privatisation Experience', Ph.D Thesis University of Cambridge
- Wolmar C(2001), 'Broken Rail', AURUM PRESS, pp.180~201
- (www.dft.gov.uk)

제3절 영국 철도의 안전

- Avans A. W.(2004), 'Rail Safety and Rail Privitisation in Britain', Inaugural Lecture, 16 June 2004
- Wolmar C(2001), 'Broken Rail', AURUM PRESS, pp.183~190

■ Hall S(2003), 'Beyond Hidden Dangers' Isan Allen, p.120

■ Gourvish. T(2002), 'British Rail, 1974-97', Oxford University Press, pp344~351

■ Department for Transport(1991), 'Transport Statistics Great Britain, 1991 Edition', pp179~180

■ Department for Transport(2004), 'Transport Statistics Great Britain, 2004 Edition', p.16, p20, p52, p.60, p103, p.128, pp.145~147

■ Department for Transport(2005), 'Transport Statistics Great Britain, 2005 Edition'(www .dft.gov.uk)

■ HSC(2001), 'Ladbroke Grove Rail Inquiry Part 1Report : HSC Action Plan-Progress Report to December 2001'

■ HSC(2002), 'Ladbroke Grove Rail Inquiry Part 2 Report : Progress Report to March 2002'

■ HSE(2002), 'Hatfield derailment investigation - Interim recommendations of the Investigation Board'

■ Railways Act(1993)

■ SRA(2002)(2004)(2005), 'National Rail Trend'

■ SRA(2003)(2004), 'Customer Satisfaction Survey'

■ Department for Transport(www.dft.gov.uk)

제4절 구조개혁의 비교와 시사점

〈영국 관련〉

■ Avans A. W.(2004), 'Rail Safety and Rail Privitisation in Britain', Inaugural Lecture, 16 June 2004

■ BBC, 20 October, 2000

■ Bradshaw B.(2000), 'New Direction for Britain's Railway : British Railways Privatisation', McGraw - Hill Company, pp.229~241

■ Bradshaw B.(2000), 'Integrated Transport Policy', Ashgate, pp.129~154

■ Department for Transport(1991), 'Transport Statistics Great Britain, 1991 Edition', p.3, p.38, p.114, p.180

- Department for Transport(1993), 'Transport Statistics Great Britain, 1993 Edition', p.53
- Department for Transport(2004), 'Transport Statistics Great Britain, 2004 Edition'
  p.16, p.17, p.26, p.29, p.30, p.52, p.60, p.101, p.103, p.128, p.146, p.147
- Department for Transport(2004). 'The white paper on the future of rail'
- Department for Transport(2005), 'Transport Statistics Great Britain, 2005 Edition'(www.dft.gov.uk)
- Foster C.(1994), 'The Economics of Rail Privatisation', CRI(Centre for The Study of Regulated Industries)
- Gourvish T.(2002), 'British Rail 1974-97', Oxford University Press, p.370, p.515
- Hall S.(2003), 'Beyond Hidden Dangers', Isan Allen, p.120
- HSC(2001), 'Ladbroke Grove Rail Inquiry Part 1Report : HSC Action Plan-Progress Report to December 2001'
- HSC(2002), 'Ladbroke Grove Rail Inquiry Part 2 Report : Progress Report to March 2002'
- HSE(2002), 'Hatfield derailment investigation - Interim recommendations of the Investigation Board'
- Mathieu Gerard(2003), 'The reform of UK railway-privatization and its results', JRTR34, pp.16~31
- MIT and Cambridge University(2000), 'Problems of De-regulation - The case of UK Railways'(http://www.econ.cam.ac.uk/electricity/index.htm)
- Nash C. A.(2003), 'Integrated Future and Transport Choices', Ashgate, pp.252~257
- Obermauer A.(2001), 'National Railway Reform in Japan and EU' : Evaluation of Institutional
- OPRAF(1997/8), 'Annual Report'
- Preston J. M., Root, A.(1999), 'Changing Trains', Ashgate, pp.71~74
- Preston J. M(2001), 'Development of Market Models for Increased Competition in Railroad Passenger Traffic', University of Oxford TSU, p.102
- Railways Act(1993)
- Smith A. S. J(2004), 'Essay on Rail Regulation: Analysis of the British Privatisation Experi-

ence' Ph.D Thesis University of Cambridge

■ SRA(2002)(2004)(2005), 'National Rail Trend'

■ SRA(2003)(2004), 'Customer Satisfaction Survey'

■ The Times, 17 July 2006

■ Velde D. M, Mizutani F, Preston J. M, Hulten S(1998), 'Railway reform and entrepreneurship : A tale of three countries', University of Oxford, Tsu Ref 871, pp.10~11

■ Wolmar C.(2001), 'Broken Rail', AURUM PRESS, pp.180~201

■ Wolmar C.(2003), 'Unlike the UK, the sun is rising on Japan's privatisation', Rail 470, www.christianwolmar.co.uk/articles/rail/470.shtml

〈일본 관련〉

■ John, G. Ikenberry, David, A.Lake&Michael Mastanduno(1988)
'Introduction : approach to explaining American foreign economic policy', 42(1):1-14

■ James, A. Dunn. Jr, Anthony, Perl.(2001), 'Toward a New Model Railway for 21st Century : lessons for Five Countries', Transportation Quarterly, 55(2) : 43-57

■ James, G. March & Johan, p. Olsen.(1984), 'The New Institutionalism : Organizational Factors in Political in Political Life', American Political Science Review, 77

■ 赤澤昭三(1994), '経済政策と公企業', 89-99, 税務経理協会傾

■ 石井晴夫, 武井孝介(2003), '郵政事業の新展開', 126-130, 郵研社

■ 大山耕輔(1996), '行政指導の政治経済学', 53-54, 有斐閣

■ 国鉄再建監理委員会(1985), '国鉄に関する意見'

■ 郵政3事業の運営方向に諮問会議(2002), '諮問報告書'

■ 角本良平(1989), '国鉄改革の検証', 白桃書房

■ 草野厚(1989), '国鉄改革', 中公新書

■ 森田郎(1991), '制度に 関する一考察(上)', 季刊行政管理研究, 56:54 - 60

■ 山田徳彦(2001), '国鉄改革の経済学', 104 - 105, 成文堂

■ 運輸省(1987), '鉄道統計年報'

■ 国土交通省(1996), '運輸白書'

- 国土交通省(2001), '運輸白書'
- 国土交通省(2005), '運輸白書'

제3장 영국 철도의 화물정책

- Alistair Darling(2005. 7. 19), 'Rail freight : market growth and support from Government'
- (www.dft.gov.uk)
- Department of Transport(1982), 'Transport Statistics Great Britain 1972-1982'
- Department of the Environment, Transport and the Regions(2000), 'Transport 2010 : The Ten Year Plan'
- Department for Transport(2004), 'Transport Statistics Great Britain, 2004 Edition', p.60
- Department for Transport(2005), 'Transport Statistics Great Britain, 2005 Edition'
- JR Research Center(2004), '英国における貨物鉄道輸送システムに対する公的助成スキーム調査報告書'
- SRA(2003), 'Everyone's railway' p.22
- UN(2005), 'Economic Survey of Europe', p.59
- http://www.dft.gov.uk/transtat
- http://www.sra.gov.uk
- http://www.railfreightonline.com
- http://www.dft.gov.uk/stellent/gropus/dft_freight/document/page/dft

제4장 철도 발전을 위한 제언

- 이현희, 「19세기 일제의 한국철도부설권 쟁취문제」, '건국사학' 제3호, 건국대학사학

과, 1973년

- 김경림, 「일제하 조선 철도 12년 계획선에 관한연구」, '경제사학' 12, 경제사학회, 1989년
- 정재정, '일제 침략과 한국 철도', 서울대학출판부, 1999년
- 교통부, '한국 교통 60년 약사', 1958년
- 철도청, '한국 철도 100년사', 1999년
- 철도청, '철도 통계연보', 각 년도
- 철도청, '한국 철도시각표', 2002년
- 통계청, '인구 연감', 2000년
- Hamilton, c., 'Capitalist Industrialization in Korea', Westview Press, p.14, 1986
- 深川博史, 「植民地政策 インフラストラクチコア」'社會科學論集', 九州大学校教養部 社會科学研究室紀要, 1992. 3
- 平正廣一, 「日本植民地下における朝鮮鉄道財政の展開過程」'経済学研究34 - 4', 日本 評論社, 1942년
- 鈴大武雄, '朝鮮の経済', 日本評論社, 1942년
- 野恒太記念會編, '日本の100年', 2000년
- 高成鳳, '植民地鉄道と民衆生活', 法政大学出版局, 1999년
- 高橋邦周, '朝鮮灣州臺灣實狀要覽', 東洋新報社, 1924년
- 高橋泰隆, '日本植民地鉄道史論', 日本経済評論社, 1995년
- 鮮交會, '朝鮮交通史', 1986년
- 朝鮮總督府, '朝鮮の人口現象', 1927년
- 朝鮮總督府, '統計摘要', 1941년
- 朝鮮總督府, '朝鮮總督府統計年報', 1940년
- 朝鮮總督府鉄道局, '朝鮮總督府鉄道局年報', 각년도
- 朝鮮總督府鉄道局, '朝鮮の鉄道', 1927년
- 朝鮮總督府鉄道局編集, '汽車時間表', 1930년, 1940년
- 朝鮮總督府鉄道局, '朝鮮交通状況1', 1944년
- 鉄道院, '本邦鉄道の社會及経済に及ぼせる影響(上券, 中券, 下卷)', 1917년
- 日本経済評論社, '大正期鉄道資料', 1983년

- 日本経済評論社, '昭和期鉄道資料', 1990년

- Alistair Darling(2005. 11. 28), 'Transport and competitiveness'(www.dft.gov.uk)

- JRTR 42 December 2005

- Green gauge 21 자료(http://www.greengauge21.net/assets/greengauge21_manifesto_web.pdf)

- 'Transit No261', June 3, 2005

- 'Transport Statistics Great Britain, 2004 Edition', Department for Transport 2004 p.107

- 'Britain', Lonely Planet Offices, 1999